日據時期台灣與大陸關係史研究 1895～1945

陳小沖 著

崧燁文化

日據時期台灣與大陸關係史研究
1895～1945

目錄

前言

第一章 割台後台灣與大陸關係的新變化

    第一節 日本據台與閩粵移民之中挫

        一、日本據台與《清國人入境台灣條例》之出籠

        二、《清國人入境台灣條例》之執行與變通

        三、台灣人身分地位的變化與閩粵移民遷台之中挫

    第二節 《對岸事情》所載之日據初期台灣與大陸關係史料

    第三節 割台後台灣與大陸貿易關係的新變化

        ——以金順益案為中心

        一、金順益案始末

        二、有關處置台灣商船問題之爭議

        三、如何對待「日本台灣人」

        四、台灣郊行衰落原因的再思考

第二章 台灣總督府的「對岸經營」

    第一節 台灣抗日運動與總督府的「對岸經營」

        一、台灣抗日運動及其與大陸的關係

        二、殖民當局對兩岸聯繫的防範與阻隔

        三、台灣總督府的「對岸經營」活動

    第二節 對福建路礦權益的滲透與擴張

        一、對福建鐵路的擴張

        二、覬覦福建礦權

        三、幾點分析

第三節 福建官腦局案與日本南進政策
  一、福建官腦局案之發生
  二、中日雙方之往來交涉
  三、福建官腦局案與台灣總督府之「對岸經營」
第四節 日僧在閩布教及其與台灣總督府的關係

第三章 台灣籍民問題
  第一節 檔案史料所見之清末日籍台民問題
    一、日籍台民與福建
    二、假冒日籍台民
    三、圍繞日籍台民之中日交涉
  第二節 檔案史料所見之清末「歸化」台灣籍民
    一、「歸化」台灣籍民的產生及其影響
    二、圍繞「歸化」台灣籍民之中日交涉
    三、清廷內部的相關討論
  第三節 日籍台民與治外法權
    一、五月二十一日洋務總局照會
    二、五月二十八日日本領事照復
    三、六月十六日洋務總局照會
    四、七月十二日日本領事照復
  第四節 日本殖民者「對岸擴張」中的台灣籍民
  第五節 抗戰時期的台灣籍民問題
    一、對台灣籍民的處置方針
    二、崇安台民收容所
    三、台灣義勇隊的「消毒」工作

第四章 兩岸經貿、人員及文化往來
　　第一節 日據時期的台海兩岸交通
　　　　一、兩岸航運權的爭奪與變更
　　　　二、台灣對外交通中的兩岸航路
　　　　三、海峽兩岸交通中的政治因素
　　第二節 日據時期的大陸赴台勞工
　　　　一、日本殖民者對大陸勞工赴台政策的變化
　　　　二、大陸赴台勞工結構分析
　　　　三、在台大陸勞工團體及其反日鬥爭
　　第三節 日據時期台灣與大陸的文化聯繫
　　　　一、日人文化隔離政策與台灣民眾的抵制
　　　　二、傾力引入中國書籍
　　　　三、讀報社與漢文學習班

第五章 台灣人的抗日活動
　　第一節 九一八事變：一個台灣的視角
　　　　一、《台灣新民報》對事變原因的探討
　　　　二、《台灣新民報》對「九一八事變」影響台灣的相關記述
　　　　三、《台灣新民報》對台灣民眾大陸向心力的揭示
　　　　四、《台灣新民報》與1931年的台灣
　　第二節 「七七事變」與台灣人
　　　　一、戰爭的起因
　　　　二、台灣人是中國人
　　　　三、中國必勝
　　　　四、鄙視戰爭欺騙宣傳
　　　　五、相信中國將收復台灣
　　　　六、回到大陸，參加抗戰

第三節 抗戰時期的台灣少年團
　　一、台灣少年團的成立及其組織
　　二、台灣少年團的工作與學習
　　三、一份自傳資料的分析
第四節 台胞在大陸抗日活動及其對台灣前途命運的思考
　　一、在大陸的台灣人及其抗日組織
　　二、台胞在大陸的抗日活動
　　三、對於台灣前途命運的思考
第五節 台灣革命同盟會
　　一、台灣革命同盟會及大後方的輿論宣傳活動
　　二、對於台灣前途與命運的抉擇：回歸中國
　　三、台灣革命同盟會的遭遇及其內外矛盾

參考文獻

後記

前言

　　歷史上台灣與大陸的關係源遠流長，且不說遠古時代海峽陸橋連接下兩岸一度為通途，即便是從有確切文字記載的三國時期開始，就已經有不少的大陸居民陸續前往這個美麗的寶島捕魚、交易，若干台灣居民也由於種種原因來到大陸，直到宋元時期台澎地區納入中央政府的管轄之下。荷蘭殖民者占領台灣之後，一面將台灣作為東西方貿易的中間地，另一面開拓島內糖、鹿皮、鹿脯等資源以供外銷，而大陸移民第一次大規模遷徙到了台灣，形成多處漢人聚集區。明鄭時期鄭成功三代將中華文明移植到台灣，逐漸形成中華文教社會體系，台灣社會與大陸走向融合發展的軌道。清代大批閩粵移民進入台灣，篳路藍縷，墾拓經營，與少數民族一起開發了全島南北。政治上台灣成為福建的一個府，近代之後更建行省。隨著海峽兩岸的政治、經濟、文化等等全方位密切連接，台灣逐漸與大陸趨同，其作為中華文明浸淫之地，伴隨大陸移民從移民到定居及與台灣原住居民交相融合。

　　近年來，台灣海峽兩岸關係史研究正成為史學界的熱門課題，出現不少成果。在專著方面，如林仁川、黃福才教授的《閩台文化交融史》（福建教育出版社1997年版），周文順教授的《台陸關係通史》（中州古籍出版社1991年版），張春英教授主編的《海峽兩岸關係史》（四卷，福建人民出版社2004年版）、徐曉望教授的《早期台灣海峽史研究》（海風出版社2006年版）、唐次妹博士的《廈門與台灣》（鷺江出版社1999年版）等。在論文方面，如楊國楨教授對清代閩台土地制度淵源的剖析；陳支平、鄭振滿教授對閩台兩地宗族關係、土地經營的探索，陳孔立、鄧孔昭、李祖基教授對閩粵移民渡台開發的研討，楊彥杰教授對於客家移民台灣問題的分析，黃新憲教授對歷史上閩台教育交流的研究，徐曉望教授對早期海峽史及媽祖信仰的關注及林國平教授對兩岸民間

信仰源流的探討，等等。不過我們發現，以往的台灣與大陸關係史研究存在一個重要的薄弱環節，這就是日本殖民統治時期台灣與大陸關係史的研究。

在台灣與大陸關係發展史上，日據時代是一個相當特殊的時期：首先，台灣與大陸關係發生了巨變。隨著腐敗的清政府在甲午戰爭中的失敗，簽訂了喪權辱國的《馬關條約》，被迫將台灣及澎湖列島割讓給了日本，台灣淪為日本的殖民地，台灣與大陸從原先中國內部不同地區之間的關係，轉變成為中國與日本殖民地之間的「特殊」的關係，即從國內關係變為「國際關係」。其次，兩岸同胞的身分也發生了改變，《馬關條約》規定，在兩年的期限之後仍留住台灣的住民，被編入日本籍，身為日本籍的台灣人來到大陸，成了台灣籍民；大陸同胞前往台灣，因為後者成了日本「領地」，於是變成所謂的外國人或僑居者，被稱作華僑，出現「台灣華僑」這一特殊群體，同為中華民族的兩岸同胞被人為地割裂開來。第三，日本殖民者為了鞏固其在台灣的殖民統治，在島內實施同化政策，加緊從思想、文化、教育乃至宗教等等方面強制植入日本文化，限制、消除中華傳統文化，試圖將台灣人改造成為畸形的日本人。在兩岸關係上，實施「拿台灣拉開中國而與日本相結合」的政策，限制兩岸人民的往來，台灣被越來越隔離於大陸。日本帝國主義還利用台灣人中的不良分子——所謂「台籍浪人」為其侵華活動服務，在大陸地區製造同胞間的裂痕。

對於日據時期這一海峽兩岸關係史上的特殊五十年，海內外史學界的研究顯得相對薄弱：在日本，主要研究者為天理大學已故的中村孝志教授，他利用日本外交史料對於台灣總督府對福建的擴張政策、台灣籍民在廈門、福州的活動及對閩文化侵略等等，進行了細緻的研究，除發表大量學術論文外，並編輯出版了《日本的南方參與與台灣》（天理教道友社1988年版）一書，堪稱日據時期台灣與大陸關係史研究的開拓者。筆者以往與中村教授曾有諸多學術交流，先生曾對筆者發現、整理、運用清廷檔案史料研究台灣籍民問題來信給予鼓勵和支持，並慨贈其研究著作，本書也是作為對中村教授的致敬之作。在台灣，成功大學梁華璜教授的《台灣總督府的對岸政策研究》（稻鄉出版社2001年版）一書，對日據時期殖民當局限制兩岸往來的「渡華旅券」制度、台灣籍民問題、廈門事件等等進行了探討；台師大吳文星教授的專著《日據時期在台華僑之研究》（學生

書局1991年版），就所謂「台灣華僑」問題做了開創性的研究。卞鳳奎博士《日據時期台灣籍民在大陸及東南亞活動之研究》（黃山書社2006年版）一書則詳盡描述了台灣籍民的地域分布和生存狀態；此外還有中研院台灣史研究所許雪姬研究員對台灣中華會館、在「滿洲」的台灣人的研究及口述史料整理（《台灣中華總會館成立前的台灣華僑——1895—1927》，台灣《中研院近代史研究所集刊》第20期，1990年；《他鄉的經驗——日治時期台灣人的海外活動口述訪談》，《口述歷史的理論與實務——來自海峽兩岸的探討》，上海人民出版社，2007年版）；鍾淑敏研究員對三五公司、海南島台灣人的研究（《明治末期台灣總督府的對岸經營——以三五公司為中心》，《台灣史研究》（日本）第14號，1997年；《台灣拓殖株式會社在海南島事業之研究》，台灣《台灣史研究》第12卷第1期，2005年）等。在大陸，相關研究相對較少，主要有台盟中央汪毅夫教授的閩台社會、文化關係及兩岸文化研究（《閩台緣與閩南風》，福建教育出版社2006年版），福建省檔案館林真教授的閩台關係檔案研究（《福建省各級檔案館藏閩台關係檔案評介》，《台灣史研究》1995年12月）、浙江大學婁子芳教授的台灣義勇隊研究，廈門大學陳在正教授的李友邦研究（《李友邦領導的台灣「三青團」與台灣光復》，《台灣研究集刊》2010年第1期），中國社科院近代史所　靜濤副研究員的台灣人在大陸抗日活動研究（《台灣革命同盟會與台灣光復》，收入《台灣建省與抗日戰爭研究》，廈門：鷺江出版社2008年版），廈門大學台灣研究院黃俊凌博士對崇安台灣籍民的研究（《抗戰時期福建崇安縣的台灣籍民——心態史視域下的考察》，九州出版社2010年版）等等。

　　本書嘗試對海峽兩岸關係史中日據時期的此一斷層進行連接，以圖填補該研究領域的若干空白點，以方便人們對於這段歷史的整體瞭解；針對前期研究偏向於台灣義勇隊、台灣籍民的狀況，增加譬如兩岸人員往來、經貿聯繫、文化交流等等的探討，力圖從總體上把握該階段海峽兩岸關係的各個領域的特點；在書中我們還蒐集藏於各地的稀有史料，包括原始檔案、報章雜誌等，在資料上有了較大的突破；在占有大量一手資料和審慎研究的基礎上，提出了對日據時期海峽兩岸關係發展史的看法，我們的基本觀點是，儘管日本殖民當局的隔離政策使得海

峽兩岸的往來受到種種限制，但在兩岸同胞的共同努力下，台灣與大陸的關係仍然在夾縫中求得了生存和發展，如人員往來上，大批大陸勞工依舊源源不斷地赴台工作；文化交流上，來自中國的書籍、報刊依然突破藩籬，在台灣島內廣泛流行；島內同胞不畏專制高壓，堅持以各種手段傳播中國文化，這些都是典型的例子。也正因為海峽兩岸同胞以深厚民族情感、不顧重重阻力往來交流，日本殖民者離間、分化兩岸關係的圖謀才沒有得逞，經歷異族半個世紀統治的台灣同胞的民族性得以堅持不墜。

本書資料蒐集得到廈門大學台灣研究院文獻中心、中國第一歷史檔案館等單位的大力協助，台灣研究院及歷史研究所的同仁在工作中給予諸多關心和支持，在此謹表謝忱。

陳小沖

第一章　割台後台灣與大陸關係的新變化

第一節　日本據台與閩粵移民之中挫

　　閩粵移民台灣的歷史，綿延數百年，期間雖隨台灣與大陸關係的變化而有所波動，但總體呈持續性特徵，來自閩南、粵東的大陸移民與原住居民一道共同開發了台灣。然而，日本對台灣的殖民統治，擾亂了閩粵民眾移民台灣的正常歷史軌跡，殖民當局制定的一系列政策法規，如同道道閘門，相當程度上封堵了移民渡海東進的渠道，台灣與大陸關係從而步入新的歷史階段。其中，日據初期總督府頒布的《清國人入境台灣條例》，便是阻隔閩粵移民入台潮的第一堵堤壩。

一、日本據台與《清國人入境台灣條例》之出籠

　　1895年，腐朽的清政府在甲午戰爭中失敗，被迫簽訂不平等的《馬關條約》，將台灣、澎湖及其附屬島嶼割讓給了日本，台灣從此淪為日本的殖民地。不甘屈服的台灣人民，奮起抗擊日本對台灣的殖民占領，從反割台鬥爭中台灣北部的台灣民主國到黑旗軍在中南部的頑強抵抗，從丘逢甲到徐驤，抗日義軍再再給予殖民者以沉重的打擊。

　　日據初期台灣人民的武裝鬥爭，一直以來都得到了大陸民眾的積極支援。早期東南沿海部分地方官衙曾不顧朝廷的禁令，暗地裡支持滯台清軍的武力抵抗。台灣總督為此出示證據，稱南洋大臣張之洞等「暗中協助反抗皇軍，亦形跡昭然

若揭，已無所遁形」，認為此等支持活動「顯然終將成為我台灣治安情勢極為重大之負擔」。在日本政府透過外交渠道交涉施壓後，這種來自官方的援手被強制中止。然而，反割台鬥爭失敗後來自大陸民間的強大支持力卻仍然頑強地存在著，台灣抗日武裝集團往返海峽兩岸獲取援助的事例比比皆是。這在日本殖民者留下的檔案資料中有不少的記錄，據稍後的《台灣北部前期抗日運動檔案》載：有的抗日義軍首領在鬥爭失敗後潛回大陸另謀再起，如台北縣警署報告：「（匪首）王秋逢等似有逃走對岸之形跡」；也有的抗日義軍連結兩岸力量，圖謀大事，如「林季成於六月二十三日歸台，王秋煌於八日在水腳返與其會晤，王原為林之營官，歸順後背反（？）往清國，去年十一月間派秋煌回台聯絡各匪首，而今林季成本人回來，盧阿野、李養、林火旺均有同謀之意」；「歸順匪首盧錦春假裝恭順，暗中與林李成及在廈門簡大獅通謀之形跡明顯，本月二十四日逮捕同黨十二人，正調查中」；更讓日本殖民者寢食不安的是，大陸沿海地區不僅是台灣抗日武裝集團成員鬥爭失利時的避難所，還是其積蓄力量、重整旗鼓的根據地，他們的抗日活動，得到了大陸民眾的熱烈支持，如「林李成逃至廈門之初，因其名轟動彼地，獲得幫助不少，亦不乏費用」。

　　台灣軍民的反抗鬥爭，大大出乎日本殖民者的意料，首任總督樺山資紀稱：「雖然日清兩國間既已恢復和平，台灣島之接收已完畢，然本島之形勢宛如一敵國，清國之將卒於淡水三貂灣向我兵射擊，又金職皎蔣（？）在基隆作頑固之抵抗，而在南方安平、打狗等屢向我軍艦炮擊，又在新竹以南尚有眾多之殘留清兵，今後仍有許多戰鬥勢所難免，故以名義上言之雖台灣既為帝國之新領土，然實際之狀況與外征無異，故擬以本島任文武官職者，至其平定為止，全部依外征從軍者處理。」他在另一份給首相伊藤博文的報告中也承認：「昔日赴任之際，認為可以和平接收台灣，預料能以和平視台灣全島之政治，事不知自日本（內地）出發以來，匪徒在全島各處蜂起，在戰亂之悲境，所以文官在軍隊進行所至跟隨之，一城市占領之後，就在其地開廳從事安撫人民，其心酸與軍隊無異。」台灣人民的頑強抵抗使得台灣成為狂妄自大日人的「悲境」和「心酸」之地，真可謂恰如其分。與此同時，大量有關大陸民眾在財力、物力上支持台灣抗日的情報傳到了殖民當局的手中。總督府民政局長水野遵在帝國議會答詢時就說過：

「土匪騷動時，常有中國船自廈門方向將火藥等運來台灣」。由此看來，台灣人民的抗日鬥爭和來自大陸的支援，儼然已是日本殖民者最大的心病。也正是面對這種形勢，阻隔海峽兩岸人民的來往、防範對岸援助以鞏固殖民地統治便成為日本殖民當局首當其衝需要解決的問題。1895年6月，淡水公使館一等祕書島村久向樺山總督提出了整頓台海人員流動秩序的方案：

　　小官自到差淡水港以來，將及三星期，在此間集中本港之中國士兵或其他地痞、流氓或透過其他種種管道使用輪船或僱傭中國帆船陸續送回溫州、福州、廈門、香港等，經由本港遣還清國者有數萬之多。目前，地痞、流氓之其人數已減少，跟著本港及附近村落之本地人，漸漸顯現出有安心之感。

　　而反之在其他方面，日日搭載輪船或帆船，由中國各地方進港之中國（人）陸續不絕，其數不少，無阻止之方法。於是，一方面如前文盡全力，計劃遣送地痞與流氓，但是，其功勞與費用均化為泡影，實際上無更佳之辦法。故應照會中國政府，凡欲渡航台灣者，由中國地方官廳發給證明姓名、職業之護照或由帝國（日本）政府制定台灣登陸條例，規定列記條款，對具備其條件者，始准入境之規則為宜。[10]

　　由此看來，在1895年的台灣，日本殖民者一方面努力遣散清軍滯台軍隊和所謂無賴漢，另一方面卻又不得不面對從大陸閩粵地區渡海前來的民眾，一出一進、循環往復，造成二者相互抵消的局面。這種情況下，對岸威脅顯然無法消除，故而島村久認為截住來自大陸的人流乃當務之急。該建議得到了台灣總督府和日本中央政府的認可，台灣事務局總裁伊藤博文指示開展相關準備工作。1895年11月，總督府頒布《清國人入境台灣條例》，決定於1896年1月1日起正式實施。

　　《清國人入境台灣條例》計有八款，主要內容如下：

　　一、大陸民眾赴台，限由基隆、淡水、安平、打狗四口岸登陸；

　　二、大陸民眾渡台需獲得清地方官衙頒發之執照，照內註明姓名、年齡、職業、籍貫及渡台目的等項；

三、大陸民眾到台，所持執照呈台灣地方官廳查驗後，准其登陸；

四、依上述途徑來台之大陸民眾限居留前列四口岸，如欲赴台灣內地，則需稟請地方官廳批准；

五、嚴禁無賴漢、苦力之流登陸；

六、現居台灣而往來兩岸之商民攜有總督府所轄地方官廳或駐清國日本領事館所發之護照者，准其登陸；

七、清國官吏需經政府照會始得登陸台灣。

在這份日據時代首個規範海峽兩岸人員往來秩序的法律文件裡，日本殖民當局立法主旨在於嚴格限制大陸民眾渡航台灣，以確保對台灣的殖民地占領和治安穩定。因此，條例開篇第一條就是：「自今台灣一帶沿岸，不准清國人隨意登陸」，即便是允許渡台的那部分大陸民眾，一方面需要在原居住地辦理繁雜的赴台手續，另一方面還被限制居住在台灣沿海地帶四個口岸，不得隨意轉赴他地，處於嚴格的管制之下。如此一來，綿延數百年閩粵移民東渡台灣的路徑，將隨著日本對台灣的殖民占領而遭到極大的阻礙。條例第五條又規定：「目下暫將無賴漢苦力等類一併嚴禁登陸以保台灣良民之安寧」。我們知道，歷史上閩粵移民中的大多數乃出賣勞動力的貧苦大眾乃至部分帶遊民性質的「羅漢腳」之類，嚴格禁止此一群體的入台，實際上也就是切斷了大多數大陸移民的渡台之路。這一條例的貫徹實施，顯然將大大阻隔大陸民眾對台灣抗日鬥爭的支持渠道，故條例中所謂「保台灣良民之安寧」，毋寧說是為保日本在台殖民統治之安寧更為貼切。

隨之，西萬壽良、川上親賢、服部甲子造、大久保利武和中村純九郎等組成《清國人入境條例》實施規則調查委員會，制定了詳細的實施細則。細則強化對來自對岸人員的上岸監管，規定「入境條例第一條所規定之各港口，有清國或其他外國之商船抵達時，憲兵或警察人員，應至該船或於入境地點對入境者實施檢查。」對於現住台灣居民，獲殖民當局地方官廳許可持有旅行證件前往大陸再返台灣者，得在有稅關派出所各口岸登陸，「非台灣住民之清國人，應拒絕其入境」。顯而易見，無論是入境條例抑或是其後的實施細則，據台伊始，日本殖民者便高調地宣布了斷絕海峽兩岸人員往來關係的政策措施，且立刻付諸施行。所

有這些距日人占領台灣僅僅只有五個月。

二、《清國人入境台灣條例》之執行與變通

1896年1月1日,《清國人入境台灣條例》正式實施,但結果卻並不能如日本殖民者所預期,該發生的還是發生了。

甲午戰爭結束後,日本侵占台灣,島內戰事仍在進行之中,大陸赴台人員呈減少狀態。此時往來兩岸的人員以原住台灣住民為主,據總督府《清國人上陸一覽表》統計,1896年2月淡水、基隆、安平(高雄)、鹿港四口岸入台者計239人。其中,屬於「台灣住民在台灣清國間往復而獲有證明之清國人」就達134人;屬於「上陸(入境)條例實施前赴清國之台灣住民特准登陸者」98人;屬於「外國人僱用而獲得外國領事館證明而來台之清國人」6人;而屬於「獲得清國官廳旅行護照或證明而渡航來台之清國人」僅為1人。不過,資料顯示仍有大陸民眾一如往常的渡海去台,如1896年1月3日淡水支廳日誌載:「自前一天來,由香港、廈門等搭乘汽船入本港之清國人數達數百人,魚龍混雜騷擾不堪,為防萬一暫時停辦證明書之簽發。」該年6月的數字也顯示,一個月內有870多人從廈門渡航台灣,應該說人數還是不少的。與此同時,在台灣各地坊間有關閩粵義士加入抗日鬥爭的各種傳言流行甚廣,據云1897年5月7日國籍選擇日台北大起義中,就有去台大陸茶工二三百人潛入深山與台灣抗日武裝集團會合;總督府提供的情報也顯示這種傳言是有根據的,一份來自廈門的諜報稱:「在本地亦有廈門輸款給『土匪』之傳聞,但究竟何人所送,則難查出確實情報。外國人之中似有認為由中國官吏所送,但在廈門官吏中似無此類人。又據中國人所稱,係由散居在泉州、廈門及漳州等地之台灣富豪等所送,此說似乎較可採信。」、「觀察本地中國人認為今後在台灣的內亂難免再發生數次,最近彼等有此傳說,即『土匪』終欲達成其目的,趁在日本發生內亂或外患之危機時圖謀光復。上述為當地中國人對於台灣之想法,而暗中期望日本會與俄國開戰,更盼俄國戰勝日

本,此乃『土匪』作亂以來,對我日本感情益趨惡化之原因所致。」在對抗日義軍的實際鎮壓行動中,日人也發現了不少大陸民眾參加抗日鬥爭的痕跡,譬如台北內務部長牧樸真在其《匪徒狀況報告書》中就提到了以下的情況:

一、目前各地討伐隊內必有數名警部、巡查隨行,並派往各村落專事搜查、逮捕餘賊。迄今日止,經由警察之手逮捕之土匪其數約在五百名左右。

另一方面,這類事件的原因等,現在仍在偵察中,依據現在所探知結果,其根源處似出於清國,現仍在搜查之中。

二、……

三、本次之土匪已大略掃蕩竣事,但是,其首領級中數人仍藏匿山中,謀求恢復方法。年內(清曆)應不致有事,然聞至來春一、二月,由清國募來之兵將來襲,本島土匪亦有響應計劃,雖為毫無根據之謠言,各警察皆已做好這方面的注意工作。

我們知道,日本殖民者制訂實施《清國人入境台灣條例》的目的,正如鳳山派出所所長柴原龜二所稱:「在於防止由清國大陸出航之勞動者、流浪漢或無職之徒入境本島,以維持台灣之安寧。」然而如上所述,條例頒布實施後仍有為數不少的大陸民眾渡海前來,條例的初衷未能達成,效果大打折扣。究其原因,除了大多數閩粵地區民眾並不瞭解該條例業已頒布實施,仍舊依照清代慣例前來台灣之外,更主要的是條例執行情況有待於進一步提升。為此,台灣總督府要求各地方當局進一步強化對條例的執行力度。具體措施包括:第一,加強出入境管理工作,對無證照之大陸來台人員嚴格取締,「未持有護照或證明文件之貨主及乘客,即嚴格執行中國人入境條例,一切不准入境」;第二,嚴格海岸線和船舶的查稽,防範違規者登陸,如淡水港「日前先放寬船舶出入之自由擬再加以限制,乃嚴密執行海面取締工作」。第三,對於非法入境者,強制遞解出境,「將自新竹傳遞護送違法之清國人,遣送歸還廈門。」由於台灣島四面環海,在帆船時代,其與大陸的海上交通十分便捷,尤其是西岸地帶處處皆有登岸場所,因而最重要的就是針對渡航來台帆船的取締工作,台灣民政支部長兒玉利國在其上呈總督樺山資紀的《機密月報》中指稱:「本支部轄內一帶沿岸遠且淺,而且常波浪

大，蒸汽船等之停泊極其困難，但清國之帆船卻容易繫泊，與廈門、泉州地方之交通頻繁，而旅客貨物之出入等得自由出入，因此有取締管理之必要，且這回（1896年3月）全島土匪掃蕩兵器實行撤回，以上是（之）海岸管理，更加有必要。」

然而，強化入境管理的結果，導致大批來自閩粵的大陸民眾無法登陸台灣，以至演出一幕幕海上、岸邊親友遙遙相望，呼聲尤在耳旁卻不能相聚的淒涼畫面。如此出入境管控措施，既難免遭致民怨，也不利於日本在台殖民統治和民心之收攬。由是之故，一些殖民地地方官員就《清國人入境台灣條例》的執行提出了變通處理的建議，鹿港派出所所長佐竹義和在其政務報告中寫道：

由於清國人入境條例施行規則之頒布，清國人由鹿港口外不問何人皆不能入境。然而仔細考量結果，本島中部中，本管內住民乃由對岸之清國泉州、漳州等地移往前來者，十之八九，隨之其關係之多，蓋實難辨者也。又如本港向來乃係商業港，船主或貨主等彼我之關係頗為多且船舶之往來亦不在少數，今遽然將鹿港口禁止入境時，搭載貨物而入港者，卸貨及薪水糧食困難，本港及其附近之住民，實際父子兄弟或有其他親戚之關係，呼應在目睫之間，不能相見，誠堪憫諒者。如此乃尚禁止者，等於斷其戚畹之情義，地方牧民之官實有不忍者。故有人申請入境時應調查事實正確及其真偽，認為時預先限定其時日，准許其入境之決定，要者只為期無害，法令之著眼在於希望不悖於情。

1896年1月4日發布《鹿告第五號》，規定：「非台灣住民之清國人，有左列之事由者應將其要旨，向本廳提出申請，由本廳調查事實，得允其限時日入境許可。一、為商業將貨舶裝載來港，其卸貨及薪水之需要者。二、為鹿港住民有親戚之關係，有入境之必要者。」雖無證據顯示該措施是否在全島普遍推廣，但它至少說明嚴厲的《清國人入境台灣條例》在實際執行過程中，還是有所變通的。

另一方面，近代開港以來台灣已逐步納入西方列強的視野，而台灣豐富的茶、糖、樟腦資源也是列強覬覦的目標，並成為各洋行獲利豐厚的事業。日人稱：「本島原來特有物產豐饒，其農產即茶、糖、苧麻、藍、煙草等最為有

名」。其中茶的製作和輸出，牢牢地控制在以英國為首的西方洋行的手中。「台地物產以茶為大宗。每年輸出五六萬擔，內地運至廈門轉賣外洋者大概十五萬餘擔。運輸至香港銷售者亦有數千擔。」據日據初統計數字，台茶輸出額為1800萬斤，價額約600萬元，「占輸出品之第一位」。眾所周知，茶葉生產由於其特殊性（採茶、選茶、烘焙等）需要大量的手工勞動者，這些勞工許多來自海峽彼岸。據日人1895年調查，當時從事茶葉精製、運銷的洋行有6家，台灣本地茶商131家，僱傭製茶工2000餘人，採茶女10000餘人，製茶箱工、鉛葉工、施彩工1000餘人，茶葉鑑定師約200人，加上書記、助手等，從事製茶業者總計約為20000人。除了採茶工為台灣女性外，其餘大都從閩南、福州一帶渡海而來，大致每年約3000餘人。換句話說，台灣茶葉生產的主要技術工種均依賴於大陸勞工，大陸技術工人在台灣茶葉製作領域發揮著舉足輕重的作用。

問題來了，《清國人入境台灣條例》截斷了大陸茶工的入台路徑，尤其是其中「將無賴漢苦力等類一併嚴禁登陸」條文，簡直就是針對他們量身訂製的一樣。此條例一旦實施，各茶商勢必鬧起勞工荒，利益嚴重受損。掌握台茶大部分利益的英國率先起來抗議，淡水英國領事伊爾頓（W. S. Ayrton）就《清國人入境台灣條例》向台灣總督府提出異議案，略謂：

茶葉對在本地之英國人關係重大，這些商人所僱傭之清國人約略不下五六千人。此等清國人依例在製茶季節之初來台，茶季結束即回到原地，本條例實施以後對彼等造成許多不便之處。尤其本年茶葉季業已結束，回清國者不少，這些清國人如欲再來台時，根據本條例第二條規定，須向清國該管官廳申請發給護照或證明書。但依自己所見，向清國機關申請發給護照或證明書，究竟是不可能之事。……按照現行條文規定，這些已回去之清國人，若無再來台之機會，則在此之英國商人所經營茶葉，從下一季起即將告全數毀滅。本條例一實施，對英國商船亦有重大影響。

接著，英國人提出修改條例第二款的請求：「在歐洲，甲國國民欲赴乙國，通常是由乙國駐甲國領事發給護照或證明書，貴府可仿效不由清國該管機關而考慮改由駐清國帝國領事發給護照或證明書，並考慮僅允許攜帶事項護照或證明書

者始准其登陸。」並且要求「在得到（英國駐東京）公使相關訓令之前，對英國商人僱傭之清國人，暫停適用本條例」。台灣總督樺山資紀告知此事「難以變更」，主要緣由即「戰亂之後，清國人之出入頻繁，島民不能安居樂業，且亦難保匪徒不來台煽動，是以嚴格加以取締。」、「此乃經營本島且為維持秩序最必要之事」。因此，在台各國人等均需一體遵守，不能「僅給予貴國商人特權」。但面對英國的強烈要求，日本殖民當局不得不針對茶工這一特殊群體做出重大讓步：「已歸國之清國人，欲再來台者，由其僱主之商館提出經貴國領事之證明，應可允許登陸。」此時，日本國內《大阪每日新聞》、《大阪朝日新聞》、《東京朝日新聞》等報紛紛刊登了相關新聞報導，稱台灣總督斷然拒絕英國的要求。為避免國際糾紛，總督府甚至於致電中央政府「請設法命令取消該前述新聞消息之刊登」。顯見日人對日英關係之重視。於是，作為《清國人入境台灣條例》的補充規定，1898年10月，發布《清國人茶工券規則》，規定受僱於洋行的大陸茶工憑所持「茶工券」，貼上持有人照片並加蓋領事館印信後，得申請登陸台灣。

綜上所述，《清國人入境台灣條例》在實際運作過程中，還是有一定程度的變通的，其中最主要的就是受僱於外國洋行的茶工另行安排了「茶工券」制度，而對於商業貿易來台卻暫無入境證明書的大陸民眾，也允許限時登岸補給或與親人會面。不過，條例的精神——限制、阻隔大陸人民尤其是勞苦大眾來台這一點，則沒有發生根本的改變。

三、台灣人身分地位的變化與閩粵移民遷台之中挫

對於台灣來說，1895是個轉折性的年分。喪權辱國的《馬關條約》的簽訂，使得台灣被迫割讓給了日本。台灣從中國的一個省變成為日本的殖民地，台灣與大陸的關係從中國國內兩個地區間的關係，轉變成為中國與日本殖民地間的關係，隨之而來的則是台灣人身分地位發生重大變化。

《馬關條約》第五條規定如下：「本約批准互換之後，限兩年之內，日本批准中國讓予地方人民願遷居讓與地之外者，任便變賣所有產業，退出界外。但限滿之後，尚未遷徙者，酌視為日本臣民。」很顯然，台灣民眾在1895—1897年兩年的選擇期過後仍留台灣者，將被「酌視為日本國民」。事實上，即便是兩年選擇期內，日本殖民者也早就已經將台灣人與大陸民眾區分開來了。上引檔案資料中我們就已經看到了隨處可見的「台灣住民」和「清國人」的不同稱謂。在這裡，日本占領時已居住台灣的被稱為台灣住民，之後來台的大陸民眾被稱為「清國人」。《清國人入境台灣條例》的條文中對於二者也是分別對待的。按照該條例，台灣住民在日據後持殖民當局頒發的證明書可前往大陸並允許返回台灣，而大陸民眾則需要清國政府頒發的護照、證明書才得申請登陸，且被限制在幾個主要的沿海口岸，進入台灣內地需要特殊批准，等等。

　　除去《馬關條約》之外，1896年8月27日台灣總督府評議會歸化法調查委員會審議通過的《有關台灣居民國民身分令》，也是一份涉及台灣人身分地位的另一重要法律文件，特摘錄如下：

有關台灣居民國民身分令

　　第一條：本令所稱台灣居民，係指在明治二十八（1895）年五月八日以前，在台灣島及澎湖群島內有一定住所者之謂。

　　第二條：迄明治三十（1897）年五月八日，未離開台灣總督府管轄區域外之台灣居民，依據馬關條約第五條第一項規定，為日本帝國國民，但台灣總督不承認者不在此限。

　　第三條：家長未給與日本帝國國民身分時，其家族亦不能取得日本帝國國民身分。

　　第四條：為台灣居民，雖現未居住台灣總督府管轄區域內，而欲取得日本國民身分者，得於第二條之期限內，經由地方廳先向台灣總督府提出申請。

　　第五條：給與日本帝國國民身分，發給日本帝國國民證。

　　總督府民政局長水野遵在向拓務大臣和台灣事務局總裁伊藤博文呈報的《理

由書》中詳細解釋了該令之立法緣由。他認為,《馬關條約》簽訂後,台灣雖然已為日本的殖民地,但兩年選擇期內台灣人仍然是清國國民,「其未視為日本國民之理甚為明顯」。因此,1897年5月8日,「日本國可依自國之考慮,有將之視為或不視為日本人之自由」。「故若欲將台灣居民賦予日本國民身分,必須再以具有法律效力之台灣總督府命令示之,此即是必須制定有關台灣居民國民身分令之理由。」換句話說,該令乃總督府就《馬關條約》第五條第一款所作之配套法令。其中「台灣居民」的定義為「該條約締約時及在這之前居住在該地方人民之謂」,「本條(《有關台灣居民國民身分令》第二條)採行所有居民皆為日本國民之精神,唯類如有土匪嫌疑、妨害治安之類人員,給與日本國民之身分,顯屬不利,有必要不給與日本國民身分,因此,特加但書。」

依照《有關台灣居民國民身分令》,1897年5月8日後,除了總督府甄別出來的少數特定人群外,原台灣居民將一律轉變為日本國民。實際上,一些殖民官員早在1896年1月《清國人入境台灣條例》正式實施之時,就已經將新來的大陸民眾視為不同於台灣住民的外國人了,其典型例子就是鳳山派出所所長柴原龜二所說的:「唯帝國政府對於屬於外國人之清國人宣布可入境或居住之地,宣布其地名者,以本條例為嚆矢」這句話中的「屬於外國人之清國人」便是對大陸民眾再清楚不過的身分界定。簡而言之,1895年日本占領台灣後,台灣人被劃定為特定意義上的「台灣住民」,新來的大陸人則是「屬於外國人的清國人」;1897年國籍選擇日之後,台灣人成為日本國民,「給與日本帝國國民身分,發給日本帝國國民證」。台灣人與大陸民眾的關係轉變為日本國民與清國民的關係,這樣的身分定位關係不能不對閩粵移民台灣歷史產生深遠的影響。

如所周知,台灣早期開發史其實就是一部移民史。史料記載明末以前已有零星的閩粵移民活躍在台灣島的一些地方,荷蘭人到來的時候在許多台灣少數民族部落都發現了漢人的蹤跡。在荷據時期,熱蘭遮城下聚居著來自大陸的數萬漢人。鄭氏時代和清代,一波又一波的閩粵移民橫渡海峽、來到台灣,在台灣島內逐漸形成了閩南、粵東和台灣少數民族三大族群聚集、競爭和涵化的社會形態。近代台灣開港後,移民社會的發展進入了一個新的階段,亦即逐步由移民社會向定居社會轉型,並引致學界所謂「內地化」或「土著化」的爭論。日本殖民統治

之初進行的舊慣調查報告中針對台灣歷史的移民社會特點也做出了如下描述：

台灣島民乃移殖之「支那人」，主要原籍地為南部「支那」福建廣東兩省中的一部分。《台灣府志》：台陽僻在海外，曠野平原，明末閩人，自鄭氏挈內地數萬人以來，迄今閩之漳泉、粵之潮惠，相攜負來率，參錯寄居，故風尚，略內郡云云。即福建省（閩）轄九府中泉州、漳州二府，廣東省（粵）轄十府中潮州、惠州二府之民，多移殖台灣。……而此閩粵二屬之民移居台灣比例，今日雖未有確證，然「支那人」文書中可見泉四、漳三（以上閩）、潮惠三（以上粵）之記事，蓋亦相去不遠。

然而，正如日據時期台北高商教授松尾弘略帶激昂的語調所稱的，日本占領台灣後的明治30（1897）年5月8日「住民去就決定日」對台灣人來說是個「劃時代」的日子，「居住在台灣的『支那人』從此改天換地成為了日本人」。加上《清國人入境台灣條例》的頒布實施，二者疊加作用、發酵，造成了閩粵移民台灣態勢的激變，台灣社會歷史發展隨之步入了一個新的時期。

首先，台灣社會的族群結構發生了重大變化，隨著台灣淪為日本的殖民地，大批日本殖民當局官吏、軍事組織、工商業界人員和農業移民等普通民眾湧入台灣，台灣社會從閩南人（或福佬人）、粵東人（或客家人）和台灣少數民族（或「生番」）三大族群，轉變為台灣人（或本島人）、日本人（或內地人）、台灣少數民族（或「高砂族」）的新三大族群。日據後來到台灣的閩粵民眾身分，由歷史上源源不斷補充台灣社會新鮮血液的正常移民，變成了所謂的「華僑」。1943年松尾弘在談及台灣「華僑」之淵源時寫道：「台灣華僑與本島人五十年前是完全一樣、毫無區別的。其分別之產生，乃基於日本領有台灣這一歷史事實，即與明治二十八（1895）年領有台灣同時逃亡清國及迄明治三十（1897）年五月八日『住民去就決定日』前離開台灣者，乃至即便留在台灣但因手續不全無法獲得日本國籍仍保留支那國籍者等除外，其餘的均成為本島人（日本人），此後進入台灣者即使是以台灣為棲息地也只稱作華僑。所以也出現了同為一個家族，一部分為本島人，一部分為華僑的情況。」

其次，閩粵人民移民台灣遭受了歷史性的中挫。台灣島的早期居民為山地原

住居民，漢人渡海來台後，在與原住居民的互動過程中，逐漸占據了西岸平地地帶，自南向北、自西往東墾拓發展，其中來自閩南、粵東的移民成為開發台灣的主力軍。《台灣府志》記載：「自數十年以來，土著之生齒日繁，閩粵之梯航日眾，綜稽簿籍，每歲以十數萬計。」此處稱一年有十餘萬閩粵移民遷徙台灣雖屬言過其實，但為數不少的閩粵移民陸續湧入台灣乃不爭之事實。然而，1895年開始一切都改變了。台灣淪為日本的殖民地，《清國人入境台灣條例》以法律的形式重新規範了海峽兩岸的人員往來關係，大陸民眾遷徙入台的通道被阻斷。儘管如本文所述出現「茶工券」等執行上的變通，但傳統的閩粵移民模式無疑已基本破局。更進一步，由於台灣住民在1897年5月8日後身分地位的改變，新到來的大陸民眾變成了外國的僑民——「華僑」，閩粵移民遷台從原先省內不同府縣間（早期）或國內不同省分間（建省後）的移民，變成了中國與所謂「外國」間的跨國移民，被定位為僑居者，屬於全然不同性質的身分關係。國內移民或許較能融入當地社會並成為其一分子，而僑居者只不過是外來者，在沒有獲得嚴格的入籍審核前，是不可能成為當地人的，在特殊時期還有被遣送或主動撤離的情況發生，如1937年中國全面抗戰爆發時「華僑」的大批離台。因此，以日本在台建立殖民統治為標誌，數百年來閩粵人民移民台灣的歷史被畫上了休止符。

再次，由前而來，台灣社會歷史發展進入新階段。從台灣人口史的角度分析，歷史上有較明確記載的台灣人口統計數字是在荷據時期，1640—1661年閩粵移民人數從5000人左右增加到35000人。康熙統一之初台灣人口約為7萬人，乾隆二十八年（1763）年台灣人口為66萬餘人，到嘉慶十六（1811）年增為190萬餘人。學界普遍認為其中各時期陸續到台之閩粵移民占了極高的比例，或者說外延性的人口增長是歷史上台灣社會人口增長的主因。近代台灣逐漸由移民社會向定居社會轉型，台灣本地居民自身生息繁衍而來的人口增長所占比例開始提高。但我們認為，日本對台灣的殖民統治和閩粵移民之中挫，使得晚清以來台灣從移民社會向定居社會轉型趨勢得以強化乃至定型，台灣最終完成了其人口從外延性增長（移民）向內生性增長（生育）的轉變，1895年的《清國人入境台灣條例》正是在這一歷史進程中扮演著關鍵性角色。此後，影響台灣發展的外來性因素降低，台灣社會相對獨立的社會歷史發展進程開始形成，日本對台灣的占

領及伴隨而來的台灣與大陸之被強制分離，很大程度上構成為台灣歷史特殊性的原點。

第二節　《對岸事情》所載之日據初期台灣與大陸關係史料

　　日本國立國會圖書館的近現代史資料收藏，在日本國內是首屈一指的，其中也包括了不少有關台灣的歷史資料。在這裡，筆者很偶然地發現了澤村繁太郎的著作：《對岸事情》，該書出版於1898年，共379頁，附有地圖，製成4枚微縮膠片以供閱讀。

　　《對岸事情》之所以引起我們的注意，還得從其作者談起。澤村繁太郎（慶長元年——明治三十八年），出生於日本江州彥根藩士家庭，先後擔任《上海時報》記者、中學教師、日本陸軍隨軍翻譯、台灣總督府外事課囑託、正金銀行上海支店職員、北京支店負責人等職。其中最引人注目的是其1896年作為台灣總督府外事課囑託，被派遣到福建廈門從事情報蒐集活動，可與台灣總督府民政長官後藤新平直接聯絡，在不少的歷史檔案裡都有二者往來函件的記載。正如上節所示，日據初期，台灣人民開展了不屈的武裝鬥爭抗擊日本殖民者，這一鬥爭得到了大陸尤其是福建人民的大力支持，為其提供了從人員到武器彈藥的幫助，福建還成為抗日武裝集團首領的庇護所。日本殖民者認識到：「對岸的安危與台灣島直接休戚相關，故對岸形勢不可一日等閒視之。」為了切斷台灣與大陸的聯繫，台灣總督府傾力實施所謂的對岸經營政策，其中一個重要方面就是加強對福建沿岸的偵察活動，澤村繁太郎就是在這樣的背景下來到廈門的，據史料記載：「（澤村在廈門）專門參劃台灣土匪關係及其他機要事務，在外事課長杉村俊的指揮下，從事某種特別任務，被視為領事館之外的另一個總督府派出機構而存在。」《對岸事情》所記載的實際上就是他在廈門從事的有關割台後海峽兩岸的諜報工作，作為當事人的記錄無疑具有很高的史料價值。

　　日本占據台灣後，台灣與大陸的關係發生了重大轉折，台灣從中國的一個省

變成為日本的殖民地，台灣與大陸的關係從一國之內部關係變成為中國與日本兩個國家之間的問題，這一特殊歷史背景給兩岸帶來了什麼樣的影響呢？《對岸事情》專門闢有「占領台灣後之影響」一節，對新時期台灣與大陸的政治、經濟、社會等等各方面關係的新變化做了詳盡的記述和分析，特摘引如下：

自（明治）二十八年台灣歸我帝國領土以來，已過了兩個半寒暑，期間對岸福建省各地政事上、商業上均發生了變動，茲就本港（按指廈門——引者）商業上的顯著變化大略舉例如下：

占領以前	占領以後
一本港往返於台南間的戎克船有四十四艘，每年多則十二回少則八回往返於彼我之間	一現今減為二十三艘，每年往返航海數多則六回少則四回
一德忌利士汽船會社從貨物運費及乘客所得收益為十的話	一占領後該會社的收益則為十三
一新日本銀幣和紙幣之輸入幾乎為零	一中國人多將得自台灣的新日本銀幣運到泉州內地儲藏廈門市面紙幣流通額僅八千塊
一鴉片走私出口很少	一頓時呈增加的趨勢
一歷來很少有日本棉布的輸入	一近來有經台灣輸入的徵兆
一每年輸入台灣產豆粕一百萬塊左右	一去年（二十九年）約減為五十萬塊，今年預計不超過三十萬塊
一豆粕一千塊市場價九十餘弗	一上漲為一百六十弗
一台米一包市價二弗	一有時超過四弗
一台麻每擔三弗左右	一四弗以上
一台上等每擔十四五弗下等十二弗	一上等二十弗左右下等十七弗
一樣子乾（？）上等每擔四弗、下等三弗	一上等七弗以上、下等五弗以上

就全體貨物而論，自台灣輸入減少十分之七，自本港輸出減少一半，此專就戎克船貿易而言，台灣香港間的輪船貿易則大為增加。在台灣，日本商品要驅逐支那商品的銷路並不是一件容易的事情，但隨著日本人在台灣的增加，在可預見的將來支那貨品必所需日漸減少。原來本港未曾輸出台灣但近來大為景氣的商品是豬、雞、鴨、鴨蛋、雞蛋、米、紅柑、麥酒、外國煙草等，停止從台灣輸入本港的有香蕉、橙子，輸入量顯著減少的是米、西螺柑、麻等。

本港由於日清戰爭恐慌、台灣人暫住者增加及近年惡疫流行,物價非常昂貴,通常增長了三成,如豬肉一斤原十五六仙現在漲為二十四仙,又如土地房屋價格上漲達到驚人的地步,當然這不僅僅是台灣人返回清國的緣故,近年海峽殖民地富有者的歸來也是其中一個原因。

上述資料為我們展示了日本占據台灣後給福建經濟及海峽兩岸經貿關係所帶來的影響:首先是航行於兩岸的民間帆船數量急劇減少,大陸輸往台灣商品總體下降了約50%,台灣輸入大陸商品下降更高達70%;與此相關,由於輸入量的減少,使得來自台灣的貨品價格漲幅驚人,依據商品的不同,通常在30%～90%之間。其次,廈門及福建開始感受到了來自台灣的日本經濟勢力的滲透,日本棉布逐漸經由台灣來到了廈門港,日本銀幣及紙幣開始在市面上出現,儘管數量不大但已經呈現擴張的趨勢。再次,隨著台灣的割讓,相當部分的台灣人逃到了廈漳泉一帶,給當地的基礎設施帶來沉重的壓力,導致物價及房價的飛漲。

至於政治方面的情形,澤村繁太郎為我們提示了以下幾點:

——在泉州,(割台後)兩年間自台灣返回清國者增加

——返回清國希望通過接受科舉考試走上仕途者增加

——清國政府對返回者給予很好的待遇

——台灣的殘兵敗將及福建解僱的兵員四處流浪,危害了地方的安寧

——清國人中稍通曉東西形勢者往往希望成為受日本政府保護之民

——另一方面,人們又多為市面上誤解日本真意的謠言所迷惑

——台匪逃亡清國者私下裡愈來愈得到當地官民的歡迎

——不斷有武器秘密輸送及煽動台匪的情形,但這當中出於政治目的者很少,大多是出於利益的商業主義行為

上述資料為我們提供了許多很有價值的訊息:第一、台灣的抗日武裝鬥爭得到了大陸人民諸如秘密提供武器彈藥、歡迎並庇護逃亡的抗日武裝首領等等方式的大力支持(儘管其目的是否如澤村所言出自利益驅動還有待考察)。事實上,

簡大獅、林李成、林少貓等抗日武裝都曾得到了大陸人民積極幫助，相關研究表明，中國人民的支持正是日據初期台灣抗日武裝鬥爭得以進行的重要條件。第二、知識分子在割台後回歸大陸者為數不少，他們得到了良好的待遇，並且重新參加福建的科舉考試以謀求功名。此一情形的出現有其歷史的背景，日本據台後，台灣的教育體系發生了重大的變化，舊的封建科舉制度遭廢止，以公學校、中學校及稍後成立的大學為主體的近代教育體制開始建立，因此舊封建文人在台灣屬於被遺棄和淘汰的一族，回歸大陸勢必成為他們的首要選擇。第三、由於中國當時的半封建半殖民地地位，西方列強在中國擁有許多特權，而中國本國人民卻深受封建主義和帝國主義的雙重壓迫，導致一部分民眾感覺自身權益無法得到保障，他們當中的極端者或出於一己私利，竟然希望投身於日本人治外法權的保護之下，於是我們看到在福建出現了不少原為本地人卻千方百計和台灣搭上關係以求歸化成為「台灣籍」的人，甚至還有不少的假冒「台灣籍民」，日本當局出於在福建擴張勢力的需要，也曾政策性的允許部分人加入台灣籍，他們的動向成為後來海峽兩岸乃至整個中日關係上的一個敏感問題。至於上引資料中有關從台灣返回的兵丁橫行鄉里成為民間一害的狀況，當時的《申報》也多有記載披露，在此不贅。

對於台灣割讓日本後海峽兩岸關係的未來前景，澤村繁太郎做了他個人的評估和展望，並總結為以下十六條：

第一　新的日本人在廈門居留地將增加

第二　日本內地渡來者也將增加

第三　當地帝國領事館事務日益繁忙，台商與清商之間將發生許多訴訟事件

第四　相互間罪犯逃亡事件將增加

第五　日本的賣春婦利用戎克船或是變換服飾而渡航海外者將增加

第六　隨著交通的頻繁走私武器和鴉片的行為將愈益增加

第七　每年私渡到台的勞動者將增加，多年後將在台灣內地發現許多無籍人群

第八　隨著台灣殖產、工業、土木的發達，每年渡台的勞動者勢必增加

第九　隨著台灣連年人口的增加、文明開化及生活向上，（與對岸的）戎克船貿易仍將隆盛

第十　當地（廈門）的日清貿易將勃興

第十一　該地（廈門）在台灣與南洋之間的貿易上作為媒介地占有有利的地位

第十二　不遠的將來，會有很多仿冒日本貨幣、商品、商標的偽品事件發生

第十三　都說基隆港建成後該港（廈門）的台灣茶貿易將頓時衰落，我的意見是，會有幾分影響但絕不至於完全被它吸引過去，要證明這一點的話就得到當地一遊親眼看看港灣和貿易的實況

第十四　台灣的衛生防疫業務將日益繁重

第十五　相互之間新思想的交換將影響到文學、美術等方面

第十六　台灣政治必將成為清國政府的好模範

澤村繁太郎的評估顯然有不盡準確的地方，譬如說隨著日本殖民者強化取締及台灣島內抗日武裝鬥爭的失敗，海峽兩岸的武器走私很快消弭；專賣制度的實施也使得對台鴉片走私失去了存在的基礎。廈門在台灣對外茶葉貿易中的地位隨著台灣茶的直接外銷而迅速衰落。兩岸的民間帆船（戎克船）貿易在大阪商船株式會社等日資輪船運輸工具的打壓下，逐漸失去了往日的繁盛，在以後的兩岸交通中居於從屬的地位，等等。但是，中國與日本圍繞與台灣相關問題的交涉在日本據台後畢竟是顯著的增加了，不論是廈門居留地問題的衝突、台灣籍民違法活動的取締、閩台經濟貿易關係的開拓、大陸赴台勞工往來、兩岸文化交流的展開、衛生防疫問題的配合等等，都不可避免地牽涉到海峽兩岸的方方面面。最為關鍵的是，在日本南進政策的規劃中，台灣扮演著重要的角色，以台灣為基地進行對岸擴張，是台灣總督府致力的一件大事，從福建不割讓條約到廈門事件、從對華南鐵路權益的滲透到福大公司的設立等等都是台灣總督府的一系列動作。換句話說，台灣的喪失使得福建成為繼東北三省後又一個對日交涉的最前列地區，

這應當是割台對海峽兩岸關係最直接的影響了。在這一點上，澤村繁太郎意識到了，但是他仍然缺乏從兩國關係的大的戰略角度來看問題的宏觀視野。

日據初期台灣與大陸關係中有兩個重要的人物，一是愛久澤直哉，一是澤村繁太郎。作為台灣總督府民政長官後藤新平開展對岸經營的左右臂，愛久澤直哉及其設立的三五公司已經引起了台灣史研究者的重視，並出現了不少相關研究成果。但澤村繁太郎卻一直未能納入人們的探討範圍，其中一個主要因素就是資料的缺乏，相對於愛久澤直哉所從事的經濟領域擴張活動而言，澤村繁太郎主要從事的是政治軍事情報的收集工作，敏感性強、缺少透明度，留存的資料較稀少。在這一背景下，《對岸事情》的浮出水面，就顯得更為珍貴了。

第三節　割台後台灣與大陸貿易關係的新變化——以金順益案為中心

「郊行」在台灣商業史上曾經占據重要的地位，有清一代，郊商經營著海峽兩岸貿易活動，為兩岸社會經濟發展和相互間的商品流通，做出了很大的貢獻。然而，割台後台灣郊商的經營活動陷入了極大的困境，郊行組織也漸趨式微。導致此一情形出現的原因何在？兩岸學者曾有諸多分析，但不夠全面。我們從清廷外務部檔案中整理出光緒二十八年台灣商船金順益號違約案的相關史料，該案為人們提供了分析這一問題的新視角，並可從中窺見割台後海峽兩岸貿易關係的新變化。

一、金順益案始末

光緒二十八年十二月，閩海關福州口稅務司杜德維向福州將軍兼船政大臣崇善稟呈台灣商船金順益號違約進入內地貿易一案，整個案件經過情形為：

23

光緒二十八年七月二十四日，金順益號由福州口報往台灣，據其所呈艙口單內載有茶餅、大杉木、竹扁擔、竹篩、木台、柴棍、木桶等貨物。然而，該船卻並未赴台，反而於九月初五日駛入廈門，聲稱由福州開來，進口艙單內僅載茶餅及新增旱穀一項，其餘大杉木等件貨物不知所蹤。九月二十一日又由廈門報往福州。由於金順益號往返福廈間均費時三十日，且進出口艙單嚴重不符，福州稅務司懷疑其有「沿途私進不通商口岸貿易」的嫌疑，隨即派員登船查驗。從該船出入貨總簿中得悉，金順益號離開福州後，即在劉岐購買旱糖、旱穀各五六千斤，旱糖一項於九月初二日在石碼出售，而石碼屬不通商口岸，這就明顯構成了私入不通商口岸貿易之事實。至於原載大杉木等件，據其船商孫培申及出海薛藩稟稱是在湄州海面遇風拋棄，但其自稱遇風的九月初二日卻記有在石碼出售旱糖一事，顯然二者自相矛盾。此外，該船商又稟稱在廈門和昌行駁兌洋油一百連，於福清時賣與信利號，更屬「自認有人內地貿易情事矣」。為此，福州稅務司杜德維認定：「此船由福州出口往廈門，沿途所經劉歧、石碼等處，按照簿載俱有私做買賣證據，其可疑固在；彼由廈回閩，復據自行稟稱有在福清售賣洋油情事，其可信又在。此稅務司查光緒二十二年九月十四日總理衙門遵旨互換中日通商行船條約第五款內稱：如日本船違法到中國別口非係准停泊之港、並非准通商或在沿海沿江各處地方私做買賣，即將船貨一併由中國罰充入官等語，此次金順益日本商船實屬有違定章，照約應將船貨罰充入官。」

　　福州將軍批覆稱：「查核稅務司所呈各節，日本商船金順益在非准通商各口私做買賣，甚為明白，自應查照約章辦理，如該商船以為自無犯法，即稟報領事官申辨，仍查照會審章程公同查辦，以昭折服。」福州稅務司隨即與日本駐福州領事館交涉，得到的答覆是：「金順益船實有違約入內地貿易情事，應即照章程辦理，本領事並無異言。」福州稅務司即照章將該船入官變價出售，得款充公。

二、有關處置台灣商船問題之爭議

按照《中日通商行船條約》的規定，日本商船不准私人非通商口岸交易，台灣依《馬關條約》割讓給日本之後，原先川航兩岸從事貿易的郊商，頓時變為所謂的「日商」，而台灣船也變成所謂的「日本船」，這就使得台灣商船赴大陸也必須依照上述條約「一體遵守」。金順益案便是因台灣商船屬性改變所直接導致的一個犧牲品。而金順益案的成功解決，也大大鼓舞了海關的士氣，福州稅務司即提出：「自台灣割棄以後，福廈等口掛日本旗民船絡繹如梭，期間不免有私入內地貿易情弊，殊覺防不勝防，且沿海地方遼闊，稅務司亦苦於鞭長之莫及，不能一一查緝。今擬申請申明約章，飭行沿海一帶大小文武地方官及稅關釐卡，一體知照，嗣後務各設法認真偵緝，如遇有日本商船擅入內地並非遇風遭險之事而至確有私做貿易行跡者，即予隨時扣留，並無論何船，一經到口，即應到船細驗牌照，係屬華船抑為洋船。倘果不服查驗，則其行跡可疑，必為日本牌之船，始敢有所恃而無恐，各該地方官並於此無庸畏難，務其扣獲，一面知會稅務司立派巡役前往拿解回關，按約究辦，以符定章。」

為了便於管理，福州稅務司提出針對往來於海峽兩岸的台灣商船的特殊政策，呈請外務照會日本駐京使館商議辦理，這一政策包含兩個方面的內容：第一，「以後來往中國福廈等處通商口岸貿易之日本船，必須由台灣日本官發給牌照，不得逕由駐紮各口岸之領事官給牌，以杜冒濫情弊。」第二，「其已領日本牌、懸掛日本旗之船，應飭令該船將船式油漆別為一類，所有船名及由何處領牌之日本船當用大字在船旁漆書明白，並船名於船樑上用火熔為記，俾易辨別。」他們認為，照此辦理，「則各該船或尚不至公然駛入內地貿易，庶幾杜漸防微，遵守條約，即以保衛餉源」。

外務部在接獲福州將軍呈文後，即照會日本駐華公使內田康哉，「今閩海關因掛日本旗之民船，不免有私入內地貿易情弊，擬訂明以後勿由駐各口之領事發給船牌，並改別船式之處，係為設法嚴防流弊起見，諒貴大臣並必以此辦法為合宜。」我們知道，往返於台海兩岸間的台灣商船，實際就是普通的中國帆船，其船形制式與大陸民船並無二致，只是由於台灣割讓導致身分變遷而改掛日本旗，被視為「日本台灣商船」。為了避免與大陸船隻相混淆及查緝便利起見，福州稅務司提出這一方案有它一定的道理，並且也得到福建當局和清廷外務部的支持。

实際上，不單是船形制式方面，對於操閩南語且與大陸人民外形毫無二致的台灣人到大陸旅行、經商，福建當局就曾提出要求他們改換洋服以示區別的要求，這反映出隨著割讓後台灣人身分變化而引起的諸多紛擾開始困擾著福建當局，因為這已經牽涉到對日關係的外交層面，不得不謹慎行事。

但是，中方的建議並未被日方所採納，內田康哉在照復中稱，台灣船隻依據台灣船籍規則，概由駐外領事給照，因而不便更改。至於改變船體色彩以為區別一事，則因台灣船在船桅及船尾已有與大陸船隻不同的標誌，「更未易另訂條款」。故事實上，台海兩岸往來的台灣船在船隻外形上並沒有什麼改變，清廷試圖借金順益號違約案進一步規範台海兩岸航運秩序的設想落空了。

三、如何對待「日本台灣人」

歷史的發展常常讓置身其中的人們感到徬徨和無奈。台灣人在《馬關條約》簽訂後兩年內若仍居留台灣，依據該約將自行轉變成日本國臣民。相關研究表明，除少數人外，大部分人因身家財產都在台灣，是不可能離開的，於是毫無例外地成了日本籍。對於台灣的郊商來說，無論是台南台北各大郊行，歷來經營的都是台灣與大陸間的貿易，現在卻因台灣割讓使得兩岸貿易變成「國際貿易」，台灣商人到大陸變成「洋（日）商」，並且只能在通商口岸貿易，若如清代慣常進入沿海各港，則將有如金順益號般遭罰沒充官。也就是說，兩岸關係的重大改變，相當程度地封堵了台灣郊商的生存空間。而郊商們為了生存，往往不顧禁令，私入非通商口岸貿易，在給自身帶來麻煩的同時，亦易於引起中日間的交涉。針對這一情況，廈門關稅務司包羅曾提出變通解決辦法：

所有外國帆船前往福建不通商之各口岸，多屬日本船，來自台灣。雖有日本牌，實是華船，本欲行駛中國口岸者，禁止似近於刻，其要則在乎使有合宜之管轄。本稅務司之意，中日兩國若能互立約章，准令台灣帆船到未通商口岸貿易，則甚善也。日本領事官可請各通商口岸之稅務司，每船發給行駛一年之牌照，每

船每年納費銀十兩，每次往來皆須到新關報名。如察出有未領牌照，私行前往者，即查拿入官。如水手人等在內地不循法規或別有滋事之處，可將船牌撤消，不准該船再作貿易。

總稅務司赫德在轉呈包羅意見致外務部文中也表達了對此事的關注，但稱具體決策向有待外務部定奪，他說：「又日本台灣帆船前往廈門附近不通商口岸貿易一節，此等帆船如此貿易，與各國商船往來通商口岸不同，緣該船本為華民之船，且久經來往台廈之間，與內地船無異，只因台灣改隸日本，隨視為外國之船。或應按照各國約章嚴禁前往不通商之口，或照舊念其昔日之情，准其如此仍行貿易，於情於理，均各有詞，未便由該關自定，總稅務司之意見如此，似應一併呈請貴部酌核可也。」

廈門關稅務司提出允許台灣商船循舊例仍可入不通商口岸貿易的主張，似乎出於念及台灣原屬大清且均為華民之舊情，認為不應待之過於苛刻。但這只是問題的一面，重要的是，倘若照此方案執行，海關的勢力範圍將得到極大擴張。首先，台灣船隻每年要到海關報到、查驗、納稅，這就掌握了台灣商船的操控權；其次，由於允許台灣船到非通商口岸貿易，海關即可借查緝之名將權力延伸到各非通商口岸，而這正是海關多年來力圖達成的目標之一。譬如廈門關就曾極力敦促清政府將劉五店、石碼等分關統歸廈門關一併交稅務司兼管。海關方面提出的允許商船仍舊准入非通商口岸貿易的建議表面上為「念其昔日之情」，實則暗含膨脹海關權力之意，對此不可不察。

清朝廷對於所謂「日本台灣船」的態度，集中體現在下面這份文件中，由於這是割台後清政府在對台經貿方面的一項政策宣示，有著重要史料價值，特摘引如下：

札總稅務司台灣商船若柱日本商旗前往不通商口岸應禁止由權算司

呈為札行事，本年閏四月二十四日，據申稱，日本台灣帆船前往廈門附近不通商口岸貿易一節，該船本為華民之船，久經來往台廈之間，與內地船無異，或應按照約章嚴禁前往，或照舊准其貿易，呈請酌核等因。本部查台廈一帶，所有不通商口岸，凡外國船均應禁止貿易，該帆船舊係華民，若以改隸日本、懸掛日

本商旗，即不能與華民之船視同一律，應由該關按約嚴禁前往，以示區別，相應札行總稅務司查照飭遵可也，須至札者

右札總稅務司赫　准此

光緒廿二年閏四月　日

從這份文件可以看出，清政府認為，既然台灣割讓後「改隸日本」，商船上懸掛日本旗幟，那就不能與以前等同視之，而只能依據相關條約辦事。儘管有關資料未列出清政府採行此項政策的原因，但我們可以想見，倘若允許台灣帆船入非通商口岸貿易，那麼同樣掛日本旗的日本商船也可能混跡其中，在海關具體查緝工作上是很難嚴格區分的。再則依據利益均霑原則，其他列強也會據此向清政府提出類似的要求，那麼局面就更加難以收拾了。因此，清政府的此項決定，表面上似乎不近情理，實則不得已而為之，其宗旨不外是為了維護中國的主權。類似的政策在處理有關台灣人身分、服飾等問題上也都曾出現過，可以說，清廷在處理台灣問題上顯示出相當的困擾和無奈。

四、台灣郊行衰落原因的再思考

關於台灣郊行衰落原因，林滿紅、黃福才、卓克華等兩岸學者均有所探討，他們一致認為：「乙未割台是台灣行郊沒落並終告消滅之一大關鍵」，同時進一步分析其中起主導作用的因素大致有以下幾個方面：

第一，台灣割讓，眾多實力郊商內渡，以至百業蕭條。如台南三郊「以前各郊商業各自停止，或收回清國，或貿易暫停」。

第二，為消除郊行在台灣民間的影響力，日本殖民者對其進行改組，或改為「組合」，或變為純宗教團體（如神明會），以致各郊行名存實亡。

第三，限制台灣商船赴大陸貿易，大陸船隻來台只准由三大口出入，「而自昔郊商營業區域幾全在大陸沿海口岸，經此限制，貿易線一斷，無口吞吐，焉能

生存」。

　　毫無疑問，這些都是導致台灣郊行衰落的重要因素。但是，我們發現，上述分析全部是從台灣方面及日本殖民當局的政策變化這一角度進行的，而郊行與其他商業組織的顯著不同是，它從事的是海峽兩岸的商業貿易活動，牽涉到的不僅僅是台灣，還包括大陸。因此，在探討台灣郊行衰落原因的時候，似乎還應嘗試著從大陸方面來檢討引致這一結果的可能因素。事實表明，割台後清政府的對台經貿政策變化，是造成兩岸帆船貿易萎縮及台灣郊行衰落的又一關鍵因素，本章揭示的金順益違約案即明白地顯示了這一點。

　　金順益違約案是中日《馬關條約》簽訂、台灣割讓、大陸與台灣關係發生劇變後發生的一個全新案例。這是因為類似金順益號台灣帆船進入大陸沿海口岸貿易在台灣割讓前完全是合法的，同時它也是台灣郊商歷來經營兩岸貿易的常態，例如清代宜蘭郊商，其「往江浙福州曰北船，往廣曰南船，往漳泉惠廈曰唐山船」，涉及港口遍及大陸沿岸大小四十餘處。日本據台後，台灣人身分發生了變化，台灣郊行船隻也變成了所謂「日本台灣帆船」，台灣與大陸的關係被納入日本與中國關係的大框架中，必須受到中日兩國所簽署條約的規範和約束。而面對兩岸關係的變局，清政府也不得不調整它的對台經貿政策，割台後不久的光緒二十三年，總稅務司即呈文稱：「馬關條約簽定以後，情事改變，台灣一處，應作為外國看待」，並開具洋貨土貨進出口徵稅辦法四款以祈施行。總理衙門也認為，「台灣即非內地，該處進出口貨物，非改造通商各口稅章辦理，不足昭劃一。」因此，規定台灣土貨進入大陸必須照洋貨收稅。換句話說，台灣割讓後，由於台灣因不平等的《馬關條約》而成為所謂「日本國土」，台灣商品也就同樣成了「日本台灣貨」，即「洋貨」，再不得享受原先土貨的地位，而必須收稅。這樣，台灣郊商勢必大幅增加貿易經營的成本。金順益案發生後，清政府又進一步嚴格限定台灣帆船不得私入非通商口岸貿易，這就更大大壓縮了台灣郊商的活動範圍，加上兩岸學者所指出的日本殖民者對郊商的打壓措施，在此雙重影響下，台灣郊行迅速走向衰落便是不可避免的了。

第二章　台灣總督府的「對岸經營」

第一節　台灣抗日運動與總督府的「對岸經營」

　　迄今為止，有關日本殖民統治初期台灣人民抗日武裝鬥爭的研究，其注意力多集中於起義、討伐和招降等問題上，而忽略了抗日武裝鬥爭與大陸的聯繫，以及基於這種聯繫，日本殖民者所採取的對策。下面我們將從台灣總督府謀求確立治安秩序的角度來考察這一問題，並分析由此引發的總督府面對福建的「對岸經營」活動。

一、台灣抗日運動及其與大陸的關係

　　甲午戰爭後，日本攫取了台灣，但由於遭到台灣軍民的頑強抵抗，日軍付出了慘重的代價，才於1895年10月21日進占台南。11月18日，首任台灣總督樺山資紀如釋重負地向大本營報告：「今本島全歸平定。」

　　然而，就在日本人打算歡度其在台灣的第一個新年之時，台北城外的槍聲打碎了他們的迷夢。1895年底，北部各地的抗日武裝集團首領陳秋菊、詹振、林李成、林火旺、胡嘉猷等秘密商議，決定趁元旦日人鬆懈之機發動起義。他們襲擊憲兵屯所，包圍宜蘭，直指台北，響應民眾達兩萬多人。由於台灣總督府從日本國內調集軍隊，進行報復性大討伐，起義最終失敗，但北部各地的戰鬥卻一直沒有停止。在中南部，柯鐵等人推簡義為首，在鐵國山聚集各路人馬，號稱天運

元年,決定將日軍牽制在中部地區,然後趁虛分襲南北兩路。他們圍殲日軍偵察隊,包圍南投,襲擊斗六,突入鹿港,給予日本殖民者沉重打擊。南部的溫水溪、十八重溪、蕃仔山地區,黃國鎮等12人號稱「十二虎」,率部進攻嘉義,襲擊各地派出所和弁務署;鳳山地區的林少貓、下淡水溪右岸的魏開、陳魚等,也接連攻擊憲兵屯所及阿公店、赤崁、阿蓮等地。

風起雲湧的抗日烽火,迫使台灣總督府調集大量兵力進行鎮壓,軍費開支節節高漲。1896年的台灣稅出預算,支出2339萬元,軍事費為1267萬元,占54.1%,1895年至1904年間,各種民政費用中,警察費的比例高達40%—50%,其中還不包括有關警察的其他各種費用。而這一時期的台灣財政主要是依賴日本國內特別會計補助來支持的,這就給日本財政帶來了沉重負擔。另一方面,為了開發台灣資源,總督府所致力的土地、戶口調查和對日本國內資本的招來,也由於台灣社會治安的動亂而困難重重,失敗、悲觀論調囂塵直上,正如總督府官員橫貝次郎所說的:「台灣統治相當困難,土匪橫行、行政無法貫徹,……故以一億元將台灣賣給法蘭西的意見,在朝野間相當盛行。」後藤新平也承認:當局者陷於相當的「苦境」。有鑑於此,台灣總督府採取了種種措施,力圖迅速撲滅抗日武裝力量。就在日本殖民者苦思焦慮謀劃對策的時候,他們的情報網很快就發現,台灣抗日武裝集團的鬥爭活動,與對岸的福建省有著密切的聯繫。這種聯繫在很大程度上決定抗日武裝鬥爭的興衰成敗,是個不可忽略的重要因素。

早在林李成、詹振等人在台北附近策劃大起義時,台灣總督府就事先接獲情報:「廈門附近不逞之徒航海來台,將謀舉事。」保良局也報告說:「夏秋之戰敗北而潛伏於關渡、滬尾、基隆、新竹、大料崁、三角湧或新店等地者,此次與廈門地方新來的不逞之徒相匯合,……在陽曆元旦我內地人(日本人)祝新年醉酒之機舉事。」但總督府認為是無根據的流言而未予置信。以後事實表明,這些情報是正確的。1897年台灣人民國籍決定日,北部地區爆發又一次大起義,義軍首領詹振事前派遣池肚前往廈門,「催促應援之兵」,池肚與原台灣營官林良一同招募數百人潛返台灣,與陳秋菊、詹振部會合,然後散處各地,或偽裝成茶工,或將埋藏的槍枝彈藥取出,於5月7日大舉進攻台北。以上可見,台灣北部

的兩次大起義，均與對岸福建省有關聯。

在中部，柯鐵、簡義等人集結各地義軍於鐵國山聚義。在此前夕，總督府已得到情報：「曾由台灣逃遁福、廈、泉、漳等地流寓之頑迷之徒，為發洩其不逞之鬱悶，捏造一種妖言以之在島內散布，且將兵器彈藥等重要物資秘密輸送到此賊巢，頻頻煽動匪類蜂起。」此外，以宜蘭地區的草湳莊、小金面莊、猴洞尾莊等地為根據地的林火旺、蔣老福、林小花等部，「其槍枝彈藥則由在清國的林李成，許紹文兩人送來，自頭圍堡頭圍港附近沿岸秘密輸入」。

在南部，林少貓、黃國鎮等部，與各地抗日義軍保持聯絡，試圖進攻嘉義，消滅日本軍，以「恢復清政」。他們也同樣與大陸保持著密切的聯繫。據台灣憲兵隊報告：「台南陳某在去年中（1897年）赴清國北京，兩度向清國政府陳情，抨擊日本政府在台灣的失政；又遊說駐清俄國公使，唆其應取台灣。其他近來台灣匪首渡廈門者，自清民獲贊助，再歸來為台灣匪賊助勢者不少。此類傳說，充斥巷間。」1898年8月，從廈門獲取資金和武器後秘密返台的林少貓，率義軍在萬丹與日軍展開激戰。同年12月，再次聯合萬巒社的粵人，鳳山厝莊的閩人及萬金地區的番人組成抗日聯軍，英勇抗擊日軍。

台灣總督府所保存下來的資料中對抗日運動與大陸的聯繫有更詳盡的記錄。以1899年下半年北部地區為例，其情形如下：

1.1898年9月3日，士林支署長在一份「土匪狀況內偵報告」中說：「匪首簡大獅部下林老赤當時不在北山，依匪徒的傳言，為購買銃器彈藥渡航去清國福州。」

2.1899年6月24日頂雙溪弁務署長報告：「與林李成（現在廈門）最保有關係者為林慶、盧阿野、王秋煌、王石頭、趙四貴、林火旺等，早已由清國來信。」

3.1899年7月21日新埔弁務署長報告，「鑒於簡大獅有潛回歸台之意向，嚴控巡邏紅毛港等附近海岸，並特別注意遊民、鴉片吸食者及密航船舶等，但迄未發現異狀」。

4.1899年7月23日，據邱心源自廈門獲得的情報：「林李成、陳博於六月下旬由清國泉州乘商船，在台中縣鹿港登陸，並曾赴台南、鳳山向降匪索取經費，聞將於八月上旬經台中、新竹來台北密會降匪。」

5.1899年7月23日大稻埕支署長報告：「簡大獅與部下三人於舊曆四月由漳州歸台……簡在廈門有部下兩三百人，正準備待機渡回台灣。上述風說固不足信，仍報請參考。」

6.1899年7月25日基隆辨務署長報告：「有攜帶盧阿野、林李成之密書將渡航廈門者，為緝捕此人，水返腳二課長向山警部已赴淡水。」

7.1899年7月25日台北縣知事發出通知：「歸順匪首盧錦春者假裝恭順，與林李成及在廈門簡大獅暗通之形跡明顯，本月二十四日逮捕同黨十二人，正調查中。」

8.1899年7月25日台北縣知事的另一項通知強調：「匪首林李成、林維新、林慶、王秋煌等四人由於盧錦春已被捕，且追緝嚴密，圖謀逃遁對岸為必然之勢，為此淡水、基隆、舊港等應隨時警戒，千萬不得疏忽，其他地區亦應提高警惕。」

9.1899年8月6日頂雙溪辨務署長報稱：「（在廈門之原匪首）游金龍稱：為招募部下一千人，小匪首兩人已於七月三十日出發，自廈門來台。」

10.1899年10月17日台北縣警部長通告：「（活躍於金包里一帶的匪首）王秋煌等似有逃走對岸之形跡，請加注意。」

從以上記述中可以發現。台灣抗日武裝鬥爭在其爆發之初（至少在1900年以前）就已顯現出下面幾個基本特點：其一，福建是台灣抗日武裝集團資金和武器彈藥的主要來源地之一；其二，台灣抗日武裝集團與在福建的流亡首領間保持著經常的、密切的聯繫，並接受其指導；其三，在得到對岸物力支援的同時，台灣抗日武裝力量還得到了來自福建的人力支援，譬如總督府曾發現「清國人身分不明者數百人託詞茶工或打工而渡台，忽然晦其形跡，……有潛入匪群的跡象」。其四，福建成了台灣抗日分子的理想庇護所，在鬥爭失利時，抗日首領

（如著名的簡大獅、林李成、林少貓、許紹文等），往往逃至大陸躲藏，爾後又伺機潛回台灣，繼續指揮抗日鬥爭。上述特點集中反映出，台灣抗日武裝鬥爭之所以得以堅持和發展，是與它同福建省的密切聯繫及來自大陸的支持分不開的。

二、殖民當局對兩岸聯繫的防範與阻隔

台灣抗日武裝鬥爭與福建省之間的關係如此之深，引起了島內外輿論的極大關注，指出：「由來福建地方與台灣有舊母國的關係，福建人民的好惡對台灣島民的安全及全島統治影響不少，特別如廈門，作為苦於無良港的台灣之良港，數百年為台灣島民所利用，因緣最深。」「台灣本作為福建省之一部分而存在，島地之人大抵皆由福建移民而來，所謂土匪者，亦明為逃入島地的福建人。由是之故，台灣當政者不可獨將台灣放在眼裡，若欲平定土匪，必須多少懾服對岸的廈門人。」因此，他們認為，僅僅將眼光放在島內抗日武裝集團之討伐而忽視對岸支持在其中所起的作用，是一種目光短淺的行為，「對岸的安危與台島直接休戚相關，故對岸形勢不可一日等閒視之」。

實際上，台灣總督府對台灣抗日運動與大陸的聯繫一開始就有所注意。首任台灣民政局長水野遵在日本國會回答議員質詢時曾指出：「土匪騷動時，常有中國戎克船自廈門方向將火藥等送來台灣。」後藤新平也十分關注流亡廈門的抗日首領動向，他在1899年7月10日指示台北縣知事村上義雄：「林李成在廈門期間，曾與簡大獅會晤數次為事實，或仍有書信之來往；林維新係林亦周異名同人，若有動靜，希即急報。」而台灣總督兒玉源太郎更政策性提出：「欲收島民統治之全功，其著眼點不唯在島內之鎮壓與民心之收攬，必採取如下方針，即注意對岸福建省特別是廈門的民心，察其趨向，反過來謀求島民之安全，以達統治之目的。」為了因應局勢，台灣總督府採取了以下幾項主要措施。

首先，加強對福建沿岸及內地的瞭解和偵察活動。台灣總督府中的許多官員都曾在福建任職或偵察旅行，如田中謙介曾於1879年派駐福州，1881年7月，經

連江、白石、沙埕、福鼎、福寧至福州旅行,「蒐集兵要地志資料」,甲午戰後,受大本營派遣到台灣,「傾其福州時代之豐富經驗,擔當領台之事」。曾於中法戰爭期間在福州從事間諜活動的山口五郎太,隨樺山資紀赴台後,「協助領台軍務,……據說由於他在廈門時與該地法國人相交,故專任諜報勤務之責」。同時,台灣總督府還直接派遣人員到福建實地偵察,如總督府參謀長黑岡帶刀,於1898年「被命出差華南到福州,踏查福建兵要地理,以資我對對岸之防備」。楠瀨大佐也渡海「巡視華南,從廈門至福州」,並且會見了增祺和李興銳等地方要員。另外,他們還利用台灣人中的敗類充當間諜,如周步蟾、邱心源之流,他們經常出入廈門,蒐集情報,提供給台灣總督府。

其次,竭力堵截海峽兩岸的武器運送渠道。來自福建的武器彈藥支援,是台灣抗日武裝集團堅持鬥爭的重要條件之一,因而引起台灣總督府的加倍防範。他們在台灣沿岸強化對港灣和船隻的管制,加強水上警備,檢查民船,沒收槍枝彈藥,逮捕可疑分子,並根據探得的情報,通知各口岸,隨時予以攔截。以下一例便很可反映日本殖民者的高度警覺和嚴密防範:1903年初,日人逸見勇彥從廣東到台灣,由於他一身中國人的打扮,引起了台灣警察的懷疑,於是如臨大敵地派憲兵包圍逮捕,幸遇一國內同窗在此任巡查,方才獲釋。據記載:「由於土匪供給的火藥,盛行秘密輸入,儘管警方如何取締,進行嚴密探查,仍無法瞭解其根據地,正當當局者大力注意之時,君到達此地,既無土民規定的旅券,亦無照片,其面貌、態度,恰如秘密輸入武器彈藥的主腦者。」上述險遇表明日本殖民者對對岸秘密輸入武器是如何的神經緊張。專門負責此事的總督府官員是松本有信,透過種種情報分析,「揭露歐美諸國特別是英國頻頻向中國送秋波,將諸種軍需品秘密輸入台灣,受命予以防止之艱難任務。其以多年華南之經驗,決定對策,使用了許多中國密探,最終達其目的,使台灣土匪爾後斷絕兵器供應之道,最終全然結束」。此處言在松本任內斷絕了對岸武器供應之道,屬誇張之言,因為在此之後,仍有武器從福建輸入台灣。不過,由此可以看出,台灣總督府對如何阻絕海峽兩岸的武器運送渠道,確是費盡了心機。

再次,組建專責機構,溝通與駐福建日本領事館的聯絡,以便聯合行動。1896年,台灣總督府外事課員澤村繁太郎被派駐廈門,「專門參劃台灣土匪關

係及其他機要事務，在外事課長杉村浚的指揮下，從事某種特別任務，被視為領事館之外的另一個總督府派出機構而存在」。到1900年，前述機構撤廢，總督府另成立臨時對岸事務處，「將有關華南一帶一切事務均移歸該事務處，「自此與對岸的關係愈益加重」。1901年後，其事務處又歸外事課分掌。像這樣專門成立大陸事務機構，在當時起了一定的作用。臨時對岸事務處一成立，即引渡了在廈門、漳州一帶活動的抗日首領簡大獅；隨後又利用廈門事件，要求廈門到台逮捕在該地活動的抗日軍首領蘇力、許紹文、林清秀、王振輝等11人。尤其是簡大獅的活動，被兒玉源太郎視為「眼中釘」，並「為如何逮捕之而苦心積慮」。這次由大陸逮捕引渡，令其消除了心頭的一大隱患。在與駐廈門、福州領事的聯絡方面，先是委託調查諸項事務，台北縣管下弁務署長「在緊急情況下，不必經過申請手續可直接向對岸領事發信」以便「逮捕逃亡清國的犯罪人等」。隨後，廈門領事又兼任台灣總督府事務官，與總督府直接通報有關台灣的一切事項，而台灣總督府也直接派遣官員進駐福州（3名）、廈（2名）領事館，從事積極的活動。1900年7月，日本外務大臣通知福廈二領事，凡給外務大臣的報告均需同樣送達台灣總督府，裨其分享情報來源。由於台灣總督府為一地方官廳，而非對外機構，無法單獨在福建採取行動，其一切措施，都必須得到福、廈領事館的協助方可實施。因此，當時對付對岸抗日分子的行動，都是在雙方密切配合下展開的。

最後，對登陸台灣的大陸勞工實行嚴格的管制制度，以杜絕抗日分子偷渡入境。1895至1896年經常有大批來自大陸的抗日分子登陸台灣北部，他們與台灣抗日團體會合，共同打擊日本殖民者，尤其是1897年5月的「國籍選擇日」大起義，就有數百「清國人的託詞茶工或勞動者入境參加」，引起台灣總督府的高度警惕。軍政時代，台灣總督府曾制定《清國人入境台灣條例》，僅限商業或私事來台者上岸，其中第五條規定：「為維持台灣安寧秩序，目前情況下，禁止清國人勞動者及無一定職業者上陸。」、「國籍選擇日」大起義後，「（總督府）認為有必要採取治安上的取締方法，即為了維持本島的安寧秩序，嚴行《清國人入境台灣條例》第五條」。要求領事館停止發放渡台證明書，通知清政府地方官員，停止勞動者渡台，同時知會台北、台南當局，嚴厲取締渡台勞動者。結果，

「渡台者頓時減少」。但是，禁令的副作用也隨即凸顯出來。當時茶葉生產是台灣經濟的主要支柱之一，占對外貿易的大宗，而「本島製茶職工從來概依賴清國人，充其需用，故禁止彼等職工渡台，必關係到本島茶葉的興衰，給茶葉貿易帶來至大的影響」。台北的製茶公會也聯合提出陳情書，要求放鬆限制。在此情形下，1897年10月，總督府允許採許可制放寬製茶工人入境，隨後又於1898年10月發布《清國人茶工券規則》，以方便製茶工來台。1899年7月的《清國勞動者取締規則》從治安考慮出發，將勞動者渡台事務交給日本人獨占經營，要求經營者防止其失蹤，並負有協助官方予以取締的義務，對有害治安者，有責任將其送返大陸。直到1904年島內抗日武裝運動基本平息後，才於當年9月發布新的《清國勞動者取締規則》，大陸勞工在台灣的居住、遷移才獲得較大自由，各種取締措施方趨緩和。總督府的種種嚴厲防範措施，嚴重地限制了台灣抗日武裝集團的活動空間，抗日運動開展愈益困難。由於武器運送渠道被堵，抗日武裝獲得武器機會減少，這就不能不在很大程度上降低其戰鬥力，限制其隊五的繼續擴大，因而我們看到的往往是抗日武裝以台灣刀對付日本人的步槍加大砲的場面。特別是進入20世紀之後，來自大陸的武器運送十分困難，台灣島內的鬥爭陷入低潮，又歸順之風盛行，無論這是出於策略性的暫時舉動或其他原因，抗日武裝鬥爭陷入了困境，而得不到大陸的有力支持，是導致此一情形出現的重要因素之一。隨著台灣總督府加強追緝流亡大陸的抗日武裝集團首領和日本領事館的配合行動，1900年之後，在廈門等地的流亡首領實際上已遭到台灣總督府、日本領事館和屈服於日本政府壓力的清朝地方官衙三方的聯合鎮壓，例如簡大獅便是由漳州地方官衙逮捕引渡給日本人領事館，領事館則以「危害廈門地方安寧且敗壞風俗」為由將簡大獅遞解回台，總督府即以土匪罪將其處死。顯然，透過此種管道，台灣總督府將其血腥的魔爪伸向了大陸，抗日義士的這一庇護所也不安全了。嚴格限制大陸勞工渡台的政策，同樣收到了很大的效果。1897年6月實行《清國人入境台灣條例》第五條後，那種在此之前台北大起義、國籍選擇日大起義時所曾發生的大批對岸抗日分子潛入的狀況便越來越少了。抗日武裝集團首領往返海峽兩岸也只得以商人身分進行，危險性更大。總之，台灣總督府針對台灣抗日運動與大陸支援相互依賴的特點所採取的對策，獲得相當的成功，雖然不能完全斷絕兩

岸的一切聯繫，但嚴厲而堅決的行動，已經日益顯示出其有效性來。

三、台灣總督府的「對岸經營」活動

如前所述，日據初期台灣人民抗日運動，得到大陸的有力支持，有一則史料很能說明當時福建人民對台灣抗日人士的態度：「林李成逃至廈門之初，因其名轟動彼地，獲得幫助不少，亦不乏費用。」由此可見人們對英勇抗日者的崇敬和支援。無怪乎日本眾議院議員永江純要提醒台灣當政者注意：「此所謂土匪者，與福建廈門及其他地方的中國人始終相通，進行種種企圖，種種活動，這是稍知台灣情形的人都瞭解的。」

其實，台灣總督府又何嘗不為此傷透腦筋。一位未透露姓名的中國通曾經發表過如下談話：「福建與台灣的關係密不可分，兩地人民均有家族關係，親子兄弟，隔海相依。因此，懷柔土民之道，無過於使福建人民順服者。福建的和平繁榮即台灣繁榮發達的基礎，所謂華南經營，事實上，就是協助台灣本身之經營。」台灣總督桂太郎指出：「欲確立台灣經營之方針，非確立對清政策之方針不可，確立對清政策之方針後，非實行華南經營之政策不可，欲實行華南經營之政策，非舉福建及廈門經營之實不可。」後藤新平也說：「若認為台灣的經營僅止於台灣，帝國的拓殖也僅止於台灣，那是應該改正的。」兒玉源太郎更明白地提出要從收攬福建民心出發來達到影響台灣民心趨歸的政策主張。也就是說，台灣總督府已經清楚地認識到，台灣統治與大陸經營是一個有機結合的整體，從大陸著手採取斷絕根源的措施，才是根本的解決之道。

以往人們在討論台灣總督府「對岸經營」政策時，總是從江戶時代以來日本南進論直至甲午戰後北守南進政策的確立這一線索展開探討的。實際上，這只是台灣總督府實行「對岸經營」政策動因的一個方面，或者說是它的歷史淵源。而作為當地殖民地行政主管機構，在遵行日本國總外交政策的同時，更多考慮的是台灣本身的利益，也就是從台灣本位出發來制定其自身政策走向。1895至1904

年間台灣總督府所從事的大陸擴張，就是以台灣統治的本位為原則進行的。這些擴張活動在政治方面的一個重要目標，即在於消除福建官民對台灣日本殖民者的敵意，收攬民心。此一時期台灣總督府相關的「對岸經營」活動歸納起來有以下內容：

　　1.開辦學校。在福建設立由台灣方面支配的學校，是總督府首要目標之一。這有其內在的原因，「福建省自古以來與本邦，尤其是台灣間，無論是在歷史上、商業上、政治上或是在其他各個方面都有很深的關係，這是為一般所認識的。領台來以，本府尊重此關係，為對岸經營一再採取各種措施，特別嘗試在外交上最無異議的教化事業，其目的無疑在於獲取直接或間接的利益和勢力」。總督府在給日本外務大臣的內部報告中更直截了當地說：「在福建省地方扶植本邦之潛在勢力，為台灣行政上所必需，故在職權範圍內正漸次著手中。而在以廈門為中心與台灣有最密切關係的漳泉地方普及文化，為最必要的手段。」也就是說，設立學校，既可避開外交上的敏感問題，又可潛收實際利益。1898年7月，福州東文學堂正式創立，其目的據說是「在於向該地士紳子弟以日語為基礎教授普通知識」，台灣總督府亦認為，「（該學校）的存在對在福州地方扶植我勢力為最適合之工具」，決定自1900年度起予以資金補助。廈門東亞書院成立於1900年2月，這所學校是在台灣總督府事務委員澤村繁太郎多方運動下，由總督府給付一萬元，加上台灣島內外豪商的捐助，以中日合辦的名義開辦的，所收學生既有台灣籍民子弟，亦有中國學生，公開宣稱的辦學宗旨為：「教課日中言語文字，俾學生肄業其中，以期聯絡唇齒，共敦鄰好。」此外，泉州的彰化學堂、漳州的中正學堂，都與台灣總督府有著密切的聯繫，或接受其補助，或由總督府派遣教師，彰化學堂甚至還與總督府訂有密約，由台灣總督府每年給該學堂1500元的學校經費，學堂主管田中善立則向總督府提供華南一帶的情報作為交換。這樣，由台灣總督府幕後支持開辦的學校就在福、廈、泉、漳等主要地區設立起來。台灣總督府的這一措施，在福建地方士紳中，普遍留下較好的印象。曾任台灣集集街弁務署長的東文學堂總教習岡田兼次郎，據說「大為支那官民敬愛，其門下多出秀才，名聲噴噴，得該地官民絕大信用」。

　　2.利用不平等條約賦予的特權，引誘普通民眾投入日本領事的保護傘下。日

本占領台灣後，台灣與大陸關係史上出現了一個特殊的現象，即台灣籍民的出現。所謂台灣籍民，即獲得日本籍而居住在海外及大陸的台灣本島人。此外，還有一種「歸化取得帝國國籍」的「歸化籍民」。按照日本駐廈領事井上庚二郎的說法：「蓋居住在中國的外國人有治外法權的恩惠，做為中國人深感外國籍的方便，乃不可否認的事實。廈門人士眼見親戚、鄰人的台灣籍民，只因領台當時居住在台灣便在人身財產上受到帝國政府的保護，享受天壤之別的特權，於是詛咒橫徵暴斂的地方政府，企圖取得台灣籍。」而日本領事館則「基於政策的考慮，讓這種中國人容易地獲得台籍。」井上所述雖是20年代情況，但據中村孝志的研究，早在19世紀末，此類情形即已出現。1900年後藤新平訪問福建時，閩浙總督和廈門道台均曾就此向其提出交涉。實際上，兒玉源太郎早就要提出要「在國籍法之外設立台灣歸化法」的主張，指示積極考慮福建人入台灣籍問題。另一方面，在台灣總督府的支持下，東本願寺自1898年起，在福建各地陸續設立布教所，吸收教民，發展十分迅速，僅在1899年3至5月間，東本願寺在福建新設的分布教所就達14處之多，北起惠安、南至雲霄，遍布廈、漳、泉地區；西本願寺則在福州地區設置布教所。由於皈依日本佛教可以對抗天主教徒的勢力，逃避地方官的暴政，流氓地棍更可藉此為非作歹，故而各地入教者不在少數。台灣總督府民政局長水野遵在1898年談及此事時毫不掩飾地說：「東西本願寺僧侶在台灣者，不少亦於廈門開始傳道布教，而中國人奉佛教者比之皈依平素視為夷狄的外教為多。所以如此，這並不是他們真心信仰，而是奉祀有日本政府保護的佛教，可受領事的保護，有種種利益。如此，他們正將日本的勢力播植到中國人中間去，這都是有了台灣的緣故。」

3.致力於拉攏地方上層人士的工作。在福州，受乃木希典總督之命與前田彪共同收買《福報》創辦《閩報》的井手三郎，即與名紳王孝繩、陳寶琛、陳竹生等相交甚篤，而這些人都是在朝野擁有相當影響力的人物，東文學堂的創立，便是在他們的大力支持下達成的，台灣總督府視其為福建親日派的代表人物，台灣總督府自誇道：在這些人的影響下，「當時福州人心傾向於日本」，「在福州地方，無論財產多少，名望高低，都以與日本人交往為榮」。在廈門，台灣總督府民政長官後藤新平親自訪問林維源在鼓浪嶼的別墅，因為林本源家為台灣最有勢

力者，後藤的此舉被譽為「收台灣統治之全功的要務之一」。對官方要員，台灣總督府也傾其力進行遊說。1898年出訪福建的楠瀨大佐即對增祺表示：「日清兩國，唇齒相依，應互為提攜，以保將來東洋之安寧。」後藤新平1900年4月訪問福州時，更在一次聚會上發表了一番洋洋灑灑的談話：「貴國與帝國的關係，唇齒相依，有必要同心協力，步調一致，以期共達到文明的彼岸。因此，我帝國對清國嘗試種種之經營，進行大的設施建設。這些畢竟是從東洋的大局出發，而非政略性，這是不言而喻的。相信諸君瞭解，亦希望諸君體認其意思，全心盡力於興亞政策。」顯然，其中心內容，即在於消除福建當局對台灣總督府插足福建的疑慮或敵意，促其轉而採取合作的態度。

4.控制輿論工具，利用賑災攏絡民心。鑒於台灣與大陸在地理和人文上的密切關係，為了消弭福建人民的排日情緒，清除其支持台灣人民抗日運動的思想基礎，台灣總督府十分注重對福建輿論工具的控制。1897年，宗方小太郎與井手三郎同至台灣，與乃木希典總督商議「對華南的方略」，乃木總督力排眾議，決定以機密費收買《福報》，改名《閩報》發行。此舉被稱為「對華南經營的一部分」。兒玉源太郎任總督後，更「將重點放在新聞機關」。1900年後，台灣總督府從東亞同文會手中正式接管《閩報》，使該報成為台灣總督府在「南方唯一的大報紙」。據稱，「《閩報》的宗旨為公平無私，擁護我對福建的政策」。其實，「公平無私」未必，引導輿論擁護日本對福建政策，才是其真正的目標。台灣總督府還利用賑災的活動作為收買福建民心的手段，1900年6月，閩江泛濫，「慘害殊甚，窮民失食，稍有動靜，即有暴動之虞」。為此，福州士紳孫葆縉、王孝繩由中島真雄陪同赴台，準備向祖籍福州的台灣人士募捐。兒玉源太郎明確表示，福建士紳不得用任何手段向台灣本島人直接募集救災款，應由台灣總督府出面斡旋。隨後，台灣銀行、大阪商船會社及台灣官鹽販賣組合等各出資金，共計約4萬元，交付孫、王二人。據說他們「感激當地官民之深厚友情，信賴我國（日本）政府之心情愈益加深」。兒玉源太郎事後表示，他這樣做的用意是：「台灣成為我領土不足十年，新附之民對有祖先或親戚在焉的福建省之追慕之情，至今未薄。由義捐金之募集而引起本島人對故鄉懷念的增強，絕不符合我施政的大方針。」割斷台灣人民與福建人民情感聯繫的紐帶，使之忘卻祖先廬墓存

焉的故鄉，這正是兒玉源太郎等力圖以對岸經營來達到影響台灣民心的目標所在。

第二節　對福建路礦權益的滲透與擴張

19世紀末20世紀初，帝國主義列強掀起了一場瘋狂掠奪中國路礦權權益的狂潮，以此鞏固並擴大其在華勢力範圍。在甲午戰爭以後崛起的日本，也積極躋身於列強瓜分中國的行列。由於台灣、澎湖的割讓，與台灣一水之隔的福建，便成了這一時期日本對華侵略擴張的熱點之一。1898至1905年間，台灣總督府與日本政府相配合，對福建路礦權益進行的滲透和擴張，就是一個明顯的例證。

一、對福建鐵路的擴張

日本對福建鐵路的關心，可以追溯到甲午戰前。當時日本政府曾派5名技師就福廈鐵路的可行性問題進行研究，同時還開展了測量設計活動，後因戰爭的爆發而中止。台灣淪日後，日本對福建鐵路的興趣急劇增強，朝野上下呼聲高漲，認為福建鐵路的敷設將是日本勢力打入南部中國的一個楔子，對於與列強的爭奪具有重要的戰略意義。《朝日新聞》的一篇文章露骨地說：「今分人土、亡人國者，其鐵道政策乎？分之使不知其分，亡之使不知其亡，其鐵道政策乎？嗚呼！鐵路所布，即權力所及，凡其地之兵權、商權、礦權、交通權，左之右之，存之亡之，操縱於鐵道兩軌，其敢誰何！」、「南方大陸我不分一杯羹，他人且將攫食而無餘唾，悔何及哉！」於是提出了：「福建經營之要點，當以確立其鐵道敷設為先」。《大阪朝日新聞》也指出：「日本居琉球以北，不欲出而爭之則已，苟欲存雄略於極東，宜速布築三兩線鐵路於福建省。」

福建與台灣在歷史及地理上的關係十分密切，對台灣總督府來說，福建經營

歷來是其在大陸經營的重心所在。台灣總督桂太郎曾明確指出：甲午戰後日本瓜分中國的重點在福建，「如欲扶植、養成此氣勢，即應開始與廈門的密接交通，在福建一帶地方保有潛勢」。為達成這一目標，台灣總督府認為，鑒於國際形勢的變化，應更注重採取經濟滲透的方式進行。1897年，兒玉源太郎在北京府時就曾說過：「戰後我國必須極力將（擴張）政策向經濟方面轉換。」任台灣總督之後，則更進一步明確要求「在對岸清國及南洋通商上占優勢地位」。民政長官後藤新平也表示了同樣的觀點。他說：「今後國際上的競爭，不在於以武力侵略土地人民。而是以經濟力占領土地人民。亦即由戰略轉變為商略，這是不爭的事實。」從這一觀點出發，福建鐵路敷設問題一開始便立即引起台灣總督府的莫大關注，並視之為在福建擴張經濟勢力的有利契機。

1897年，正當日本政府醞釀向中國提出福建不割讓要求的時候，兒玉源太郎來到北京與駐華公使矢野文雄進行了秘密商議；翌年，兒玉任台灣總督，便與矢野文雄一道向政府提出要求清政府宣布福建永不讓與他國。此間，兩人是否提到福建鐵路事項，不得而知，但矢野隨後即向清政府交涉不向任何國家轉讓福建鐵路敷設權，並威脅說：「若清國將來允許別國在該地布設鐵道，日本將極力阻礙。」結果，清政府允諾：「中國政府如於該省興建鐵路，其應需資本暨工程師匠，必須籌借於外國，即當先商及日本國政府。」緊接著矢野又與閩浙總督許應騤商定由日本派技師從事有關鐵路敷設之調查事宜。這一任務由台灣總督府承擔。

1898年，台灣總督府派遣小川資源到福建開始鐵路敷設調查。他從廈門北岸出發，經泉州至福州，然後沿閩江溯流而上，出江西，又從江西向東往浙江，初步擬定了福建省內鐵路及出省線路的走向。以此為基礎，1900年6月，日本政府正式向清政府提出福建鐵路敷設計劃，史稱「日清鐵道約定案」，其主要內容如下：

一、自廈門對岸內地起經福州、邵武以及江西省撫州、南昌至漢口，以上作為幹路；

一、自福州起經羅源澳至三都澳止，又自江西省南昌起經浙江衢州至杭州

止，以上兩段作為支路。

並且要求「所有上開鐵路仍歸兩國商民並設合股公司承攬開辦，以期眾擎易舉，彼此均享利益。唯恐開辦之初，內地民庶風氣未開，於鐵路利便未能周知，以致貨重利薄而招虧損，因於各該鐵路所過附近之處，一併開採礦產，以昭從優保護」。為了進一步落實其事，1900年12月，台灣總督府再派鐵道部長長谷川謹介攜松本龜太郎，沿上述線路踏查，由「對岸福建，江西兩省至長江」。這一線路連接福建、江西、浙江、湖北等省，若得以建成，則日本無疑控制了華中、華南的交通權，台灣總督府的勢力也從對岸福建擴展到了中國腹地，而這正是台灣總督兒玉源太郎所夢寐以求的事情。正如宿利重一所說的那樣：「兒玉將軍的偉大理想，正在於將台灣與長江邊上的九江，以鐵路遙遙相連」。日本帝國主義者的如意算盤是：「福建鐵道自我設之，更溯江西，伸張我勢力於湖廣時，將由我邦之手，而制滿清全局，豈難事哉？」

日本自向清政府提出了「日清鐵道約定案」之後，雖未著手實施，但一直認為福建省鐵道的敷設權理所當然地歸其所有，所以當日本人聽說法國承攬福建延建邵礦務，其中包括「礦山線路敷設權」時，便立即向清政府提出交涉，要求確立日本「對本項鐵路權利」；1903年風聞中國允許德國承造福建鐵路，便又迫使中國政府保證「萬無不商之於日本竟行允讓他國之理」。同年，又有華商與洋商意欲合辦，日本也急向清廷抗議，敦促「立即電咨閩浙總督，分飭各該地方官，先行停議，俾免扞格」。

到了1904年，曾任清查辦南洋地方情形委員、駐馬尼拉總領事的候補道員陳日翔向日本駐廈門領事上野專一提出敷設閩潮鐵路的設想，計劃以泉州為起點，經漳州往南直至廣東汕頭以與潮汕鐵路相銜接。日本政府及台灣總督府馬上意識到這是一個在福建實施鐵道敷設計劃的絕好時機，並為如何在期間引入日本勢力而又不遭至阻礙煞費心機。上野專一在給外務大臣的報告中說：「倘以日清兩國人共同開辦之名義申請，運動必甚困難。」他主張：「為求此事成功較速計，名義上為清人事業，至於基礎，則如張煜南潮汕鐵路公司，其資本完全以洋籍人名義注入之，是為最上策。」這種明修棧道，暗度陳倉的計策，則由台灣總

督府負責實施。據陳日翔在《創設閩潮鐵路稟》中所開列的創設辦法，即在廈門設總局，名曰閩潮鐵路公司，資本定為一千萬元，抽成10萬股，同時向閩粵台及南洋各島巨商籌集，然後先提200萬元寄存日本正金銀行和台灣銀行，以備開工。這裡的關鍵在於向台灣商人籌款及將建設資金存入日本及台灣銀行。《合辦閩潮鐵路有限公司條約》第四條規定：「……此款籌法，除清國官商自行附股外，如台灣籍民願用本名附股，或日本人要托籍名代其名附股者，各聽其便，唯須恪守本公司稟部章程辦理。」這樣一來，台灣總督府就可以假借台灣籍民之手以合法且為清政府所能接受的名義順利入股，在潮汕鐵路問題上他們正是這麼做的。更有進者，開創之初所需200萬元，條約第六款規定由第三者代認籌措，這個中間人是誰，條約沒有標明，但從當時台灣總督府對岸政策實施脈絡來看，筆者估計是愛久澤直哉的三五公司。它是當時台灣總督府民政長官後藤新平創設的從事對華南經濟侵略的一支主要力量，福建官腦局案、潮汕鐵路都是該公司的大手筆。而從以下一段文字也可以看出，這項資金是出自台灣的：「此款×××自願預前籌備，如期交付，將來或由（台灣）籍民出名，認作附股，或暗作借款（借款須為另訂專約），均聽從×××自行主裁。……所措籌有的款，分寄正金銀行、台灣銀行。」此外，在技術人員和建設材料方面，條約明確規定：「有僱用洋人管理工程機器各職事一切，屆時當專用日本人，俾得享受專利。如日本人不願受僱，或不能辦到者，始得改用他國之人。」、「所應用鐵條，材料、機器以及雜用一切，……倘該物為清國所未備者，當專向日本購取。如日本亦有未備者，始得轉向他處採購。」

顯而易見，如果按照這份條約興建閩潮鐵路，一切權利都將受制於台灣總督府，陳日翔只不過是一塊招牌而已。因此，它名義上是商辦，實際上是台灣總督府一手包辦，中國政府屆時將毫無利權可言。台灣總督府還保證，這種名實不符的勾當一旦為清政府察覺，「均由日本政府認準，力相保護」。萬幸的是，由於國際形勢的變化，後來日本政府忙於對付來自北方俄國的威脅，無暇將此事正式付諸實施。

二、覬覦福建礦權

對中國礦山開採權的爭奪，也是19世紀末20世紀初列強瓜分中國的重要手段。光緒二十四年（1898年），中國礦業以辦理不善、股本虧耗、難以為繼而對外開放，允許外人投資。義和團運動之後，列強對中國礦業的投資興趣顯著增強，日本在中國礦業的投資即始於此時，其中對福建礦山開採權的爭奪，便是日本在華早期礦業投資的一次重要嘗試；而這一經濟擴張行動，恰恰又與台灣總督府有著千絲萬縷的聯繫。

據閩浙總督許應騤奏云：「閩省崇山峻嶺，綿亙千里，礦產甚多。」「久為外人所垂涎」。在此期間，有英商法樂與華商鄭立勛請開安溪尖峰、五閬、尾倉等處礦產，有法商魏池請與華裕公司合股開採邵武、建寧、汀州三府礦產，德國也照會外務部，要求由德華公司開採龍岩州礦產，等等，列強紛至沓來。在這種情形下，日本亦不甘人後，積極籌劃染指福建礦務，且依據其與清政府約定福建不割讓，自認在福建擁有任何情形下的優先權，而從台灣統治及對岸擴張的需要出發，也認為必須緊抓不放。他們毫不掩飾地說：「福建省，自地理上形勢言之，與我台灣遙對，政治上，通商上皆有密接之關係，猶朝鮮與我九州，隔一衣帶水，輕重相等，故宜先建一牢固不撥之勢力，以為侵略南清之根據地。」這一根據地的建立，除控制鐵路外，礦產資源也是台灣總督府「素來著眼」的目標，於是便積極地展開滲透和擴張行動。

1898年，後任郵傳部尚書的福州人陳璧，向台灣總督兒玉源太郎請求聘用技師，協助勘探開採梨山及其他各處礦山，得到兒玉的「欣然應諾」，派朽木礦物技師赴閩，這是台灣總督府涉足福建礦務之始。1900年1月，台灣總督又命技師齋藤精一「從事福建省各地的礦物調查」。並要求廈門及福州的日本領事館照會福建當局，予以保護。到了1903年，台灣總督府正式透過其對華南侵略的得力走卒愛久澤直哉，以華洋合辦的名義，向清政府提出開採龍岩州礦產的要求。

1903年8月，日本駐華公使內田康哉向外務部提交照會，稱「有本國人擬在福建省龍岩州一帶地方，與中國人合夥開礦，不日專派人員來京，稟明一切」，

並聲明：「該處開礦事宜，擬由本國人與中國人共同籌劃，務期興辦，已非一日，並早已派出妥實礦師查勘明確，為此轉請貴王大臣鑒酌該本國人等籌及最先之權，即或有他國人稟請在該處開辦礦物，勿庸即行允准，是為至盼。」其中所謂的「本國人」，即愛久澤直哉。他是以「現寓廈門鼓浪嶼日本國商」的名義提出申請的。在這裡，他隱瞞了與台灣總督府的關係，而以純粹商人的面目出現。清政府外務部的答覆是：「華洋商人合辦礦務，雖為礦章所准，唯必須具呈本部，俟核准後，方能作為允辦之據。今貴國請開福建省龍岩州地方礦產之人，尚未到京，一切辦法，均未呈明，無憑核議，自未便予最先之權，致涉標占。」為此，日本方面加緊了交涉進程。同年10月，內田康哉照會外務部，抄送開辦章程六款，請求外務部核准，其主要內容如下：

1.愛久澤直哉、石井八萬次郎、吳大容等合立公司，開辦福建省龍岩州一帶地方礦產，其地界跨龍岩州之寧洋縣、漳平縣、汀州府之連城縣、上杭縣、永定縣，開採時限自批准之日起為90年。

2.所劃地界內開礦以煤礦為主，其銀、鐵等礦，亦請准開採。

3.公司資本由日華兩國人合夥招足五十萬元，各出其半，損益共認，日後若擴充事業，應隨時添招股份。

4.因開採礦產所必需之工料，請准就地砍伐取用，至載運礦產品至通商口岸，沿途應辦各項工程，以及在開礦地界以外之地，蓋造堆存礦產或精練工廠及從事礦廠之備項人等隨時暫寓之房屋，暨製造礦廠應用一切器械器具等件工廠，均請准本公司隨地擇宜辦理，以便運載銷售。

按照這一章程，龍岩州及汀州府的煤炭及一應礦產資源均為該公司開採，且時限長達90年之久。不僅如此，它甚至還要求通往廈門的運載路權，日本人的內地居留權、森林採伐權、工廠開辦權等，一切由該公司「隨地擇宜辦理」。這顯然是一種嚴重違反中外章約精神、侵犯中國主權的行為，實不可等閒視之。對此，外務部在給閩浙總督的行文中指出：「日本商愛久澤直哉等呈請開辦龍岩州礦務呈內，所指礦地，包括太廣，其所列要端六款，亦多與定章未合」，要求福建當局查明「與地方有無窒礙」以便斟酌處理。

這時閩浙總督李興銳正忙於收拾福建官腦局案所帶來的一系列麻煩，在這項由台灣總督府發起、愛久澤直哉負責實施的針對福建樟腦業的擴張中，愛久澤直哉不僅不按官腦局章程辦事，而且得寸進尺，妄加需求，福建當局正準備賠款收攤了事。現在又是愛久澤直哉申請辦理龍岩州礦務，福建當局在警惕之餘，很自然地予以拒絕。當時閩浙總督李興銳的心態，可從其向外務部發出的電文中看得很清楚：「礦務最為外人所欲得，非自立公司，斷難杜絕干擾，而前此競許法商大東公司承辦建、汀、邵三府礦務，雖有閩商華裕公司合辦之說，實則盡失主權，且並未指明礦山所在，籠統以三府之地許之，後患何窮。英日近已紛紛藉口指地爭求，允其所為，非將全省割裂不止，尤須急力設法挽回。」這裡所稱藉口爭求的「日」方，即指愛久澤直哉請辦龍岩州礦務事。在同一份電報中，李興銳還討論了福建官腦局案的解決辦法。

　　1903年12月，福建當局給外務部的答覆是：閩省礦產「為中國自有權利，似應自行設法籌辦，以期保我利權。當經設立商政局，飭將通省各州縣境內，詳細查明有礦若干，分別已辦未辦，呈報該局，一面督飭紳董糾合殷富，先議立礦務司，分廠承辦，或用土法，或用機器，以資本之多寡為衡，嗣後無論何人，凡有在籍在京呈請開辦礦務，均應由商政局督飭會詳加查核，分別准駁，……龍岩州境內礦山，前據英礦師請辦，因擬歸本省總公司自行開採，未經允准，自不能再予日本商人。況所引要端六條，多與定章不合，所指地段，又不僅在龍岩州境內，尤為漫無限制，應請毋庸置議。」據此，外務部照會日本公使館，轉達了福建當局的意見。突如其來的消息，使日本公使館十分著急，內田康哉隨即開送節略前來，內稱：「上年准法國承辦閩省建、汀、邵三屬礦產，獨至本國商人請與貴國商人合辦開礦一事，輒見駁斥，深為可惜，望轉達李制台，將此次本國商人呈請合辦龍岩州礦務，復行酌核辦理。」外務部接後迅即行文閩浙總督，要求「飭令總公司切實自辦，以免爭執，儻延擱不辦，該處礦利，恐將來難免為洋商侵奪」。

　　比較而言，這次處理龍岩州礦務與前此對待官腦局案有所不同，李興銳所持的態度比前任總督許應騤更為謹慎，不似許應騤為恢復福建財政而汲汲興辦官腦事務，以致與愛久澤直哉以可乘之機。而對其前任的做法，李興銳亦大不以為

49

然，甚至予以尖銳批評。他説：「近日環球各國咸以商戰競勝，中國非急圖振興，無以自存，唯福建歷年所辦，內則日見腐敗，外則日攘利權，大難措手。」他不久將官腦局全部收為福建省自辦。愛久澤直哉承辦龍岩州礦務的企圖破產了，台灣總督府對福建的擴張野心，遭到又一次的挫折。

三、幾點分析

如所周知，對福建的經營，歷來就是台灣總督府南方政策的重點，無論是樺山資紀、桂太郎或是乃本希典，都或多或少地策劃或指揮過對福建的擴張活動。如果説，桂太郎的意見書為台灣總督府對岸經營描繪了一幅藍圖，那麼，到了兒玉、後藤時代，對岸經營便開始其實質性的施行，除了文化、教育，新聞等外，經濟領域的擴張，乃是台灣總督府所力謀實施的。19世紀末20世紀初對福建路礦權益的滲透和擴張，便是其典型表現。

但是，19世紀末20世紀初台灣總督府對福建的侵略擴張活動並不順利，如前所述，其對福建路礦權益的滲透和擴張，最終也沒有獲得什麼結果，之所以如此，究其原因，主要有以下幾個方面：

首先，清政府從中央到地方對台灣總督府的擴張行動均有所察覺並加強了防範。台灣總督府對福建的擴張，除了學校、醫院等不具太大的敏感性外，其經濟領域的侵略行動，由於需求過甚，已經引起清朝政府的關注。本節所述的路礦權益之爭，便很明顯地反映了這一點。盛宣懷在給外務部的信中談到日本所提的福建鐵路敷設案時説：「自台澎改隸，蘇杭通商、日本自命勢力所及，已越閩浙」。對台灣總督府透過福建向內陸擴張抱有相當的戒心。光錄寺卿張亨嘉也指出：「閩省地僻民稠，生產鬱積，全賴轉輸便利，以發山澤之所藏，以補耕作之不足。近年以來，奸商勾引外人，動指數府之礦地，歸其專辦，坐使利權日失。」閩浙總督許應騤更直截了當地指出：「閩省密邇強鄰，視為外府，特以各國環伺，未敢輕動，其心固未嘗一日忘也」。因此，他們提出了各種對付辦法，

如「礦與路本相輔而行，欲杜賣礦之明謀，莫若自行籌款建築鐵路，上為國家控久遠之利權，下為紳民免身家之遺累」。李興銳主張設全省礦務總公司自辦礦業；而許應騤則提出「以夷制夷」的方法。他說：「若准法人辦礦，彼國以商務所在，有事（即中日間有事）必為保護，此實互相牽制之策。」並且自以為得計地說：「不獨閩省為然，即各省有礦產地方，均可照案辦理，即可廣開利源，亦隱收援助之力，實於大局有稗」。當然這種前門拒狼、後門引虎的做法於整個中國主權和利益並無益處。不過，清政府和福建當局確是力圖抗拒台灣總督府的擴張行徑，採取了防範措施，致使日本駐華公使內田康哉不無惱怒地說：「各國之人在中國各省承辦開礦者，不一而足，獨福建一省，偶有日本商人請與華商合資開辦，則推之自行開辦批駁，似非公允之道」，並對閩浙總督「於福建礦務，即許之法人於前，卻駁之敝國人於後」的做法，表示強烈不滿。

其次，日本國內及台灣殖民地資本積累薄弱，尚無力從事大規模的資本輸出，台灣總督府的擴張計劃缺乏強大的經濟後盾。日本是個早熟而不成熟的資本主義國家，明治維新後，國內工商業雖然有了長足的進步，但金融資本的發展卻先天不足。據統計，截至1885年，明治政府的殖產興業費為兩億一千萬日元。甲午戰後，日本從中國攫取了一大筆賠款，國內金融狀況有所好轉，但大量資金卻投入戰爭的善後工作及大規模的軍備擴充計劃中。這樣一來，對中國的擴張也就不能不受到嚴重限制，陸羯南曾感慨地說過：由於資財實力有限，「甲午戰爭勝利所獲得的在中國的專管租界地，很少有人居住，荒草瀰漫的現狀就是其明證」。再看台灣總督府，初期的殖民地財政相當糟糕，在軍政及民政初期，台灣人民的反抗運動此起彼伏，迫使總督府維持高額的軍費支出，而開發台灣富源的基礎工程建設又需要大量的資金。當時的財政收入，主要依賴田賦、專賣，1904年以前，這些收入並不多，財政入不敷出，必須依賴日本國內一般會計的補助，1896至1904年間，總計達3000多萬元，占日本全國總收入的20%。在這種財政狀況下，1900年台灣總督府勉強開設了「南清貿易擴張費」，年額僅2100元，後雖逐步增加，每年也僅在3萬元之內，1905年為25000元。因此，在日本國內及台灣殖民地財政並不豐裕的狀況下，要在福建進行大的經濟擴張活動是很困難的。其實，清政府中的一些人對日本的底細也是清楚的，盛宣懷就一針

見血地指出:「日本國用不足,比復備俄,安有餘力籌借巨款經營長路,只緣中國勢弱,攬得一處,便視為路線已定,不容他人插手,其能否糾集數千萬資本依期興工,固尚在未可必得之數也。」

　　第三,由於日本國策從北守南進向南守北進的轉變,福建在整個日本對外政策中的地位有所下降,從而轉移了日本對南方的注意力。甲午戰後,隨著福建不割讓宣言的發布,日本在北方三國干涉還遼的挫折後,在南方出現了一條新的利益線。同時在朝鮮問題上又與俄國形成僵持狀態,日本政府內部要求向南方尋求發展。1900年,首相山縣有朋在《北清事變善後對策》中明確提出了北守南進政策。他說:「當現在各國獵取中國之際,首先追南方之一兔,獲得後再追北方之一兔,也未為晚。(日本)先還遼東,繼棄威海衛,且日俄協商己定,細察東亞之大勢,國力之虛盈,應執行北守南進的國策」。在此前提下,台灣總督府在福建進行了種種活動。然而,隨著日俄在滿州的利益發生激烈衝突,沙俄繼強租旅順,設置關東州之後,又藉口守衛中東鐵路,運送大批軍隊到滿州。1902年,俄軍又拒絕從奉天、吉林和黑龍江撤軍。鑒於此種情勢,1903年12月,日本內閣會議決定:「關於東亞大陸,我國政策之著眼點應在於北方,維護韓國獨立,以謀保全帝國之防衛,在南方,以福建為根據地,把南部中國納入我國利益範圍之內」,「關於步驟,前者已迫在燃眉之急,故第一步應謀求實行此項,然後擴及後者之計劃。」這就是說,日本政府轉而執行南守北進政策,對福建的擴張留待北方問題解決後。與此同時,台灣總督府的「對岸政策」也做了相當幅度的調整,即採取「避開國際上的複雜情況,與地方鄉紳合作之方針」,「審時待機,漸次準備,以期年月之後」。福建鐵路敷設案,閩潮鐵路的敷設問題,也都由於北方危機而無暇顧及。至於對龍岩州礦務的擴張,也不像以前由總督府直接出面,而是經由愛久澤直哉以華洋合股的面目出現,即以上述所謂「與地方鄉紳合作」的方法進行。改赤裸裸的強權政治為幕後操縱,是20世紀初台灣總督府對岸擴張的一個顯著特點,這是日本對外政策的轉變在台灣總督府對岸政策上的反映。它表明台灣總督府的對岸擴張進入了積蓄力量、等待時機的新時期。

第三節　福建官腦局案與日本南進政策

南進，是日本帝國主義對外侵略擴張的主要方向之一。19世紀末以來，隨著台灣的割讓，日本取得了地理位置更加靠近南方的南進據點，在日本帝國主義南進擴張中，台灣殖民總督府開始扮演著日益積極的角色。福建官腦局案，對於人們瞭解20世紀初期台灣在日本南進戰略中的地位就是一個絕佳的個案。

一、福建官腦局案之發生

光緒二十七至三十一年，中日雙方圍繞福建官腦局案發生一場糾紛，對官腦局合約章程、各自權益、資金借貸等問題展開交涉，並發展成為政府間的外交折衝。它是繼1900年廈門事件後，日本政府的又一次南進行動，也是台灣總督府向大陸擴張的一次重要嘗試。

作為背景資料，我們先來看看清末福建省的財政狀況。如所周知，「閩省僻處海隅」，「地瘠民貧」，稅入年僅六餘萬，各司道「庫儲告匱」，財政收入一直處於拮据狀態。正如閩浙總督許應騤所奏：「引自通商以來，利多外溢，近復籌還洋款，銀錢愈形短絀，司局關庫，早已悉索一空，而京餉洋債，均須按期批解，刻不容緩。」尤其是庚子賠款，福建歲攤解銀八十萬兩，加以號商匯費、辦捐經費共需銀八十四萬餘。雖於光緒二十七年設濟用局勸辦各捐，所收亦僅四十八萬餘兩，不敷三十六萬有奇。「雖將閩海關藥釐暨司道庫款騰挪濟急，而各該款皆關解放京餉要需，現尚無從籌補。」此後各年攤款更無著落，許應騤嘆道：「今閩省物力愈艱，餉源愈涸，現銀之難於措集，更倍昔日。」為此，福建當局不得不極謀增加財政收入之道，以濟燃眉之急。其時，台灣已割與日本，台灣總督府設立專賣局，統一鴉片、樟腦及鹽斤的專賣權，收益頗豐。1899年專賣收入5438283元，占經常稅入的54％，1900年則分別為8345581元和64％。這給福建當局帶來很大的刺激。為「整頓財政，振興民業」，他們派員赴台考察專賣

辦法，對台灣鴉片專賣制度「深願仿效辦理」。但台灣總督府接洽人愛久澤直哉認為：福建省「通行警察制度以及稽查沿海口岸港汊未能嚴密，則於收效尚無把握，似宜姑待他日為妥。且鴉片一宗，向歸民間販運、一旦創興由官專攬之法，則奪商民之業，關礙商情，何止一端。莫若將民間未曾通行之熬腦事業，由官設局創興專攬之法，則是以創開民業，並得官家開一財源，誠屬一舉而兩得焉」。閩省官憲深以為然。愛久澤直哉遂赴福建會同日本駐廈門領事上野專一與福建官吏「屢次會晤，商籌一切」，決定設立福建官腦局，聘愛久澤直哉為技師，統籌樟腦生產、銷售事宜。

圍繞官腦局技師延聘合約及貸款合約，福建地方當局與外務部間發生了爭執。外務部認為愛久澤直哉和上野專一與福建洋務總局開始所擬章程條款，「諸多侵越」經雙方「再三刪改，往返磋商，開議旬餘，次第就範」。詳定官局開辦章程及技師合約。閩浙總督在給外務部的咨文中並稱：「本部復加察核，於主權、利權似尚無妨礙。倘再過為拒絕，更恐覬覦滋甚，枝節叢生，轉難收束。」要求速電覆施行。

《福建官腦局試辦章程》共9條，其中第一、二條規定：官腦局「由閩浙總督部堂委員駐局督辦以及查察腦務一切事宜」，「官腦局辦事規條暨應定熬腦售腦細則以及干涉腦務一切章程，應由官局督辦隨時酌核擬定，稟請督憲批准施行」。依此則事權歸福建當局及官腦局督辦所有。《福建省官腦局延聘技師合約要旨》共6條，技師權限由第三條規定：「將腦務一切辦法以及如何熬出粗細組腦斤責成該技師悉心經理，官局監督應行隨時考核，至銷售事宜，由技師酌度情形。商明監督稟請總督批准施行。」這樣，日本技師愛久澤直哉的權責在樟腦的生產及銷售上。然而，合約雖然寫明須商明監督稟請總督批准施行，但事權顯係過重，技師易於上下其手。腦局事務，全寄望於督辦官員是否精明強幹。尤其是「將腦務一切辦法」一句，更屬模稜兩可。予人以包辦之嫌。外務部與福建當局的爭執主要即在於此。光緒二十八年正月十三日，外務部致電閩浙總督許應騤：「腦事已有他國詰問，日本專利，他國在別省亦將援辦。查合約各條，權歸技師，與延聘本意不符，……希妥籌自辦。另訂合約，聘用技師，權不外製，方為妥善。」適日本駐華公使內田康哉帶同愛久澤直哉到外務部晤商官腦局事，乃面

訂節略六條,「大要在不失利權,以自籌資本,僱用技師,試辦六年為宗旨」。在開辦資金方面,外務部提出:在「中國籌款自辦」的原則下,「如為數較巨,閩省未能盡數籌撥,不妨與日本銀行商借湊足」。然而,如前所述,福建財政支絀,已無力籌集款項,故許應騤在給外務部的電文中稱:「閩省著名貧瘠,欲集股則股商無從招來,欲借款則除日本銀行外,無肯相信者。」、「此項經費非數十萬不可。開辦之始,必無利可沾,無論閩省奇窘,斷然籌措,即果有此力,亦不合算。」他提出:「前擬辦法,鈞署即以為難行,自辦力實不逮,此事請作罷論可也。」但官腦局案早成騎虎之勢,日方已不容作罷,外務部云,「腦務由閩省發端,日本技師又因此來京,礙難作罷。」即此之謂。為促使中國開辦,日方提出開辦只需成本十五六萬。外務部亦以為似此則「為數無多,不難籌劃」,即與之商討大概辦法,詳細章程則與閩省官憲商定。而上野專一和愛久澤直哉卻向福建當局稱已與外務部擬定,「向日借款,作為官本」。許應騤進而提出:「閩省奇窮,官款一無可籌,非全向日商借貸,無力開辦。」外務部電覆允可。福建當局逐與愛久澤直哉「往返籌商」,經「技師再三商改,又復極力磋磨,酌量改併」,擬出章程、合約三件,設官腦總局於廈門,檄委興泉永道延年常川赴局督辦。

　　新訂《福建省官腦局試辦章程》13條,基本上與原章程相同。外務部予以照準。《福建省官腦局延聘日本技師合約》作了較大修改。由6條增至11條、進一步消除舊合約中的模糊之處,開宗明義提出官腦局「由閩浙總督部堂遴選委專員督辦總理通省腦務一切事宜」,而不是將「腦務一切事宜」在技師職權名下,突出了中國自主自辦的意思。而技師所負樟腦生產、銷售事項,亦須「遇事仍先稟明官局督辦隨時考核辦理」或「商明督辦稟請總督部堂批准施行」,予以多方掣肘,事權歸中方之手。另外,對借款償還方式、技師花紅、腦局收支款項之核查、技師進退辦法等等,外務部也作了多處駁改。《福建省官腦局借款合約》共4條,規定:「日商三五公司因官腦局聘用日本技師愛久澤直哉之故,願照官局與技師所訂合約辦法,自將現洋銀二十萬元,不收利息,借與官腦局收存,陸續支用,充作官局成本,以六年為限。」同時在延聘技師合約中,原規定「限滿之後,除官局現存廠屋機器、灶本仍應由公司按照原價收還,並約明不動產之在內

地者，只准變賣，不准收管，以及收回現在一切腦本之外，餘如已經支用無存，一切款項概由日本公司自認虧折，不與官局干涉。」外務部改為：一俟合約限滿之後，「除按年提還成本若干外，餘由官局如數歸還，如屆期不還，即將現存廠屋、機器、灶本、腦本，按照市價交給該公司收回作抵，並約明不動產之在內地者，只准由官局變賣，該公司不得收管，如再不敷，官局不能承認。」外務部的理由是：「倘照原訂合約第三條辦法，六年限滿，所有產業盡歸日本公司，屆時官局自籌接辦，一切機器、廠屋、灶本、蕩焉無存，仍須出資自置產業，則不如以置備產業之資作為還款而留此產業以為接辦地步，操縱之權，甲可由我自主。」「凡此皆係自保利權，如將來期滿之後，自行續辦或另聘他人承辦，均可操縱由我不至受制於人」。雙方文電往返磋商，最後依外務部意見，作了全面修改。外務部在給閩浙總督的咨文中強調：「閩省所難在款項，故以官局不認虧折為詞，本部所重在交涉，唯以洋商不能包列攬為主，迭次文電相商，總期自保利權。」從修改後的條文來看，這個目的基本上是達到了，至少在合約文字上是這樣。

也許有人會問，為什麼台灣總督府要極力謀獲閩省腦務，甚至借予無息貸款，並自認虧折，且愛久澤直哉還自願認捐十萬報效銀兩，如此不惜血本進行鑽營呢？原因在於福建腦務與台灣殖民地利益密切相關。閩浙總督許應騤指出：「台灣產腦最旺，從前閩省熬腦不能得法，貨劣價賤，礙彼銷場。一旦延用彼國技師考驗煎熬，即歸一律。銷售價值可望公平，閩腦雖無利可分，而台腦已陰受其益，盈虛酌劑，在彼自有權衡，事會可乘，何妨因以為利」「外務部亦以此為洞見癥結之論」，福建當局知而為之，實以為福建腦油屆時亦可因以為利。接手福建腦務以利台腦市場，確為台灣總督府的直接目的，愛久澤直哉在向福建當局倡議創設官腦局時，就明白提出：現今樟腦市價，專歸在台灣總督承辦熬腦銷售之人把持，是以非與之聯絡聲氣而行不可，否則徒被彼從中阻撓播弄，經營事業或致半途而廢，豈不可惜。本技師向在個中，自知必能與之脈絡相貫，互相應援，維持樟腦市價。而至劃定熬腦法，設法暢銷一節，或謂人人所能而為，而不與我台灣腦務聯絡聲氣，則閩省腦局、亦難必期收效，是所以令本技師專理之故也，但是，外務部十分懷疑「閩省可因以為利」的論調，它擔心「六年之後，利

不盡歸台灣不止，且價值高下，權操自彼，即踏聯情結行包攬貿易之弊」。在難以作罷的情況下，外務部對合約條款細加核查，反覆駁改，力圖自保利權的做法，還是值得稱道的，最後的合約定稿，應該說已較臻完善。

光緒二十九年閏五月二十七日，廈門道署會同日本駐廈門領事及愛久澤直哉在廈門簽署合約，官腦局正式開辦。

二、中日雙方之往來交涉

然而，事情很快就發生了變化，光緒二十九年十月三十日，署閩浙總督李興銳的一封電報擺到了外務部的案桌上，一連串壞消息接踵而來，而且是那樣的令人驚詫和憤怒。

在官腦資金方面，官借成本20萬元，竟由愛久澤直哉自存銀行。福建當局委派的官局督辦應得月薪卻須向愛久澤請領，而技師經手用款，從不造冊報銷，據查，數月之間，綜計耗費已達13萬元，「並未自製一腦，自購一樟，辦理毫無成效」，而愛久澤直哉一人薪費，每月報支1200元，亦係由彼自定，「此外濫支浮費，不一而足，虛實莫可究詰」。在越權辦事方面，愛久澤直哉藉口福建當局緝私不嚴，「有礙官局，乃廣派日人分赴內地查拿私腦，滋生事端。」、「洋商購運樟腦，請有三聯報單，亦復違約掯阻，先後獲腦數十起，如何著落，概由技師獨斷獨行，督辦竟無從過問。」如英商永昌行由買辦福昌、裕昌、協裕昌、盛玉、晉和、恰和生、德泰、寶升等號在沙縣、順昌、延平、水口等地採辦腦油。均被日本人奪去，官署起存，日人都拒絕交出，繼而運售何處，均不知下落。甚至官腦局在南平縣安濟鄉自行緝私所獲腦油。日本人強欲截留，經該縣函押起存署，日人竟然「糾眾搶去兩箱」。我們知道，前所訂的章程合約是沒有什麼空子可鑽的，因為它嚴格地規定了技師的職權範圍，官腦局借款支配權也理應歸督辦掌握。至於緝私一事，更屬中國內政，技師無權干預。問題的關鍵在於派駐官腦局的督辦興泉永道延年昏庸無能，以致一發而不可收拾。正如李興銳指

出：官腦局「所議章程，經貴外務部再三斟酌，果能遵守，則技師只有熬腦之責，事權尚可我操」，可是「該局督辦前任興泉永道延年，於局事漫不經心，一味含糊遷就，全不稟報，坐致喧賓奪主，太阿倒持，變態紛來，勢難終日。」、「似此辦腦，全不合式。又復顯悖定章，種種違背合約，干礙官權、狂悖情形、深堪髮指」。為此，李興銳派黎國廉赴廈督辦，責成延年將局款送報，要求技師將其經手款項造冊上報，同時電飭撤回派往各地的緝私日人，但愛久澤直哉驕蹇恣肆，「執不遵辦」。無奈，再派總辦洋務局、前福建按察使楊文鼎與黎道調愛久澤直哉到省，會同日本駐福州領事商討處理辦法。其宗旨為「以邦交為重」、「委曲求全和平了事」。但是，愛久澤直哉不但不略加收斂，反而報送新章程20條，肆恣要挾，「權利更重，較原合約變本加厲」，其主要內容如下：

其一，原三五公司借與福建官腦局20萬元無息貸款，改為年利5分，借期10年，不論腦務如何，年還2萬元。福安、福鼎、壽寧、連江、羅源等處收買之樟樹，概歸三五公司所有，以福建官腦局名義進行製造，補償前貸資金及10萬元報效銀兩的利息。所有利益歸三五公司獨得，不與中國政府均分。且免去釐金、什一稅及一切租稅。

其二，愛久澤直哉以福建官腦局廈門總局腦務監督的名義，輔助督辦總辦腦務，中國政府不得另聘他人。各製腦地區設立分局，由三五公司派遣日人技師及通譯駐局，中國政府供給一切費用，並月交2千元給分局長，以供技師隨時之需。技師輔助各分局長監督製造、收買、檢查、裝運以及其他「技術上貿易上一切事項」。

其三，福建全省樟腦、腦油及其他類似產品，必須全部在福州或廈門交售給三五公司，其價格樟腦最高50元、最低44元，腦油13元至10不等。但若市價下跌，而腦價加上裝運費及其他雜費超出市價時，三五公司只能以市價作為最高限價向中國政府收買。

其四，福建政府必須飭令地方官報告各地腦務，嚴禁人民私自製造及買賣。如地方官怠慢而有私製私賣者，一經查獲，罰款兩倍，分一半與三五公司。地方官自行查獲者，則一半賞與地方官，另一半由中國政府與三五公司折半均分。

顯而易見，新二十條實置國際交往之準則於不顧，無視中國主權，強制包攬福建通省腦務，插足緝私事務，干涉中國內政，甚至向福建政府指手畫腳，發號施令，直視中國政府於無物，驕橫霸道，無可復加，其侵略擴張真面目，至此暴露無遺。這一舉動，實際上已將福建當局逼到死胡同裡，不得不做出最後的決擇。楊文鼎、黎國廉在聯名致技師的函件中指出：「議改辦法二十條，利權太重，要挾太過，比原訂合約更為難堪，實屬無可商辦。」但從「曲全交誼」、「和平議結」的立場出發，仍願作出較大幅度的讓步，另擬辦法八條，以謀互相妥協，並聲明：「倘仍堅執私見，必欲侵蔑中國利權，唯有稟報政府照會貴國領事，按照合約，秉公辦理，別無善策。」《酌改官腦局辦法八條》內容如下：

　　一、三五公司借款20萬元，前由官局出名承借，原約本無利息，現議改認年息5分，由改定之日，另行起算借期，分六年歸還，期內無論何時，福建政府可將此款一次還清，此約即行停業。如福建政府一年之內歸還原本，其利息只可照一年核算。

　　一、因借款之故，福建官腦局願將所出之腦。全數賣與三五公司，以期所借本息逐漸清還。

　　一、三五公司派適當之代表人專駐福建通商口岸地方，以買售官局所出之腦，其薪金由三五公司自行發給，官局不能承認。

　　一、腦務係中國內政，所有理財用人設局辦事，均由福建政府作主，三五公司所派之人，不得絲毫藉口有所干預。

　　一、官腦局特許人民製造之腦而收買者，其價值之高下，自應由官局自定，唯賣與三五公司之時，不可無劃一之價，應仿台灣與英國人所訂之森冕露公司之法，定其劃一價值，其價格載於詳細章程之內。

　　一、官腦局自應嚴行緝拿私腦，以期利權歸一，然此係中國內政，不許三五公司藉口有所干預。

　　一、官腦局如有為改良製造起見，可自行聘用日本人，以備顧問，但聘用與否及其權，仍應由官局作主，與三五公司無涉。

一、所有詳細事情，應由三五公司派人代表與福建政府議定，並將從前技師所用之款清細結算，必彼此允許方可。

在新八條中，福建當局堅決地維護了中國的主權和尊嚴，拒絕了日方的無理需求，維護了官腦局應享權益，是值得稱道的。但在上述原則基礎上，為不使事態擴大，福建當局也作了退讓，允認將原無息貸款改為有息貸款，所產樟腦全部售與三五公司，仍將在職責分明的前提下聘用日本技師。然而，愛久澤直哉卻辯稱：受聘為技師「至今業經年餘，無論何事，按照合約章程，竭其職分，毫無侵害貴國官權等事」。反誣中國政府將合約章程「視為具文，毫無認真照辦之意」，「成效未見者，原因貴國政府屢次違背合約章程之故」並且聲言福建酌改章程八條專為便己，毫無誠意。他威脅說：「貴司道言行如此，直哉以為並無和平妥商之意，以後仍求貴國按照合約章程，認真辦事……所有破擾和平之責，全在貴司道」。日本領事亦恫嚇中方「勿得妄滋事端」。

面對日方的挑釁和威脅，福建省商辦官員只得最後攤牌。即將所借三五公司款項立刻歸還，從前利息，亦願照付，還款之時，即將愛久澤直哉辭退，但求息事寧人，和平議結。楊、黎二人在致愛久澤的信件中鄭重聲明：此事「實係推讓到盡頭地步，中國受虧之處已達極點，貴技師並無所損，倘仍不滿意、所有破擾和平之責，全在貴技師一人矣」。後愛久澤仍來函商討辦法，楊文鼎等答以「以後官腦局之事與貴技師無涉，毋庸再行商辦」。這時，日本駐華公使內由康哉親自出面向外務部遞交節略，略謂：官腦局之創設，即以查私為骨髓；愛久澤派日人緝私，乃是按章程認真辦事，並無不妥，已派往內地之日人，「斷難輕易撤回」，如中方堅將愛久澤辭退，一切後果由中方承擔。他還聲稱：官腦釐捐不得抽收，分局不得裁撤，腦局應仍續用愛久澤為技師。福建當局須將撤廢官腦局照會收回，以便重新開議。同時，愛久澤直哉還透過駐廈領事上野專一，照會福建政府，要求賠償其損失，遭到後者的拒絕。

這時，閩浙總督已由魏光燾署任，對要求收回撤廢官局照會一事，他主張：「如僅為便於開議並非作為仍舊接辦之據，即先行收回，以示和衷，亦無不可。」而重新開議中方應循的原則是：「無論如何商辦，總以無礙中國主權，不

背各國章約為準。」這一主張得到了外務部的首肯。光緒三十一年八月，上野專一與愛久澤直哉到福州，與鹽法道鹿學良、候補道孫傳袞會議，往返磋商。上野專一等以原訂合約係六年為限，刻下限期未滿，斷難更改，必須仍舊接辦；且愛久澤在官腦局停辦後之一切損失，必須賠償。福建方面則堅持合約雖以六年為限。但卻在延聘合約第九款內明確載有技師或有不遵合約辦法以及干礙官權或所辦腦務有不合式之處。均可限內辭退之條。而愛久澤直哉所辦之事，大為侵礙官權，按照合約完全可予辭退。最後，上野專一「迫於公理，始允退辭」。於是，令愛久澤直哉將從前經手各款開單送核，三面會算，除內地購存樟樹1千餘株，價值2萬元，由官收回外，實計用過成本13萬元，由福建省負責償還，另認息3萬元，共計16萬元，其款在福建省三庫正款內借撥，並從銀元局提取盈餘湊足成數勻還，六個月內還清。其餘愛久澤要求之賠款，一概不認。原繳報效銀10萬元，作為限滿發還。彼此擬立合約五條，經外務部核准，於光緒三十一年九月初十日正式簽署，官腦局案即告結束，內地日人亦於簽字之日起二十五日內撤出。

三、福建官腦局案與台灣總督府之「對岸經營」

福建官腦局從光緒二十九年閏五月二十七日開辦，到光緒三十一年九月初十日裁撤，前後不到兩年半時間，福建當局原期藉此廣開利源，振興民業，卻反而「未見其利，先受其害」。雖在談判中堅持立場，依據合約條款，辭退技師，但在日方的威嚇下。亦不得不「事事委曲求全」，以至「甘心中國受虧，保全日人利益」，最後「賠款收場」。弱國無外交，福建官腦局案又一次為我們展現了清末中國外交上所處的可悲、可嘆的境地。

日本在這次官腦局案中，雖然最後被迫接受辭退愛久澤直哉、撤回內地緝私日人，很不情願地從福建腦務中縮回魔爪，其擴張計劃受到一定的挫折。但是，從另一方面看，在經濟上，由無息貸款轉有息貸款獲取3萬元利息；在政治上，

迫使福建政府在腦務方面承認日本的獨占權,進一步鞏固了日本在其勢力範圍——福建的優勢地位。《停撤福建官腦局合約》第三條規定:「此次官腦局既經停撤,嗣後腦務如何辦法,概由中國自主,福建政府唯允認嗣後不再將此腦務與別國人訂立此項相似辦法之合約,」這與幾年前的福建不割讓宣言何其相似。無疑,日本在南進擴張上又邁出了實質性的一步。

福建官腦局案,日本指為福建「發端」,實際上是台灣總督府利用福建政府急於開闢財源的心理而誘發的。如前所述,福建官員在考察了台灣專賣事業後,提出的是要仿效鴉片專賣制度。台灣總督府卻以中國沿海警力不足而予拒絕,進而提出創辦官腦局的主張(實際上。正如後來事態發展所表明的那樣,日本在腦務方面,同樣以此為由擅派日人分赴各地緝私,因而這只是個藉口),因為它無疑給予台灣總督府向對岸擴張的一次機會。閩浙總督也指出:「此次腦務,係由日領事發端,屢次商情,並非閩省自取葛藤。」日本駐華外交官與台灣總督府共同配合,發起並組織了這次擴張行動,因而可以說,福建官腦局案,既是日本南進的一個組成部分,又是台灣總督府向對岸擴張的一個重要步驟。兩者的目標是一致的,但分工又有所不同。總而言之,台灣總督府提供了機會和手段,日本外交部門提供了交涉和後援。

在這次官腦局案中出頭的三五公司和愛久澤直哉,就是台灣總督府向對岸擴張的兩條鷹犬。三五公司是1903年(光緒二十九年)在台灣總督府扶植下成立的拓殖會社,在台灣總督府的南支那及南洋設施費中,還專門列有三五公司補助費一欄。自1907至1910年,共給予三五公司三十一萬五千元補助費,占同期南支南洋設施費總額的百分之八十二強。可見台灣總督府對其重視程度之深。三五公司的主要事業對像是福建、廣東(汕頭)的樟腦、鴉片、煤炭、鐵路、銀行業,後來擴及印度支那的珍珠和馬來半島的橡膠園,是一個主要從事南進經濟侵略的準國策會社。愛久澤直哉正是三五公司的事務主管,被稱為台灣總督府民政長官後藤新平的心腹親信和智囊,向大陸擴張的急先鋒,是義和團運動後在華南地區從事侵略活動的最積極人物。他除了在福建官腦局案中大肆活動外,還夥同日本礦師石井八萬次郎勾結中國商人吳大容要求設立公司,包辦龍岩州一帶礦產,開採煤、銀鉛、鐵礦等,以九十年為限,並在礦區外建造廠房、宿舍及加工

廠。福建政府應准「隨地擇宜辦理」。光緒三十年他又與張煜南籌建潮汕鐵路之潮汕有限公司，訂立包辦鐵路合約，並充當技師，不久即因日人工匠被伐問題發生衝突。可見，三五公司和愛久澤直哉與其說是企業團體或其代表人，毋寧說是台灣總督府經濟侵略的工具和走卒，福建官腦局案便是一個典型事例。

　　20世紀初的日本對外擴張，正處於北守南進時期。在此之前日本對外政策的重點，在東北亞的朝鮮，正如山縣有朋指出：「我國利益線的焦點實在於朝鮮。」甲午戰後，由於三國干涉還遼，沙俄勢力南下，朝鮮國內反日武裝鬥爭的興起和平壤宮廷內親俄勢力的抬頭，使得日俄在朝鮮半島處於僵持狀態，加上清俄間簽署了針對日本的秘密軍事同盟條約，日本的北進面臨強大的阻礙。於是，日本不得不將其侵略目光轉向南方。早在1898年10月，日參謀總長川上操六、上海貿易研究所長（後同文書院）荒尾精、沖繩縣知事奈良原繁到台會合，商討今後日本發展方向，指出：「作為戰勝之結果，而將北部支那納入我勢力之下的計劃，由於三國干涉還遼，全部歸於泡影，積年折衝之辛苦終歸徒勞。無奈，改樹第二經綸，其一般方略，為拋棄過去的北方政策，即日本海沿岸的大陸規策，著手新的南方國策，即支那海沿岸的大陸政策。」1898年福建不割讓宣言的發布，給日本的對外擴張「開闢又一條利益線」，故而桂太郎、山縣有朋均相續提出「北守南進」戰略，積極向南方擴張。

　　這時，台灣成為日本南進的天然據點，「遂以其地為圖南之策源地，進行大的活動」。台灣總督府在日本南進政策中占據日益突出的地位。福建與台灣一衣帶水，更成為日本南進和台灣總督府向對岸擴張的重心所在。第二任台灣總督桂太郎即提出：「欲確立台灣經營方針，非確立對清政策之方針不可，確立對清政策之方針後，非實行華南經營之政策不可，欲實行華南經營之政策，非舉福建及廈門經營之實不可。」第四任總督兒玉源太郎進一步提出必須「在對岸清國及南洋通商上占優勢地位」的主張。華南鐵路敷設權的爭奪，台灣銀行廈門支店的開設，廈門事件的發生等等，標誌著日本對福建侵略擴張的步步升級。廈門事件後，日本南進一度受到挫折，但福建官腦局案卻表明了日本的南進和台灣總督府向對岸的擴張絲毫沒有停頓。

最後，還應當指出，20世紀初期日本的南進及台灣總督府的對岸政策，主要是從台灣統治的本位出發制定和執行的。這有以下幾個方面的理由：政治上，日本占據台灣後。各地抗日武裝鬥爭蓬勃興起，許多領導者是由福建潛入，並且得到大陸的支持，鬥爭一旦失敗，他們也每每逃至廈門等地躲避（如簡大獅即其一例）。故兒玉源太郎指出「欲收本島民統治之全功；其著眼點不唯在島內之鎮壓與民心之收攬，必採取如下方針，即注意對岸福建省，特別是廈門的民心，察其趨向，反過來謀求島民之安全，以達統治之目的」。1900年，台灣總督府設置對岸事務處，要求清朝官吏逮捕簡大獅，並乘廈門事件之機，進而提出逮捕以廈門為基地進行台灣歸復活動的原抗日軍首領蘇力、許紹文、林清秀、王振輝等11人。因此，出於鎮壓島內抗日運動的需要，台灣總督府加強了在福建的勢力擴張。經濟上，福建與台灣歷史上就有密切的聯繫，台灣的米、糖和福建的手工業品歷來互通有無，尤其是近代以來，台灣北部茶葉生產和貿易的勃興，全由以廈門為據點的英國金融機構控制，南部的糖業亦由洋行掌握。故而桂太郎在給首相伊藤博文的意見書中指出：「華南各地中，廈門隔澎湖列島與台灣相同……台灣的貨物，盡集於廈門，而後向四方輸出，故廈門作為現今我風教貨物流入之新口岸，為我政事上、貿易上最重要之區。」軍事上，福建與台灣隔海相望，假如中日間或日本與其他強國間發生衝突。台灣很可能遭到來自福建的攻擊。1898年3月日本駐華公使矢野文雄便指出：為防止其他強國獲得逼近日本境土的地點，應要求清政府宣布福建不割讓。文化上，福建與台灣人民「同文同種」，感情至深，為緩和人民的敵對情緒，台灣總督府極謀對輿論的控制。1897年12月，收購福州《福報》，改名《閩報》，並從財政、人事上操縱《全閩新日報》，實施新聞戰略。此外，還開設醫院、學校，以攏絡民心。本節談到的福建官腦局案，也是從台灣本位考慮的。台灣總督府攬承福建腦務的重要目的之一，就是為台腦的銷售市場，並謀將福建腦務納入台灣的控制之下。因此，以台灣的本位的原則，是20世紀初期台灣總督府對岸政策，進而也是日本南進政策的一大特色。

總而言之，透過對福建官腦局案的個案分析並聯繫其他事件，我們看到，日本政府的南進和台灣總督府的向大陸擴張，在大多數場合是重合的，有時還很難

分清究竟是誰在其中起主導作用。而台灣總督向大陸擴張上的積極態度，使人不能不得出這麼一種結論：台灣總督府是日本南進的急先鋒。換句話說，日本的南進擴張，在很大程度上是由台灣總督府策劃和執行的，台灣在日本南進政策中占據著舉足輕重的地位。

第四節　日僧在閩布教及其與台灣總督府的關係

　　利用宗教進行擴張，是近代列強對華侵略政策的重要一環，教務教案問題已經成為近代史研究中的熱點。但是，以往論者大都圍繞基督教在中國的傳播和由此引起的民教衝突而展開，對日本佛教在華活動的探討，則尚屬少見。實際上，甲午戰後日本佛教經由台灣向華南、尤其是福建地區的勢力擴張十分猖獗，而台灣總督府又在幕後扮演著積極支持者的角色，弄清這一問題，對於進一步瞭解日本對華政策及台灣總督府的「對岸經營」活動，有相當的助益。

　　有關日本僧侶在閩活動的中國方面的記錄不多，除了民國時期編纂的《福建通紀》和近年幾篇文史資料中有簡略的敘述外，台灣學者整理出版的《教務教案檔案》和《宮中檔光緒朝奏摺》兩套洋洋數十冊的資料彙編，涉及日僧在閩布教者總計只有數條。國內雖有一些學者已經注意到日本對華宗教侵略問題，然而因為資料缺乏，研究中也只能轉引日人論文中的二手資料；日本學者佐藤三郎曾利用已刊和未刊的日本檔案文書，就甲午戰爭前後日僧在華布教的經過及中日兩國有關布教權問題的交涉進程做了詳細的描述，但正如作者坦承的那樣，由於缺少中方資料，一些問題無法展開深入探討。凡此種種，使得進一步挖掘、整理中國方面有關史料的重要性日益凸顯出來。我們有幸在清末外務部檔案中找到了幾則日僧在閩傳教的珍貴史料。現摘錄如下：

　　一、光緒二十五年三月間，……又據泉州府另稟：日本人米元長治同野呂百藏，在郡城加藤廣海布教所內招貼告白，書明為民伸冤等事，專事包攬詞訟，干謁衙門，若任其久居斯地，勢必滋生事端，稟請照會飭令回國各等由。業經由局

按約照會駐紮廈門日本上野領事查照懲辦,並飭該民人毋得逗留,致生事端在案。

二、光緒二十五年四月間,據惠安縣王偉堂稟稱:本年正月間,有日本僧人田中善立至卑轄崇武鄉設堂傳教。三月十九日,接田教士來函,內稱萬一教中門徒有陷冤罪,敝所設有總理司事,代為呈稟等語。越日,該教士親來謁見,卑職於接見時告以外國人來此傳教,地方官自當保護,唯條約載明中國教民詞訟,不關阻教滅教之事,須囑該事主自行呈訴,方能集訊判斷。該教士當時含糊答應,詎退後不數日,仍復投遞私函白稟,密訪根由,緣由教士傳教之初,絕少信奉之人,故欲藉干預詞訟,以廣招來。雖該教士多在廈門,並不常川駐惠,而崇武教堂曾派人傳教,並有協相員、助成員及總理各名目,多係刁民訟棍用銀充,恃教士為護符,視平民如魚肉,凡遇民教涉訟,代作白稟,捏飾多詞,夾一教士名片送縣,請為嚴辦,每聞一案到官,必設計誘令理曲者臨審投教,由教士泐函為之彌縫。官為曲庇則已,否則藉口刁難入教之人,亦不投審候質,使地方官無從持平審斷,情節已與包打官司相似。如此袒縱教民,屈抑平民,卑邑民情刁悍,萬一將來積怨過深,一旦橫決蜂起,與教為仇,滋生事端,是官百計保護之不足,而教民自召禍害有餘也,究應如何辦理,請示前來。即經照會日本駐廈上野領事禁止此事在案。

三、光緒二十五年四月間,據同安縣李澤春稟報:本年三月十六日,奉府札奉道札准日本領事上野函:本國教會真宗本願寺大谷現擬在泉州府屬惠安縣崇武鄉、同安縣灌口兩地方設布教所開教,請飭保護。至本月二十日,有東洋僧人紫雲元範,自稱巡教使,至東門外劉氏館內設所開教,核與領事來函不符,正飭查間,即准該巡教來函,以奉伊國領事函令,就此布教,於二十日到館,遇有民教交涉事宜,當確查秉公調處,如果不遵,函達地方官持平辦理,並送刊刻教規一紙,內共八條,其第四條有「各地方教徒冤屈遭難,該董事必須商議布教師及商議員,以代伸雪」之語。細譯其意,曰遭難則必係教民身犯罪案,被官拘辦可知,曰代伸則必由教師出為袒庇,從中包攬可知,近來日本遊歷洋人,已多稱訴訟代人,到處干預地方事件,若有傳教之責,則名分愈正,權勢愈重,將來一國三公,地方官勢必同於虛設,辦事更形棘手,關係匪輕,防閒宜早,稟請照會前

來。業經由局照會日本領事諭止在案。

四、光緒二十七年三月間，據莆田縣蔣唐祐稟稱：蒞任後，有日本人島津博岩來謁，閱其護照，僅有遊歷字樣。審視名刺，則於曹洞宗布教師之下加印小衲二字，係屬僧人。厥後屢次干預詞訟，函牘紛來，卑職並未照准。現聞島津博岩已在卑轄塔尾、田頭等處設堂傳教，入教者每名納銀一元，地方匪類，趨之若狂，民情因而惶惑，竊恐恃教妄為，魚肉良民，後患不堪設想，稟請照會日本領事察辦諭禁等由到局。當即按約照准日本駐廈上野領事，復稱已飭該島津博岩來廈研詢，面戒不得干預內地事情，渠經遵斷，查照在案。

五、光緒二十七年九月間，據仙遊縣王士駿稟稱：近有日本僧人竹島文伶來至卑轄香田里一帶，交結地方無賴，以及不法僧尼，節次專函到署，囑託詞訟，甚至敢將入官房屋拆封居住，查驗並無護照，似此逗留生事，殊屬有違和約，合將原函稟請察核照會等由。當經照會日本駐廈領事，催飭出境，按約罰辦去後，續據該縣申報，差查竹島文伶先期聞知走避等由在案。

六、光緒二十九年四月間，據莆田縣劉錫稟稱：准湄洲營大口汛移據巡兵報稱，湄洲房長住持僧金鐘同高厝村高殿等，倡首結會二百餘人於三月二十日在頂高村忠厝內開堂酬酒演戲，名為大日本正教等情，查中日條約並無准其設堂傳教明文，而該僧人結會聚飲，跡近會匪，但其名則托為大日本正教，難保無日人雜在其中，煽惑鄉愚，除剴切曉諭並嚴密查訪外，詳請照會領事，一體查禁等由。當經批飭查明確實，稟請辦理在案。

以上六則資料是福建全省洋務總局根據各地方衙門的報告摘要彙編的，它集中反映了光緒二十五至二十九年間日本佛教在閩傳播及日本僧侶活動的情況，從中我們可以看出以下幾個特點。第一，到福建設所布教的日僧，大多來自台灣島內日本佛教各宗派。如加藤廣海原為台灣宜蘭蘭陽寺住持，屬真宗西本願寺派（本派本願寺）；紫雲元範則是日本佛教在台開教的「功勞者」之一，在總督府的支持下進行積極的活動，亦屬西本願寺派；東本願寺派（真宗本願寺大谷派）則擬在同安灌口、惠安崇武開教；曹洞宗的島津博岩在莆田縣塔尾、田頭招來信徒布教；其餘如田中善立也是來自台灣。第二，與此相聯繫，台灣已經成為日本

對閩實行宗教勢力擴張的基地。如前所述，在閩日僧，大多來自台灣，他們利用台灣與福建密切的地緣關係，大肆侵入對岸，西本願寺本山的明如上人在回憶錄中稱，台灣割歸日本之後，他立即設置開教事務局，接連派出開教使到台灣，然後以台灣為基地向清國延伸。另外，《開教地總監規程》中也規定台灣開教總監的監督區域包含了台灣及其附屬島嶼、清國福建省、廣東省和英屬香港。因此，在教規上，福建地區也屬於台灣教區的涵蓋圈之內，是台灣僧侶的當然勢力範圍。第三，包攬詞訟、干預政事成為日本僧侶招來信徒的主要手段。一如上引檔案所示，在泉州，他們張貼告示，聲稱「為民伸冤」；在惠安，他們唆使犯罪人寺臨番入教，恃教抗官；在同安，甚至公然於教規內刊刻為教徒伸雪等語，「出為袒庇，從中包攬」。此外，在莆田、仙遊等地，布教師無不以干預詞訟、庇護教民來吸引民眾投教，於是一些地方有所謂「地方匪類，趨之若狂」的情形，在頂高村還出現二百餘人集會，號稱大日本正教，「結會聚飲，跡近會匪」，形成一定的集團勢力，使得福建地方政府大形緊張。這種以教士的治外法權來庇護教民，使之享受不同於其他中國公民的特殊法律地位的手法，是列強在華擴張宗教勢力時所慣用的，「教士之出面干預無疑地是要為教會取得資本，要使接受他的宣傳的信徒獲得實在的好處」。日本佛教也是如此，惠安縣王偉堂便一針見血地指出：「緣由教士傳教之初，絕少信奉之人，故欲藉干預詞訟，以廣招來。」

　　從史料記載來看，清末日本佛教在福建的活動一度相當猖獗，日僧在各地紛紛開設布教所，吸收教民、擴張勢力，發展十分迅速。各宗派中又以東西本願寺派發展最快。僅1899年3至5月間，新設布教所即達十餘處之多。1902年，一名自稱中國通的日人在台發表談話指出：「作為宗教上的（對岸經營）設施，當然不外為東西本願寺的事業，在廈門、泉州、漳州、同安、長泰、石碼鎮及其他數處均有寺院，寺院概置附屬學校，教授日本語，又有附屬醫療所，其設備頗為整備。實際上，東西本願寺在福建地方的經營成績比他們在台灣更好，並且，如若附屬醫院發達的話，必然展示出更加嶄新的面貌」。由於皈依日本佛教，可以得到日本領事的保護，對抗天主教勢力，逃避地方官衙的苛政，地痞惡棍則更藉此護符，為非作歹，故各地入教者不在少數。台灣總督府民政局長水野遵在談及此事時就毫不掩飾地說：「東西本願寺僧侶在台灣者，不少亦於廈門開始傳道布

教，而中國人奉佛教者比之皈依平素視為夷狄的外教為多。所以如此，這並不是他們真心信仰，而是奉祀有日本政府保護的佛教，可受領事的保護，有種種利益」。而日本僧侶本身，則利用治外法權地位，到處庇護教民、「藉教干預」，製造事端，這不能不嚴重威脅到福建地方的社會秩序。針對上述情況，福建當局不得不極謀對策，他們於光緒二十九年擬文上報外務部，就有關處理事宜詢問外務部意見，要求盡快批覆，以便飭遵執行，其文如下：

　　查歐美各國教士入內地設堂傳教，均係勸人為善，聽人樂從，並無包攬詞訟、招致莠民之事。現在日本僧人紫雲元範等赴泉州府屬之同安、惠安等縣設館傳教，刊刻教規，有教徒遭難，布教師代為申雪之語，甚至投遞私函白稟，干預詞訟，並設有協相員、助成員及總理各名目，多是刁民訟棍用銀捐充，藉遂魚肉平民之計，迭經各該縣稟報有案。竊查日本同文之邦，通商條約向未載明傳教，果使勸善為心，亦應守規安分，況詞訟係中國內治，教徒亦中國子民，果有冤抑等情，中國官員自應申雪，何勞教師，今竟刊列教規，顯係有意把持，預存偏袒，誠恐激成禍端，擬請商飭查明日本有無此等教派，條約未載應否准令傳教，如果准其傳教，尤應嚴飭遵守教規，不得干預地方一切公事，以符定章，庶幾民教相安，保護較為周密。

　　在福建當局要求答覆的三項問題中，第一項「查明日本有無此等教派」，固因日本佛教在閩開教未久，福建當局未能熟悉情形，意圖予以證實，乃屬理所當然。第三項「如准其傳教，尤應嚴飭遵守教規，不得干預地方一切公事，以符章程」則是在第二項「條約未載應否准令傳教」這一問題得到確定的基礎上的必然延伸，因此，第二項應是問題的關鍵所在。日本究竟有無在華布教權，一直都是中日兩國政府爭議的焦點，日本方面憑藉《通商航海條約》第四條日人可建「寺院」、第二十五條關於賦予日本人「他國政府或臣民現在或將來擁有的一切特權」等條款[283]，宣稱日本佛教享有同基督教一樣的布教權。但是，清廷外務部卻斷然否認日本擁有該項權利，聲明基督教教士的權利是有特別條約規定為依據的，而這些權利並不在最惠國條款適用範圍之內。光緒二十五年的一份往來照會，即明白地顯示了這一點，該年九月初九日，日本駐華公使矢野文雄照稱：「我國傳教之人，亦以勸人行善為本，則宜按照兩國條約第四條第二十五條，一

律享受其優例。」外務部的照復是：「查各國條約及本衙門奏定地方官與教中往來事宜，均係專指天主耶穌教而言，他教不在其內，貴國如有傳習天主耶穌教者，應准起造禮拜堂及享受一切優例，若係僧人傳教，各國條約與中日通商條約均未載明此條，本衙門礙難照辦」。現在福建當局要求外務部明確是否允許日本僧侶布教，顯然給後者出了難題。按照外務部的一貫立場，日本僧侶當然不得比照西方教士布教，不過，日本佛教的布教所已經在福建各地紛紛設立，福建地方官衙也曾發布過保護告示，這一既成事實的存在，不可能視而不見。允許日本僧侶布教，不符合外務部的既定政策；若不允許，卻又無法驅逐他們，因為畢竟條約給予日本最惠國待遇，儘管中方否認它包括布教權，但只要日本堅持己見，中方並沒有充分的法理依據來反駁。因此，清政府一方面拒絕承認日本在華布教權，另方面又不得不默認日本佛教在各地設堂傳教。這種矛盾情形，在外務部給福建當局的批覆文中也得到反映。由於福建洋務總局是將日本商人、僧侶在閩干預政事、私設行店等事情一併上報，故批文將各該事項同時處理，其內容為：

　　至於日商在未通口岸私設行店、包攬稅釐、藉遊歷護照到內地干預他事及傳教僧人包攬詞訟各節，凡係有違條約之事，盡可由該局員隨時照請領事禁止，但使據約辯論，勿於約外苛求，彼自無從饒舌。

　　這節批示頗值得玩味，它並沒有說明日本僧侶可以布教抑或不許布教，只是要求在傳教僧人「有違條約」的時候隨時照請領事禁止。那麼，什麼是有違條約呢？倘若是有違外務部與日本駐華公使交涉時所稱日本無布教權這一點，則日本僧侶的存在本身就是違約的；相反，如果這點並不違約，那麼福建當局又以什麼條約依據來照會日本領事要求禁止呢？換句話說，外務部的批示不僅沒有解決任何問題，反而把事情搞得愈益含混不清了。這就造成福建地方當局在處理日本僧侶布教問題時陷於無所適從的境地，唯一的選擇，只有堅守中日條約未訂定傳教專條這一底線。光緒三十一年，閩浙總督魏光燾云：「日本僧侶向無准在中國傳教之約，乃漳州、泉州一帶內地，邇來竟有日僧收徒布教，賃屋設堂，藉口中日通商行船條約第二十五款一體均霑之語，朦混牽引，疊經臣照會駐廈門日本領事按約駁阻，並電准外務部核覆，亦以該約第二十五款與傳教無涉，不能強為牽引，照會日使駁論，內外堅持，冀可稍伸補救」。然而，中日雙方各執一說，互

不相讓，並不能解決實際問題，日本僧侶照樣在福建各地開教收徒，儘管福建當局按照外務部的上述批示，「隨時照請領事禁止」，但收效甚微，以下一例便很能說明問題：光緒三十三年七月，「日本僧人葦原得忍赴興化布教，謁見知府，知府答以中日條約從無議及傳教之事，不准。駐廈日本領事引漳泉兩府先有布教之案，來相詰難，不將葦原得忍撤回。閩督咨催外務部速向駐京日本公使決議，照復領事應候兩國政府定議，不必再相辯論，徒煩公牘」。於是，問題又回到是否允許日本在華布教這一點上，其結果如何，不難想見。

清末中國官方在處理日本佛教布教權問題上的態度，反映出他們一方面力圖抗拒日本侵略勢力，希望以此稍稍挽回中國主權，另一方面，面對日本咄咄逼人的態勢，卻又顯得力不從心，造成這種窘困處境的根本原因，就在於清政府所依憑的條約本身就是不平等的，這是中國半殖民地地位所帶來的必然惡果。

接下來我們再看台灣總督府與日本僧侶在閩布教的關係。如所周知，甲午戰後，日本侵占了台灣，台灣總督府在鎮壓台灣島內人民反抗運動建立殖民統治秩序的同時，也將侵略的魔爪伸向對岸的福建。從第一任總督樺山資紀開始，就制定以福建為中心的對岸經營戰略，第二任總督桂太郎更為這一戰略描繪了詳細的藍圖，他說：「台灣的建設經營，不能僅止於台灣境內，必須採行更大的對外進取方針。」、「台灣依其地利，對在華南扶植培養我國的勢力，並非難事。」因而他主張：「應開始與廈門的密切交往，以在福建一帶地方保有潛勢」。1898年，日本即以台灣安全為由，強迫清政府宣布福建永不讓與他國，從而獲取以福建為其獨占勢力範圍的口實。到了兒玉、後藤時代，為了確保此一勢力範圍，台灣總督府展開了全方位的「對岸經營」活動，從覬覦路礦權益到包辦福建官腦局、從開辦學校到控制報紙等等，在這一系列的擴張進程中，宗教侵略也是台灣總督府對岸政策總構想中的一個重要組成部分。

日本僧侶是伴隨著刺刀來到台灣的，在日本侵台軍隊中，有許多隨軍僧侶，他們在台灣各地住留並開設布教所，主要的宗派有本派本願寺、本願寺大谷派、曹洞宗、淨土宗等等，明如上人寫道：「（明治）二十七八年征清之役之結局，台灣歸我版圖，予乃使僧宣布真教」。劉坪生也指出：「領台以來，內地各宗亦

為布教而大肆向台灣派遣僧侶」。由於宗教活動有助於殖民地統治秩序的穩固，並且「對同化三百萬本島人（台灣人）及在內地人（日本人）與本島人之間開鑿溝通的渠道」能發揮重要的作用，因而得到台灣總督府的大力支持。日僧紫雲玄（元）範在回憶錄中便曾歷數樺山、桂、乃木、兒玉、水野、後藤等歷任總督及民政長官對布教活動給予的援助與庇護，感激之情，溢於言表。台灣總督府對福建的宗教擴張，也正是得到了在台日僧的積極配合。

柵瀨軍之佐指出：「（台灣總督府）南方經營的第一方針，不用說首先在於收攬南中國一帶的人心，故從教育及宗教方面開始其步伐」。史料記載，台灣總督兒玉源太郎曾精心「策劃在宗教上使（台灣與對岸）彼此接近」。從整體上看，台灣總督府的目標主要指向福州的鼓山和廈、漳、泉閩南語系地區。在福州，他們派遣禪宗僧細野南嶽和尚留錫鼓山湧泉寺，由總督府每年秘密資助一千元，圖謀逐步掌握該寺的控制權。在漳州，台灣總督府民政長官後藤新平巡視福建期間，還親赴漳州本願寺布教所發表演講，該地的中正學堂就有兒玉總督親派的教師駐留授課。在泉州，他們全力支持田中善立的布教活動，設立彰化學堂，收徒布教，雙方還訂立秘密協議，每年由台灣總督府提供一千五百元的經費，條件是田中善立必須隨時向總督府提供福建各地的情報以作交換。田中善立便利用這筆資金在泉州、惠安一帶大肆活動。日本有的學者認為，泉州彰化學堂設立於1902年8月，乃是將台灣彰化的布教學堂搬遷過來的，總督府的補助費也始於此時。這種提法值得商榷。《續對華回憶錄》載有日本駐福州武官吉田增次郎的回憶，其中提到明治三十二年他在福建旅行途經泉州北部時，遇到一名在泉州開設學校並從總督府接受補助而從事布教活動的「某君」，雖然沒有指出姓名，但我們可以肯定，此君即是田中善立。因為吉田的回憶與本文所引外務部檔案第二條的記載完全吻合，從時間上看，明治三十二年為光緒二十五年，泉州北部亦即惠安一帶，加上吉田云此君「並未去泉州，也未至學校」，與檔案所稱「該教士多在廈門，並不常川駐惠」亦相一致。所以，我們認為，泉州彰化學堂至遲應在1899年即告開設，在這同時，田中善立已經接受了台灣總督府在資金上的補助。在廈門，東西本願寺相繼設立布教場，在台灣總督府的支持下，從台灣派遣僧侶赴廈住持。1899年台灣開教使紫雲玄（元）範被任命為駐清國廈門巡教

使,緊接著,清外務部檔案中便出現了他在同安活動的記載(見檔案第三條)。由於這些僧侶可以自由往來中國內地,日本駐廈門領事經常支付給他們「特別保護金」,要求各該僧侶蒐集地方情報上呈,按照日本外務省的規定,這些情報同樣送到了台灣總督府的手中。日本學者小林一美指出:分布在福州、廈門、漳州、泉州等地的本願寺布教所,實際上已經成為台灣總督府的對岸情報據點,一旦有事,完全可以與入侵福建的日軍配合行動,這方面典型例子無過於1900年的廈門事件。當時,日本趁義和團運動動亂之際,以廈門本願寺布教所被「匪徒焚燒」為由,派兵登陸,企圖占領廈門。其實,這起事件是台灣總督府一手導演的,事前,兒玉總督即將布教師高松誓招至台北密謀,然後指使其縱火,製造出兵的口實,並嫁禍清政府。以上事實說明,日僧在閩布教確實得到了台灣總督府在人力、財力各方面的大力支持,而台灣總督府也利用這些僧侶的布教活動,在福建沿海地區布設了一個個侵略擴張的據點,蒐集情報、擴大影響,甚至配合進行軍事行動,從而使其「對岸經營」活動,取得了進一步實質性的進展。

我們曾指出,台灣總督的對岸擴張政策,多從台灣統治的本位出發來制定,其基本出發點,既為了對外擴張勢力,同時也是為了維護台灣本身的統治,在對福建的宗教擴張問題上也是如此。總督府之所以關注福州鼓山湧泉寺,主要原因之一就在於該寺與台灣佛教界有極深的淵源關係,「在台灣,佛寺均屬福州鼓山之末流」,台灣的出家人,學習禪道,必須到福州鼓山或西禪等大叢林受戒,然後方可領取度牒。控制了福州鼓山寺院,就等於扼住了全台佛教界的咽喉,對台灣的統治,無疑大有裨益。此外,台灣是由大陸移民開發的,「台灣舊有的宗教,即儒教、佛教、道教等,其內容以至形式,均與福建、廣東完全相同」。在福建各地布教的成功,對於日本佛教在台灣本島的布教活動以及台灣的民心趨向都將產生重大的影響。這也是台灣總督府之所以不遺餘力地支持日僧在閩布教的另一原因,所有這些都是我們在討論這一問題時應予以注意的。

第三章　台灣籍民問題

第一節　檔案史料所見之清末日籍台民問題

　　日籍台民問題是日本占領台灣之後台灣與大陸關係上出現的一種特殊社會現象。根據《馬關條約》第五條的規定，台灣居民在兩年內有自由選擇居住地的權利，此後仍住在台灣者，得視為日本臣民。日籍台民即是被編入日本籍而來到福建等地遊歷、經商的台灣本島人。關於日籍台民問題，海外學者依據日本方面的資料做過詳盡的探討，但對中國有關史料的發掘，則明顯不足。下面依據我們蒐集到的清末日籍台民問題珍貴檔案史料，就台灣籍民問再作新探討。

一、日籍台民與福建

　　日籍台民作為所謂日本臣民，雖然有別於原本即是日本人的所謂「內地人」，被日本殖民者稱作「本島人」，在台灣處於二等公民的地位。但是在大陸，他們同樣享受不平等條約所賦予的權利，得到日本領事館的保護，擁有一般中國人所沒有的特權。譬如貿易上，只要交納通商口岸子口稅，且不必擔心任何苛捐雜稅的困擾；政治上，在領事裁判權的保護下，不受中國政府的管轄，在民事或刑事訴訟方面占有絕對優勢。因此，一些日籍台民便利用自己特殊的身分，在大陸為所欲為。清政府外務部檔案，為我們提供了這方面的實證資料。

　　光緒二十九年，福建全省洋務總局將光緒二十四至二十九年6年間日本人在

閩貿易、遊歷、傳教、干預政事等新舊各案彙總摘要向外務部提出報告，其中相當篇幅涉及日籍台民問題，現摘錄如下：

一、光緒二十四年八月間，准稅釐局移據水亭分卡委員呂兆璜稟稱：本月初六日有駁船商翁銓銓載甲紙一百塊駛上，日本第二號支那金源順船，不完釐金，上插小旗，遽行開去。初七日，又駁甲紙一百六十塊，上插小旗，亦即開行。查金源順船泊在番船浦，將赴台灣，所裝皆屬土貨，如此情形，於徵數大有窒礙，稟請示遵；……又據上渡分局委員陳鋑稟：八月初八日，有排夫　　投卡請驗連假等木植一千七百五十節，排上樹日本旗幟，謂係日商金源順之貨，不報釐金，事關交涉，暫為放行，稟請核辦等因到局。查此日商金源順船，運載木植、甲紙等貨，經過關卡，只樹旗幟，並無已完關稅印據，即不完納釐金、商稅，易啟假冒影射之弊，況洋關定章，只收洋船洋貨之稅，常關係徵民船土貨之稅，金源順為台灣民船，所載木、紙乃中國土產貨物，過關之時，曾否赴洋關完納洋稅，抑照民船土貨之例歸常關徵稅？此次所運各貨係赴何關完何項稅？則無有給付單據，是否不致影射偷漏，究應歸於何處查驗，以期周密？移由海關查明核辦，移知查照。續准來函，以初六日駁船戶翁銓銓載甲紙一百塊裝上日本第二號支那金源順商船，不完釐金，業經函請日本領事轉飭該商照貨補完等因在案。

一、光緒二十七年十一月間，據南平縣張元鼎稟；蒙本府札，奉道憲徐批，據卑職稟，台民孫培申請柯照（？）來延遊歷，私設棧房，遵飭阻令閉歇報明緣由，蒙批：按約援案，勒令閉歇，未便任其延宕，如敢抗違不遵，即行逕稟憲局核辦等因。遵即傳諭該棧按約閉歇。詢悉頂替之柯照已往福州，在棧者尚有十餘人，均係華民，聲稱包辦木排貨物生理，如領事令其回省，即可閉歇。前次棧房門道掛有亞士出張所，今又添寫日商二字，顯有抗違情形。稟請照會日本領事，迅飭亞士出張所棧房，剋日閉歇，以符約章等由。當經按約照請日本豐島領事，飭傳孫培申至署；查明實情，諭令從速停止，不得久住開行，以符條約在案。

一、光緒二十七年十二月間，准桐山管移據沙埕外委稟：有福州貓纜船一個進口，僅據船戶口稱船名林發興，現用日本洋牌，與爾等關口無涉，不容汛兵稽查，又不肯將船牌呈驗，誠恐匪徒冒混，夾帶軍火，專責請歸稟經移局查明復辦

等因。當即核約援案，函請日本豐島領事，一體照約諭令日商船隻，不得私赴內地買賣，致干罰辦去後。接准復稱，已飭知敝商遵照等因，又經移復桐山營汛遵照辦理在案。

一、光緒二十八年十二月間，據福安縣鈕承藩稟稱：日商林洪濤，在卑轄羅家港地方開設東昇行棧，採辦鹹鮮魚貨，販運進口銷售。查卑邑賽歧、羅家港兩處，地屬對岸，本有設立魚牙領貼輸稅，今日商林洪濤持遊歷護照，率帶福州人，忽欲於羅家港內地開設私牙，實屬違背約章，並干例禁，稟請照會，飭速停止等由。當即按紛照會日本領事，飭商遵照，並經飭縣據官牙池錫清稟繳東昇行付給魚店發貨往來手摺並抽佣行單一紙，內載過秤抽佣，數目確據，稟送到局，節與領事照商辦理，勒飭閉歇在案。

一、光緒二十九年四月間，據福安縣陳秀鐘稟稱：卑前縣鈕令任內有日商林洪濤在羅家港開設東昇私牙一案，節經鈕令縷晰稟陳，暨會同福防同知呂渭英與豐島領事商允貼費飭令閉歇在案，卑職抵任，迭據官牙池錫清稟控東昇私牙收招牌，另外又有義成依然抽佣，請為封辦。飭差查復，以東昇行棧招牌雖已拆去，牙秤尚未收歇，該處另外新設一行，門首灰壁寫義成字號，亦掛秤抽佣，詢據該牙福州閩縣人王孫庚等稱，係日商領有遊歷護照，直認開行，向勸不理等情。正在勸諭，復據該差密報，有教民多人，紛紛聚集，欲往羅家港與義成私牙拚鬥，請速彈壓到縣，當即迅速彈壓，一面親往羅家港，勘得該處有義成私牙一間，開在羅家港街與東昇僅隔數間店面，實係設牙掛秤，白手抽佣，代客攬售魚貨，並無購運出口，亦與東昇無異，卑職因事勢所迫，勸令王孫庚閉歇不從，只得借標封為保護，帶同王孫庚、陳鳴和，點明行內物件，封交地保差役看管，其抽佣簿據、牙秤，攜回儲庫，稟請察核等情，現經批飭解省，執約照會領事辦理在案。

以上幾個案例中，第一項是台灣民船金源順號到福州裝運土貨貿易，以其為日本籍商船而不完釐金，排夫沿江放下木植，由於是金源順號的貨物，同樣樹立日本旗幟，不納釐金、商稅，閩江各釐卡莫可奈何；第二項乃日籍台民孫培申借遊歷為名，在南平私設棧房，公然掛出「日商」旗號，聲稱遵從日本領事的指令，拒絕南平縣當局要它歇業的諭示。南平縣對此「抗違」情形，無權處置，只

得請求洋務總局會同日本領事，協商解決；第三項為台灣民船林發興號，以日本洋船牌為護符，不容福建汛兵稽查，擅入內地貿易，對此，營官也只能委託洋務總局出面交涉；第四、五兩項屬同一內容，即日籍台民林洪濤在福安縣羅家港未開放地區開設東昇行棧，白手抽佣。福防同知與日本領事商議，由福建方面貼補費用，飭令閉歇。但隨後該商又再設義成行，同樣掛秤抽佣，代客攬售魚貨，並且「勸令閉歇不從」，福安縣只得轉稟洋務總局執約照會日本領事辦理。顯然，日籍台民憑藉其日本籍這一特殊身分，或不完釐金、或私入內地貿易、或公然設棧包稅抽佣，並且自恃日本領事館的保護，不服福建地方官衙的約束，每每釀成中日兩國間的交涉，令福建當局頭痛不已。可以說，日籍台民在福建，從一開始，就是以不良的形象出現的。

二、假冒日籍台民

在日據以前，所謂日籍台民，原本就是移居台灣的福建人或廣東人，與故鄉的人們並沒有什麼身分上的差別。日據之後，他們的語言、習俗、服飾也沒有產生變化，但卻由於擁有日本籍，而享有如同日本人一樣的治外法權，能夠藐視官府、橫行無忌。這不能不引起福建一部分不肖子弟的極大羨慕。他們想盡辦法試圖獲取台灣籍。於是，在福建便出現了一批「假冒日籍台民」。由於這些人獲得台灣籍後仍居住在當地，所以實際上也等同於假冒的「台灣籍民」。

清末的假冒日籍台民，大致可抽成兩種類型。第一類即由真正台灣人將自己的名義借給福建當地人使用，屬於閩台人雙方合作的產物。據台灣總督府警務局的報告，在廈門，有清國臣民與台灣籍民相勾結，藉「台民」名義謀求私利。第二類則是以各種非法手段獲取台灣籍，其主要途徑即為購買台灣人旅券。根據日本政府規定，領事館確認某人是否台灣籍的證據，是台灣總督府下發的台灣人旅券，領事館在收到旅券後，再給予持券人護照，擁有該護照者才能得到清政府的承認和保護。於是，在福建各地，台灣人旅券的黑市買賣之風便盛行起來。福州

日本領事得到的情報說，1902年購買一份台灣人旅券的價格為5元，此後增至10元，現（1909年）上漲到100元，仍有許多人趨之若鶩。另據民國初年的資料，為遏止台灣人旅券的買賣，日本領事館曾進行過偵辦活動，結果查出台北律師長嶺茂、古江徹等主使南國公司買辦施範其在福建販賣旅券。由於事關日人律師和台灣籍民中的「有力者」，最後台灣總督府和日本領事館予以秘密處置了事。儘管日方採取了一些措施，但在一個時期裡，假冒台灣人曾相當數量的出現過。福州領事館指出：在福州的台灣籍民中，真正的籍民僅占10—20%，其餘根本就是本地人，與台灣沒有什麼關係。在廈門，有人還冒充台灣總督府官方進行詐騙活動，如有人自稱「台灣總督府官吏」、「日本欽差大臣幕賓」，或公然掛起「日本欽差大臣署林公館」的門牌，向與台灣有關係的當地居民敲詐金錢，等等。

假冒日籍台民的猖獗，引起了福建地方官吏的警惕。1900年台灣總督府民政長官後藤新平訪問福建時，閩浙總督許應騤、廈門道延年均就此提出過交涉，並指定由日本駐福州領事豐島舍松負責解決。不過，這件事似乎並沒有獲至圓滿的解決，1912年，泉州府官員李增霨又致函台灣總督府民政長官內田嘉吉，指出福建各地買賣台灣人旅券的事實，要求配合取締。

針對假冒日籍台民問題，福建官方除頻繁與日本領事館及台灣總督府交涉，以謀求解決之道外，還加強了日籍台民的核查工作，對申請遊歷、經商的台灣人護照簽發，審慎從事。這從以下兩份檔案文件的對比中，就可以看得很清楚：

一、為咨呈事。據福建興泉永道延年詳稱，光緒二十七年十月二十七日准日本駐廈上野領事照送本國人長谷川謹介，管野忠五郎，松本龜太郎等稟稱欲往福建、江西、浙江、江蘇等省一帶地方遊歷護照三紙，先由本署用印外，請即印還轉給等因，……准此，除照章加印送還轉給並咨行保護外，詳請察核轉咨等情到本將軍部堂。據此，除詳批示並分咨各省保護，相應咨呈。為此咨呈外務部，謹請察照施行，須至咨呈者。

右咨呈

外務部

光緒二十七年十二月十二日

一、為咨呈事。據福建興泉永道延年稱,光緒二十八年六月十九日准日本駐廈上野領事照送本國台灣人傅崇山欲往泉州、永春、延平、建寧、福州一帶地方遊歷護照一紙,請即印還轉給等因。准此,除照章加印送還轉給並移飭查明保護外,詳請察核轉咨等情到本將軍部堂。據此,除詳批外,相應咨呈,為此咨呈外務部,謹請察照施行,須至咨呈者。

咨呈

外務部

光緒二十八年八月二十九日

以上是福州將軍崇善和閩浙總督許應騤的兩份咨呈文件。第一份咨呈件請照人是台灣總督府鐵道部長長谷川謹介和技師管野、松本等3人;第二份是台灣人傅崇山。兩者均來自台灣,都是日本籍身分。但福建政府在處理上,卻有很大的差別。對待前者,行文內容是「照章加印送還轉給並咨行保護」;而對待台灣本島人的後者,則為「照章加印送還轉給並移飭查明保護」。顯然,其中有對日籍台民身分的查核手續在裡頭。這是清政府為防範假冒日籍台民問題的發生而採取的因應措施。

三、圍繞日籍台民之中日交涉

日籍台民在福建的橫行和福建當局處理此類事件時的無力感,無疑損害了中國政府的形象。這雖然是積貧積弱的清政府在外交上軟弱無力的一種反映,且在偌大個中國,這些問題似乎只屬於「細事洋務」,但對福建地方當局來說,卻是個敏感而棘手的課題。福州將軍崇善便曾說過:「閩省本濱海要區,各國之傳教通商者,紛至沓來,絡繹不絕,近年外交棘手,固已日甚一日。且地接台澎,期間日籍商民來往閩口,尤賴隨時調護,隱弭釁爭,此事為他省之所無,而因應之

難,更非可以言喻。」因此,制定適當的對日籍台民政策,已經成為福建官府的當務之急。

光緒二十九年,福建全省洋務總局在總結歷年日籍台民在閩活動及與日本領事交涉經的基礎上,提出了對日籍台民的政策主張,上報外務部,其主要內容如下:

查西人入內地遊歷,原因語言服飾顯有不同,是以請給護照,以便保護。嗣中國人改隸洋籍,由廈門到內地遊歷,經英領事請給護照,聲明如不改裝,護照即作廢紙有案。現在日本台灣屬民,原籍多隸漳泉,由台回籍,本應照華民論,不能請給護照,日領事請給,廈道通融辦理,間有發給,該商往往籍照攬運貨物,不完稅釐。第給照保護,原因中外籍貫不同,服飾互異,台民與中國百姓,籍貫服飾,一切皆同,往來內地,無從辨別,易啟影射攬運貨物之弊,應請商明:嗣後台灣人民已隸日籍,貿易來華,服飾或改西服、或改東洋服飾,不能仍照華民服色,如仍穿華服,即視作華民論,不能給照保護,以示區別,而免弊混。

與此同時,福建洋務局還照會日本駐福州領事,要求其先行停發日籍台民護照,等待彼此間商定章程之後,再行辦理,但遭到拒絕。

洋務總局的這份文件是交由閩浙總督轉呈外務部的。閩浙總督在呈文中就此提出了自己不同的看法,認為:

台民即隸日本,照約應得保護,未便以是否改易服色,強為區分,如果該民籍照攬運貨物,不完釐稅,自可隨時執約禁阻。且台地外屬,本非得己。若如局員所擬,既入洋籍,即應改服飾,……似非朝廷愛護僑氓,一視同仁之意。唯其中作奸犯科之徒,恃洋籍為護符,藐法抗官,亦實為地方隱患,自應分別辦理。

他請求外務部咨行赴日商約大臣,與日本政府商議對日籍台民來華,「分脫良莠、酌定限制」,並載入商約,以便有法可依。

外務部方面對福建洋務總局的報告和閩浙總督的意見,迅速作出了回應。在給閩浙總督的咨覆文中,同意其不必「改易服色、強為區分」的主張,認為日籍

台民如有違犯清廷法令和中外章約精神，盡可隨時執約照請日本領事禁止，強調「勿於約外苛求」。對於假冒日籍台民問題，外務部的意見是：

……該領事（按指日本駐福州領事）照復所稱：台民遊歷通商出口，由台灣督撫給照為憑，到地時領事署驗明存案，再給與入內地護照，如有中國人攜帶護照，查係確實冒混，自應由中國按律究辦等語。彼己切實聲明，即應憑此設法稽察，此等交涉細事洋務，各省分所常有，領事有商辦交涉之責，應由局員或地方官逕向領事持平商結，未便概由本部照會使臣，轉多爭執，如果使臣來部曉曉，再當辯駁。

也就是說，對於日籍台民問題，福建全省洋務總局傾向於制定限制，依法辦事，作為窮於應付的具體交涉單位，這一主張自然是有其道理的。外務部和閩浙總督部堂的意見則是：不預設辦法，而是針對所發生的糾紛，分別由涉及的主管單位依個案方式處理。其中的關鍵即要不要改變日籍台民服飾，答案最終是否定的。它一方面是出於愛護不得已而割棄的台灣島民，即所謂「愛護僑氓，一視同仁」；另一方面，日本也反對這種做法，認為是「約外苛求」，而沒有日方的配合，這一方案只能徒歸空談。

福建全省洋務總局提出的日籍台民處理方案，最後固然沒有得到清廷的批准，但從中可以窺出福建地方官、閩浙總督和清朝中央政府三方不同的看法。終有清一代，中國方面處理日籍台民問題，基本上就是按照這次外務部批覆的辦法執行的。這幾份往來咨文，是迄今為止所發現的清政府有關日籍台民問題珍貴官方政策文件，具有很高的史料價值。

第二節　檔案史料所見之清末「歸化」台灣籍民

在台灣籍民中，有一種原為大陸公民而「歸化」加入台灣籍的所謂「歸化」台灣籍民。這是台灣籍民研究中的難點，海外學者雖有論述，然多語焉不詳，其原因即在於資料的缺乏。本節就我們發現的外務部有關清末「歸化」台灣籍民檔

案史料做一介紹和分析。

一、「歸化」台灣籍民的產生及其影響

台灣籍民大致有以下幾種來源：第一、在《馬關條約》規定的兩年選擇期過後，仍然留在台灣的全體居民，總括編入日本籍。他們當中一部分人到海外或大陸（主要是福建）長期居住，這一類型占台灣籍民的大多數；第二，早先迫於戰亂或其他原因暫時離開台灣居留福建，後來又要重新確認恢復台灣籍而仍長住當地的台灣人；第三，原本為大陸公民轉而「歸化」加入台灣籍。這就是下文所要論述的重點。

關於「歸化」台灣籍民，日本駐廈門領事井上庚二郎有一概略的說明：「蓋居住於支那之外國人有治外法權的恩惠，作為支那人深感外國籍的方便，乃不可否認的事實。廈門人士眼見親戚、鄰人的台灣籍民，只因領台當時居住台灣便在身體財產上受到帝國政府的保護，享受天壤之別的特權。於是詛咒橫徵暴斂的地方政府，企圖取得台灣籍。對於利己主義的支那人而言勿寧說是當然的歸趨。」日本政府清楚地知道，這些所謂「歸化」台灣籍的中國公民，並不是真心對日本帝國抱有什麼「忠君愛國」、擁戴天皇的觀念，而是試圖躲進日本領事的保護傘下，謀求私利，掙脫中國政府的控制，從事不正當的行業等等。他們往往腳踩兩條船，見風使舵，在情勢不利時又復歸中國籍也是完全有可能的。但是為要透過這些人的「歸化」擴張日本在福建的勢力，培養一批聽從指揮的僕從，日本政府有選擇地對那些他們認為「有益無害的歸化人」進行「政策性」的協助，「讓這種中國人容易地獲得台灣籍」。於是，在清末福建各地，便出現了一批被稱作「福州籍民」、「廈門籍民」的「歸化」台灣籍民。這在清政府外務部檔案中，有詳細的記載：

邇來日商在（福建）內地包攬漁利、藉教干預，層見迭出，不特台灣土著籍照妄為，即閩省內地居民，皆可報入台籍，請領護照，隨地經商。……現在福州

人口，以日籍為最多，其中約分兩類：一係向住台灣，讓地時未及遷居界外，照約視為日屬之人；一係閩省百姓，讓地後，續行混入台籍、且有從未到台之人。其向住台灣者，事後來閩經商，尚鮮內地置產之舉，其續入台籍者，全係族居內地，不過借為護符。……若廈門口內漳泉一帶，則英、法、日、斯各國，所在皆然，大都全係內地華民。本身既未出洋，亦未領有外國國家入籍憑據，一遇控爭詞訟，只須赴本口領事處，略花小費數元，便可報入洋籍，使地方官不能訊辦，不敢差傳，尤屬不成事體。

顯然，隨著「歸化」台灣籍民人數的逐漸增多，一系列複雜問題隨之而生。這些「歸化」台灣籍民憑藉日本籍的特殊身分，在領事裁判權的保護下，不受中國法律的約束，肆無忌憚，為所欲為。以下檔案史料記載了兩個實例：

光緒二十八年九月間，准日本豐島領事來函，以籍商陳志松即陳松下稟稱：由台回家，至家中福清縣省視兩母，查知伊弟士光在鄉夥開乾順號雜貨生理，被福清縣屍父陳懋和誣控送縣管押，請飭秉公辦理，將光釋放等因。飭據福清縣何建忠稟覆：案緣岩兜村陳來顯弟與五龍鳳嶼陳松下因爭壩水起釁，互相趕殺，來顯弟被陳松下銃斃，屍親陳懋和以兇犯畏罪逃避，將其弟陳士光送請跟交。乃陳松下被控年餘，避不到案，輒敢變易名字，假冒日商，朦請護照，公然來縣請釋其弟，現已飭傳屍親到案辨認訊辦，並經查明陳松下、陳士光兄弟均係中國子民，世居卑縣五龍村，訊據陳士弟供明陳松下並未赴台經商，領事輒復認屬籍民，給與護照，實屬有違約章，由縣函覆領事囑其嚴行申斥。勿為所朦等情，稟報到局。當即批飭查明該籍民何時入籍，籍隸台灣何處，曾否領有內渡憑照，現在福清有無私產，切實稟覆，以憑酌核，照會辦理在案。

光緒二十九年四月間，據建寧府謝啟華稟據松溪縣陳增稟稱，卑邑褊小，產米無多，近因米缺價昂，禁運出境，本年三月間，有政和縣人鄭開清在卑邑境內辦米，初到之日，並無赴縣報明販運米石，亦無辦米護照公文。及聞米船開運，民人瞥見向阻。卑職聞悉前情，即派勇役趕往彈壓，一面將鄭開清邀進署中，細詢情節。據稱係是日商，蒙日本豐島領事給發遊歷通商護照一張，查驗護照填明遊歷通商並無採買米石字樣，適逢卑邑禁止私運，若竟任其運去，實屬難服民

心,迭次婉勸鄭商退米領價,詎該商一味固執,將米留存松邑,據稱如有失少,唯松民是問等語。卑職見其志已堅決,妥為保護出境,所留米船,派役協同該商幫夥隨時看守外,稟府轉稟照會日本領事等由。隨即據情照請日本領事轉飭該商退米領價去後,接准照復,曉曉置辨;現已照會飭行,分別辦理在案。

在這兩個案例中,陳志松(陳松下)原為福清縣人,既非台灣土著,亦從未赴台經商,卻得到日本領事認可而歸入台灣籍,領取護照後,從一名被中國政府通緝的罪犯搖身變為台灣籍民,公然赴縣衙門要求釋放人犯。由於有日本籍作護符,福清縣縱有確據,亦不敢輕舉妄動;鄭開清則是政和縣人,同樣擁有日本領事發給的遊歷通商護照,而成為「日商」,並不理會松溪縣有關米石出口的禁令,強行採買運送,日本駐福州領事也為此照會福建洋務總局,對松溪縣的勸阻行動「曉曉置辨」。值得注意的是,政和縣地處閩北偏僻山區,居然也有人「歸化」獲取台灣籍。可見「歸化」台灣籍民問題已經到了相當嚴重的程度,不能不引起福建當局的高度重視。

二、圍繞「歸化」台灣籍民之中日交涉

光緒二十九年,有關日本商僧、日籍台民和台灣籍民在福建各地藉照妄為、干預政事、擅入內地貿易等非法活動的報告,雪片般地從各地方官衙彙總到福建全省洋務總局。尤其是「華民入籍台灣」一事,其涉及面之廣、影響之深遠,更非其他閩台日常交涉事務可以比擬。福建當局認為:「近年閩省百姓往往報入台籍,父母田產均在內地,一經領有護照,輒復干謁官長,恃符妄為,於全省地方安寧,大有妨害」。因此,如何處理「歸化」台灣籍民已經成為擺在福建當局面前極待解決的課題。

「歸化」台灣籍民問題牽扯到中日雙方的交涉,福建全省洋務總局在仔細研商、權衡利弊之後,提出建議,照會日本駐福州領事,其文如下:

為照會事,查通商條約第六款內載日本臣民准聽持照前往中國內地各處遊歷

通商，是以歷來貴領事送到此等護照，本道無不立飭蓋印，按約辦理。近來福州華民竟有報稱日籍，請領護照，往來內地，以遊歷通商為名，藉此把持公事，私設牙行，侮慢官長，種種不法，實於地方平安，大有妨礙。查中國向有一種奸民，或武斷鄉曲，眾所不容，或干犯典章，法所應辦，訪拏未獲，畏罪遠颺。福州與台灣，相離較近，該匪一經混入台籍，便可逍遙法外，復請前來內地，是直以台灣為逋逃藪，以護照為護身符，殊屬不成事體。查兩國人民，彼此入籍，本未明定專條，福建密邇台灣，入籍一層，應須商定辦法。所有福建民人報入台籍，未經本國允准，不能視作日本臣民。應請嗣後凡遇請照遊歷之人，必須查明確係日本臣民或真正台灣土著民人，一律發給護照，本道自當照約蓋印，通飭保護。如有福建內地各處華民報入台籍前來請照者，暫請停給，俟彼此商定章程。再行辦理，以免滋事。本道並將送到護照加蓋戳印，聲明如係福建內地人民，此照作為廢紙字樣，以期切實。為此照會貴領事，請煩查照核明見復，並請查明從前所發護照，凡有內地華民曾經請領之照，暫為註銷，以杜冒混，是為至要。須至照會者。[335]也就是說，福建當局的對策為：福建人民報入台籍，必須先經允准；具體入籍章程，應由雙方協商協定，在此期間內暫停發給「歸化」台灣籍民護照。從全文內容看，福建方面的總精神是，對光緒二十三年以來所有「歸化」台灣籍民進行一次清理，並且透過中日雙方的友好協商，確定以後有關中國人「歸化」台灣籍時所應遵循的原則。至於在台灣籍民護照上加蓋「如係福建內地人民，此照作為廢紙」字樣。不過是援引英國籍民成例，目的在於杜絕冒混。這樣的要求應當說是合情合理的。然而，日本駐福州領事豐島舍松卻對福建洋務總局的建議大加責難。他的照復是：

……查本領事署向無將護照給予內地華民之例，亦無此理。凡台灣籍民欲往他國遊歷或通商，當出口日由台灣總督府給有護照為憑，到地時向領事署驗照聲明存案後，再由領事署按約給與外國內地遊歷通商護照，以便前往，此敝國政府憑條約與公法之辦法也。該局以必須查明確係日本臣民或真正台灣土著民人，一律發給護照，此外如有福建內地各處華民報入台籍前來請照，暫請停給云云，查台灣土著民人謂之生番，此為化外野民，若真正人民，皆自中國廣東、閩浙各省之人寄居，載之史冊地誌。是真正台灣人民，大半皆廣東、閩浙之人，如新加坡

籍民，大半皆廣東、漳泉之人，事同一轍。至台民入籍，敝國政府自有權衡，敝領事按憑政府所給執照為據給領中國內地護照，自係已經確實查明，斷無糊塗從事之理，今該局忽作此刁難之語，顯係約外苛求，意欲何為？至欲於護照內填印廢紙字樣，不獨該局與敝領事無此項權衡，即貴政府與敝國政府亦無此擅行之權，該局今作此糊塗悖理背約之語，未免有蹂躪條約之意，不知如此照會，意欲何拘？查該局與敝領事和衷按約辦事，歷已有年，乃近日照會多次或吹毛求疵、妄加討論，或約外模棱，任意生端，未免大失彼此敦崇睦誼之道，合就照會貴軍督部堂請煩查照轉飭該局按約辦事，和衷共濟，如有貴國民人攜帶敝國護照，查係確實冒混，實屬不合，自應由貴國按律究辦，敝領事自不干涉，如該局仍執己意，則非敝領事所能遵辦，即由貴軍督部堂稟咨貴政府向敝國政府商議可也。須至照會者。

顯而易見，豐島的照復有意迴避了「歸化」台灣籍民問題的實質。他藉口發放台灣籍民護照是以台灣總督府所給的台灣人旅券為憑據，領事館是按憑給照，一方面推卸責任，另方面指責洋務總局「約外苛求」，斷然拒絕福建洋務總局的提議，並且在所謂「台灣土著民人」一詞上玩弄文字遊戲。不過，他在照會的最後卻聲明如有中國人冒用日本護照，自應由中國方面按律究辦，日方不加干涉。乍看之下，似乎同意中方處置假冒台灣籍民。其實，在實際運作中，日方卻大可上下其手。如果對己有利，他們便可認定該人確係台灣籍民，按領事裁判權應歸日方管轄，中國當局仍然無權處置，因而這一保證實際上是空的。但也正由於這一聲明，卻使得清政府外務部得出「彼已切實聲明，即應憑此設法稽察」的結論，要求福建地方當局隨時與日本領事商辦解決，不必提升為政府間的談判。所以，有關「歸化」台灣籍民問題的中日交涉，至此又回到原來的起點上，並沒有獲至任何有意義的成果。究其原因，我想大致有以下兩點：其一，「歸化」台灣籍民問題雖然在福建方面迫切需要解決，但將它放到全國來看，卻只是外務部所稱的「交涉細事」，在列強環伺、危機重重的中國外交總局勢下，未必列入重要議程。換句話說，「歸化」台灣籍民問題只能由福建當局自行設法處理，外務部無暇顧及。其二，從日本方面來說，台灣籍民問題根本就不容中方插手，要不要讓中國人「歸化」為台灣籍民以及讓什麼樣的人「歸化」，都是日方的事。雖然

日本領事豐島舍松在給本國政府的秘密報告中承認「歸化」台灣籍民問題已經引起日中間的「感情問題」，並「阻害了日中關係」，有必要進行檢討，但對外則堅持對此事的獨立處置權。因此，對福建當局的建議，大多敷衍了事或乾脆拒絕。如此一來，只要日方不配合，福建方面便只能束手無策。總之，福建當局試圖一攬子解決台灣籍民問題的努力，基本上是落空了。

三、清廷內部的相關討論

在與日本方面交涉的同時，清政府內部，對於如何確定適當的處理「歸化」台灣籍民問題政策一事進行了討論。福建洋務總局、閩浙總督和外務部分別就此提出意見，期間的中心議項，主要是圍繞「歸化」台灣籍民是否仍可居住內地照管產業這一問題展開的。

福建洋務總局的意見是：台灣人民既已隸屬日籍，來華貿易，均應改換服飾，區分籍貫，以便管理。「至中國人民報入日籍，應請設法禁止，倘須通融酌准，則請除本人改服飾、專住口岸貿易外，所有原在中國內地之房屋、田產，不得管理居住，凡屬籍隸中國之親族人等，遇有訟案，不得干預扛幫，並約明如有犯法在先，入籍在後者，一到中國界內，仍應按照互交逃犯約款，交由中國自辦，不得視為日民，以悠後患」。福州將軍兼署閩浙總督崇善在轉呈洋務總局意見而給外務部的咨文中，也對「閩省內地居民皆可報入台籍」提出警告說：長此下去，「更恐通省皆成日籍，漸失地方管理之權，大局所關，實非淺鮮」，請求外務部及出使日本大臣迅速考核約章、酌定辦法，然後與日本外務部或駐華使節，「明立專條」，以便下頒遵行。光緒二十九年六月，崇善又復行文外務部，報告了福建洋務總局與日本領事間的交涉情況。洋務總局針對日方的強硬態度，再次強調了「歸化」台灣籍民問題的嚴重性：

複查中日兩國人民彼此入籍。本未明載約章，年來福建內地華民每有身未到台，父母田產均在中國，但須轉託台地親族略花小費，便可報入台籍，請領護

照，任意橫行，……且查西國商民請領護照，專為遊歷，至日人請照，則均係圖在內地經商包攬，多發一紙護照，即多增一番交涉，若非極籌限制，政權一失，流弊莫知所底。職道等籌思再肆，前擬商辦各節，而尤以區分籍貫為目前急要之圖，因先照領事，請其於印給護照之時，查明本籍，分別停發，統俟彼此商定章程，再行辦理，而該領事延不照復，輒復照會，籍詞嘵瀆，雖蒙明晰照復，第非預為議定辦法，誠恐影射糾混，流弊無窮，關係大局，實非淺鮮，理合照錄本局照會及奉行原文匯開清摺，具文詳請再行咨請外務部及出使日本大臣，查照前送節略，考核約章，分別妥籌商辦。並請迅先議定閩台分籍專條，詳加區別，仍須約明遇有閩省籍民赴台歸籍，如果未奉本國核准案據，將來回入內地，只能視作華人，不得享有日本臣民優待利益，即日行閩遵辦，以期切實。

　　清廷外務部在接到崇善第二份咨文後，對「歸化」台灣籍民問題作了如下批示：首先，關於服飾問題，認為「歸化」台灣籍民與日籍台民一樣，不必在入籍後改換服飾。其次，關於應否令台灣籍民「專住口岸，原有在內地之房屋田產不得管理」一節，外務部也作出了否定的回答，僅僅是對「其中作奸犯科之徒，恃洋籍為護符，藐法抗官」者，認為「實為地方隱患，自應分別辦理」。

　　仔細研讀外務部批文，我們發現，它並沒有弄清或者並不在意原本即為台灣本島人的台灣籍民與原為大陸公民而「歸化」入籍的「歸化」台灣籍民之間的區別，所有議論，都是圍繞前者展開的。誠然，在當時，台灣人中除一小部分富戶和商人在大陸、台灣兩地皆有產業外，絕大部分房屋田產均在台灣，無所謂內地產業管理權問題。倘若單指這部分人，外務部的批文固無不妥之處。問題在於，由大陸公民轉變而來的「歸化」台灣籍民情形就不同了。他們房屋田產均在大陸，世代族居內地，甚至遠至閩北山區。這些人擁有洋籍後，管轄權便不屬中國政府，隨著「歸化」台灣籍民人數的增多，豈非四處皆是中國法律所不及的「國中之國」嗎？中國的主權何在？光緒二十九年十月，閩浙總督李興銳向外務部再呈一份措詞尖銳的長文，要求外務部就「歸化」台灣籍民政策重新進行研究。這篇咨文充分反映了福建地方當局在「歸化」台灣籍民問題上的立場和態度，足彌珍貴，特摘引如下：

唯是分別華洋籍一端，實為近今急要之務，服飾能否改易，尚屬末節，倘竟准入洋籍之華民仍舊居住內地管理產業，不特有礙大局，實與條約不符。中國自立約互市以來，內地雜居外人，無此權利，華民既入洋籍，理當視等洋人，即享條約優待之章，應遵條約限制之例。第就日本一國而論，中日通商行船條約第四款載明，日本臣民准帶家屬在中國通商口岸居住，是則通商口岸之外，其不准挈眷居住可知。又載通商口岸及外國人居住地界之內，准其賃買房屋租地起居，是則通商口岸及外國人居住地界之外，其不准置產管業可知。況中國通商數十年，從無治理外人之例，是以中日條約載明日本在中國之人民財產，應歸日本派員管轄，日本人在中國被控犯法，應依日本法律懲辦，均有明文。一旦博愛護籍民之名，逐開內地雜居之禁，是籍民財產所在之處，即日本國權所在之處，籍民居住所到之處，即日本法律所到之處，如有籍民在內地互相爭控，按照該約第二十款，均應由彼訊斷，中國官不能過問，如有罪犯逃匿在內地籍民房屋，按照該約第二十四款，亦應照請交辦，中國官不得逕自查拏，阿柄倒持，尚復何事可辦？該籍民等平居則耕田鑿井、儕五莘民，有事則援約抗官，逍遙法外，誠恐不及十年，而內地田產民人，無一不託名外籍，國家何所施其治理，官吏何所用其政權，積重所趨，豈堪設想！且編查成案，外人唯教士准在內地傳教，仍不准置買私產，既至建堂購地，猶必認屬本處公業，均已迭奉通行；何可於籍民而獨寬其例；上年詳辦商約之際，英使馬凱因礦務新章准聽洋商承辦，據為外人可入內地雜居貿易之證，甫經外務部嚴詞駁禁，此時更不宜稍示通融，致為他國藉口。總之，一人無分隸兩國之理，既屬洋人，應令遵守條約，倘可視為中國百姓，亦當服我治權，此外別無辦法。……而究之條約所關，無論該籍民是否向住台灣，抑係續入台籍，既已同歸外屬，均當視等洋人，不唯作奸犯科之徒，極應嚴定限制，即其人未經顯犯法紀，而既隸外籍，未便任違約章。雖蒙外務部摘錄前因咨請商約大臣酌核辦理，唯現聞日本續約業經定議，應仍詳請轉咨外務部迅再綜和條約，認明華洋應享權限，會商日本使臣確定分籍專條，通行遵辦，務使華民一入彼籍，即照洋人辦法，只准照約專住通商口岸，所有原在中國內地之房屋田產，悉應變賣遷徙，倘敢混延管理，由中國查實入官。其或犯法被控在先，逃亡入籍在後者，一到中國界內，仍應按照兩國交犯約款，送由中國自行訊辦，不得

視為日民。遇有籍民請照遊歷，應由該管領事官查取該國家所給入籍確據，隨照附送中國官察核，始予保護，並應按照西國辦法，凡非體面安分之人，一概不准給照，以省事端。

由李興銳轉呈的洋務總局的上面這番話，並不是危言聳聽，「歸化」台灣籍民問題不解決，福建就擺脫不了被日本侵略勢力逐步蠶食的威脅。因為利用「歸化」台灣籍民進行擴張活動，正是日本政府和台灣總督府致力追求的重要目標。如台灣總督兒玉源太郎曾指示：「有必要在國籍法外設立台灣歸化法，就像英國在香港或海峽殖民地規定的英國歸化法那樣」，積極考慮福建人入籍台灣問題。然而，外務部對這一問題的處理結果又是如何呢？我們在這份檔案文件的右上角發現經辦人員簽下的一行小字：「那、五大人諭：從緩商酌。」這就是說「歸化」台灣籍民問題在這裡被擱置起來了。之所以如此，我想這與當時中國的外交局勢有關。1903年4月，由於俄國拒絕依據《交收東三省條約》的規定自盛京和吉林進行第二期撤軍，反而提出七點先決條件，企圖使東北和蒙古成為它的獨占勢力範圍，中俄矛盾激化，同時日俄間圍繞爭奪滿州的鬥爭也日趨尖銳。清政府試圖利用日俄矛盾拉攏日本牽制俄國，於該年10月8日簽訂的《日清通商行船續約》中同意開放滿州的奉天和大東溝為商埠，從而使日本獲取反對俄國獨霸滿州的條約依據。雖然這樣以毒攻毒的手法無異於飲鴆止渴，但危機四伏、軟弱無力的清政府只能知其不可為而為之了。在上述背景下，清政府當然不願因福建「歸化」台灣籍民這種「交涉細事」而橫生枝節。此外，《日清通商行船續約》已經簽訂，不可能為「歸化」台灣籍民一事重開談判、修改條約。於是便出現了「從緩商酌」的情況。

就目前所接觸的史料範圍內，筆者還沒有看到清政府在這之後有什麼關於「歸化」台灣籍民問題的新的政策文件下達。我們認為，這個問題很可能一直是懸置著的。因為除了國際關係影響外，還有一個微妙的因素在起作用。這就是，日本殖民統治下的台灣人身分究竟如何界定，一直都是含混不清的。福建當局要求外務部確定他們到底是「華民」抑或「洋人」，外務部的批文都稱其為「僑氓」，也就是華僑。另據台灣學者許雪姬的研究，「一直到民國時代中國政府及有關方面，仍視台灣居民為華僑」。換句話說，清廷乃至民國政府「在心理上和

民族感情上」始終是將日本統治下的台灣人民當作中國人看待,但是,在法理上台灣人則已是日本籍。在台灣籍民問題上,情況也是一樣。這種矛盾往往讓具體經辦官員陷於兩難的境地。看來,如何恰如其分地處理「歸化」台灣籍民乃至整個台灣籍民問題而又不至墜入日本侵略擴張政策的陷阱,以維護中國主權,似乎只有靠福建各級地方政府去勉為其難了。

第三節　日籍台民與治外法權

　　治外法權,又稱領事裁判權,是近代西方列強憑藉不平等條約從中國攫取的特殊權利。依據這一非法特權,外國在華僑民犯罪或成為民事訴訟被告時,可以不受中國法律的約束,而僅由其本國的領事或由其本國所設立的法庭依照本國法律進行審判。甲午戰爭之後,台灣被割給日本,台灣人由於在《馬關條約》規定的兩年國籍選擇期限過後轉為日本籍,因而享有如同日本人一樣的在華治外法權。有關日籍台民治外法權問題,清廷外務部檔案史料反映的光緒三十一年王協林案就是一個典型的代表。

　　光緒三十一年,福強軍左路後營管帶顏朝舉向福建全省洋務總局移交日籍台民王協林用廢遊歷護照撞騙木植一案,請求照會日本駐福州領事,按約罰辦。該案經過情形如下:

　　光緒三十一年四月初二日,福強軍左路後管第二號炮船在閩清口會哨,發現木植一排灣泊口內,形跡可疑,即行向前查驗,發現該木植烙有森華、泰興各等字號,乃是英商森華號、日商恆泰號、建安號等購置後,因溪水猛漲,木植漂失及在水口卡投稅時被安仁溪匪徒強割盜走的木植,大小共九十二根。按照閩江木行規則,沿溪漂流木植,應由各木客備價向贖,不准包攬捐贖,故炮船駕弁外委施傳桂傳令將木植扣留運省,交木行公幫點收,由木客各自認還。不料日籍台民王協林卻聲稱,此項木植是他在河干採買,請驗護照放行,顯然是希圖矇蔽官府、混騙他人木植,以謀漁利。查驗其護照,乃係光緒二十八年五月十四日發,

期限十三個月,到光緒二十九年閏五月十四日已經到期,逾限年久,並未繳銷,如何處罰,移交洋務總局核辦。

福建洋務總局接獲該案後,做出以下處理意見,並照會日本駐福州領事,要求配合取締:第一,日籍台民王協林私入內地,涉嫌勾結匪徒,並企圖撞騙有主木植,妨礙木商,屬違約滋事,理應拘送領事官按約罰辦。但由於木植既已交行董驗認,拘留一事,可毋庸議;第二,日籍台民王協林使用過期廢照進入內地,與無照私入內地一樣,屬於違約行為,按照《通商行船條約》第六款規定,應罰銀三百兩,該項罰鍰,應盡速繳送福建全省洋務總局;第三,王協林在閩冒認木植、擾亂商務;種種不法,非從嚴懲辦,不足以儆傚尤,宣布此人不受歡迎,要求日本領事嚴行懲究,嗣後不再給發護照,以保地方安寧。光緒三十一年五月十二日,日本駐福州領事中村巍發來照復,雖然承認王協林行使廢照,爭要木植,實屬違背約章,同意「必按約懲辦,絕不寬貸」,但對福建洋務總局要求罰辦三百兩追繳送局一節,卻提出不同意見,認為「是奪本領事自治其民之權,未免有違條約」。他聲稱:「敝國罰辦其民,自有明條,王協林既係日民,應由本領事秉公核辦,罰款多少,豈容貴道台置喙,案應罰辦若干,既由本領事自主,則其所罰之款,豈有轉交與貴局之理。」否認福建當局的權利。

由此可見,王協林案所涉及的是日籍台民在閩犯罪的法律地位問題。從福建當局的立場看,已經承認了日籍台民的治外法權,故將該案照請日本領事審理;日方也同意王協林行為違法,應予懲辦。雙方爭議的焦點,是《通商行船條約》第六款規定的違約罰款究竟應交由中方抑或由日方收存,日本領事認為福建當局的要求侵犯了其領事裁判權,因而予以拒絕。圍繞這一問題,中日雙方展開了激烈的辯論,茲特摘要引述往來照會如下:

一、五月二十一日洋務總局照會

查通商行船條約第六款內載:日本臣民准聽持照前往中國內地各處遊歷通

商,執照自發給之日起,以華十參個月為限,若無執照進入內地者,罰銀不過三百兩之數;又馬關新約第六款有載:兩國新訂約章應以中國與泰西各國現行約章為本各等語,照此而論,此項罰銀援照英約第四十九款所載:英民罰款及船貨入官,皆應歸中國收辦,及德約第二十九款所載,凡有商人違約與後附通商稅則致有罰銀抄貨入官之處,應歸中國官收辦,各約文理應送本局已無疑義,況德國續約第六款之二亦載德國允德國人等如有未領領事所發中國地方官蓋印執照赴中國內地遊歷者,准該地方官將其人解交附近領事管束外,仍應議罰,所罰之數,不得過三百兩之語。互證比例,如果此項罰銀出自日本商民,仍歸日本國家,則是與中國無關,中國何必於訂約時限定日本臣民受罰銀數,若唯恐日本官長之苛罰其本國臣民,而我中國必從而干涉之、裁判之,以奪其自治其民之權。當初兩國立約之時,恐不似此解說,想貴領事亦以本道為通論也。至於違約罰銀情節,亦分輕重,如僅偶入內地遊歷,一時未領護照,此外查無他故,情有可恕,罰可從寬。今該日商王協林私入內地,圖占他人物產,朦用廢照,冀售其奸,顯係有心弊混,非令罰銀三百兩不足以昭公允而儆將來。應請貴領事查照約章,飭令該日商王協林,速將照約應罰銀數三百兩,克日如數呈由貴領事照送來局,以符條約。

二、五月二十八日日本領事照復

本領事查,敝國與英國不同,又與獨國(即德國——引者)互異,令貴道台援照英德各條約拉捬並論,而欲牽強抵制,破壞敝國條約本意,誤矣。馬關新約第六款所載兩國新訂約章應以中國與泰西各國現行約章為本者,當時敝國與貴國議和,廢其一切舊約而新訂約章,須與泰西各國均霑利益之條約比傚妥議之意,並非在日中條約已成之後,尚復按照泰西各約而辦。若如貴道台之意,一一援照泰西各國之例而辦,何必另訂日中條約耶?且日中條約中由中國罰充入官之條與護照過期末繳之條,各有明文,不能牽而同之,混為一事。又不能援引別國條約而抵制敝國應得之權,此理頗明,可以勿庸贅論。……王協林此案,按約而論,

斷非貴道台所堪干預，罰款何能送交……

三、六月十六日洋務總局照會

　　查兩國交涉事宜，應以兩國所訂條約為斷然約文，未有核備，遇有彼此講解不同之處，尤藉徵引別國條約以為互證，此通商有約各國之通例，亦向來辦理交涉之準繩也。來文以馬關新約第六款所載並非在中日條約已成之後，尚復按照泰西各約而辦等語，所論固亦近理。然查中日條約第二十七款又載：今兩國欲照此次所立條約遵行，須商定通商章程條規，唯於未定以前應照中國與泰西各國現行章程條規與此約所訂不相違背者，兩國一律遵辦各語。此款約文即係在中日條約已成之後，仍有應照中國與泰西各國現行章程條規辦理之明證，貴領事不能將本約二十七款抹煞不算。且查光緒二十九年日商林洪濤在福安開設私牙一案，貴前領事豐島照復文內尚以陳道台等拘泥中日條約。即援引中英天津條約第十二款善後條約第六款及同治二年九月間總理衙門咨行南洋大臣成案引為駁論。可見各國條約，貴前領事豐島且常引證，而貴領事獨謂與英國不同，未免先後矛盾。此案日商王協林使用廢照在中國內地冒認他人物產，四行不法，顯干中日條約第六款罰辦之條，該款雖未明載罰銀應歸何國收辦，若以泰西各約比例，則其應歸中國，已無疑義，況約文有罰銀不過三百兩之數一語，按此約意實以日本臣民在中國內地違約受罰，其銀應歸中國收辦，故貴國訂約大臣特將罰數限制載入條約，以防中國日後多索起見，其義本極明顯。如謂受罰者為日本臣民，罰款仍應收歸日本，則全屬一國之內政，無與通商之交涉，當時兩國訂約即不應將己國內政而使他國預聞。既列入條約，復定限制，是直認中國有監察日本官吏罰辦其民之權，貴領事將此兩層，請詳解一為權衡，當不重吝目前有限之罰款，而輕棄日後無限之主權……總之，王協林所罰銀數，應歸中國收辦，本道按約據理，固當如是辦法，不知其他。倘貴領事仍執前言，必不肯按照約章，將此項罰款如數送局，則本道只有據情詳請督憲咨請外務部向貴國駐京大臣，按約討論也。

四、七月十二日日本領事照復

　　本領事查，日清通商條約第二十七款內有載明與此約不相違背者，兩國一律遵辦等語，是核與第六款罰辦之條，明係本領事之權限，乃貴道台以泰西各國比例，而泥守第二十七款內一二言，竟將全文大意抹煞，殊為費解。至謂前豐島領事引證云云，想為義成魚行一案，此係聯單通商疑義，與罰辦之條固毫無相干涉也。如果別有引證各國條約之事，則亦各行其是，無非要與各國利益均霑之章。況前者敝國政府曾經札飭各口領事官於此等護照案件，應辦如何，定有宗旨。令本領事先後所經辦白者，辦法正與敝國政府之意相符，斷不能如貴道台所請。倘貴道台必要以此案咨請外務部向敝國駐京大臣討論，任其自便可也。綜合中日雙方交涉內容，其主要爭議事項，可概括如下：在中國方面，儘管《通商行船條約》並未載明所罰銀兩究竟應交由何方處置，但福建當局依據《馬關新約》所云與中日兩國約章不相違背之中國與泰西各國約章應一體遵守的條文，指出前任日本駐福州領事豐島舍松在處理日籍台民交涉事件時，亦曾援引各國條約為例說明，罰銀應交由中方收納，這並不影響日籍台民的治外法權。因為在中國擁有治外法權的英、德等國同樣是按有關條約如此辦理的。然而，日本領事卻藉口日本與英、德等國不同，指責福建當局牽強附會，破壞條約。他認為，《馬關新約》所云乃是為與西方各國「均霑利益」，並不是要承擔西方向中國承擔的一切義務，其他國家罰銀充官，並不等於日本籍民罰銀亦必須充官，至於前任領事辦理成案，則聲稱各有具體情況，不可混為一談。顯然，在這裡，日方對最惠國條款進行了片面的解釋。日方一面憑藉最惠國條款以均霑利益，另一面卻拒絕承擔依據最惠國條款所包含的相應義務，將二者割裂開來。日本方面之所以如此強硬地主張其無條件最惠國待遇，我們認為，與光緒二十九年《通商行船續約》第九條的規定不無關係。按照這個條約，日本人享有中國給予其他國家公民的「一切優例，豁除及利益」，但卻沒有附帶有關締約者所應承擔的義務的聲明，從而被認為是非常廣泛的無條件最惠國條款的一個例子。因此，儘管最惠國條款在國際法上和中國與西方締結的一些條約上都證明是有條件的，然而由於中日條約本身沒

有規定，日方便拒絕承擔任何義務；日籍台民的治外法權權利也由此而得到進一步的擴張，他國條約中規定應由中方罰收的款項，在這裡卻變成了日籍台民治外法權範圍以內的事，不容中方插手。至於日本駐福州領事所稱日本與英德等國不同云云，則完全是理屈詞窮之際所玩弄的無賴手法。一方面，日本領事可以援引各國條約要求利益均霑；另方面，又反對中國援引各國條約證明中國應有的權利，將它說成是以別國條約破壞日中條約。這正是甲午戰後以征服者自居的日本對華強權外交的一個典型體現。實際上，就中日條約約文而論，罰款應由中國收辦也是顯而易見的。《通商行船條約》第六款載：「如查無執照或有不法情事，就近送交領事官懲辦。沿途止可拘禁，不可凌虐。執照自發給之日起，以華十三個月為限。若無執照進入內地者，罰銀不過三百兩之數。」任何人都可以看出，如果說第一句話表示日本對其屬民擁有領事裁判權的話，那麼，第二句和第三句則斷然應屬中國的權利，指的是中國對違法日民的逮捕權和違約罰款權，只是它沒有像該約第五款那樣明確寫入「由中國罰充入官」字樣，因而被日本鑽了空子。不過，中日條約中規定罰銀不過三百兩之語，畢竟給了福建當局反駁的理由。倘若日本臣民受罰應由日本管轄，那麼為什麼會在兩國條約中來限定罰款最高限額呢？這豈不是「將己國內政而使他國預聞」、「直認中國有監察日本官吏罰辦其民之權」了嗎？這正是福建當局堅持中方有權收取罰款的主要條約依據。日本駐福州領事中村巍七月十二日的照復對此無法解釋，故避而不談，只是堅稱「斷不能如貴道台所請」。最後，問題又被推到更高一層進行交涉。

　　根據閩浙總督的報告和福建當局的請求，清外務部照會日本駐華公使，表明了中方的原則立場：「本部查，日商王協林擅用廢照，私入內地，冒認他人木植，實屬有礙商務，既經駐閩領事證明違背約章，允認按約懲辦，固屬公平。至罰銀三百兩追繳送局一節，亦係照約辦理，並非牽強，相應照請貴國大臣轉飭該領事，飭令該日商王協林將應罰銀兩，如數送局，以符條約。」這裡外務部的立場與福建地方當局是一致的。在他們看來，日籍台民罰銀由中方繳收是符合中日條約精神的。但是，日方仍然堅持中方的要求侵犯了其領事裁判權，日本駐華公使內田康哉在照復中稱：「查此案據中村領事稟稱，王協林所為，按日清通商航海條約第六款所載，日本臣民不帶護照旅行內地，其罰金不過三百兩等語，雖然

違背，唯處罰應歸日本領事管轄，清國官廳對日本臣民並無裁判之權，不得擅自定罰款數目，向日本領事催交。再此次罰款應由日本領事徵收，納於日本政府，非清國衙門等語，是該領事所主張者，係照在清之日本臣民身體財產一切管轄裁判權歸日本領事專有之條約辦理，而生當然之結果也。本使亦贊成之。」總之，日本方面主張，日籍台民的治外法權包括該人等在華一切違約犯罪行為均不受中國法律的約束，這就將治外法權權利無限制地擴大了。這種做法是20世紀初日本對華侵略的一個重要手段。日本帝國主義為了達成在中國的勢力擴張，不顧中日通商行船條約第六款無照入內地罰辦之條文，片面強調其治外法權的原則，將依照該特別條款原應由中日雙方共同處罰的事項，統統納入日本領事裁判權的管轄範圍之內。在這一方面，日本的侵略行徑與英美等國相比，可以說是更加赤裸裸的。這充分顯示出當時日本對外侵略的野蠻性質。

遺憾的是，面對日方上述的無理做法，清廷外務部並沒有堅持原則，力爭到底。光緒三十一年十二月，外務部行文閩浙總督，通報與日本公使的交涉結果，指示日籍台民王協林所罰銀兩應由日本領事館收納，從而容忍了日本對其在華治外法權的擴張行為，開創了對日外交上不依條約、無原則寬容的惡劣先例。歷史事實表明，日本帝國主義者並不以此為滿足，而是得隴望蜀。其典型事例是，在廈門，它沒有任何條約依據地主張在該地的警察權，以約束當地日籍台民為藉口，設置了警察所和監獄，嚴重地侵犯了中國的主權。這一發展與它在光緒三十一年王協林案中的所作所為，無疑是一脈相承的。

福建與台灣一衣帶水，自日本據台以來，台灣人民到福建經商、遊歷者日漸增多，兩地人民因商務或刑事、民事糾紛而起的衝突，所在多有。由於台灣已被強行割讓，台灣人身分從法律上來說已轉變成為日本籍，無論犯何罪行，中國方面只有逮捕權，卻無處置、裁判權。這種治外法權的存在，給日籍台灣人以不受中國法律制裁的特權。一些行為不端的台灣人即借此在福建各地藐視官府，四行不法。從王協林案的交涉過程，便可發現，雖然日本政府在台灣島內實施差別待遇政策，置台灣人民於二等公民的地位，但在有關的國際交涉中，對日籍台民還是予以多方的庇護。究其原因，大致有以下兩個方面：其一，儘管台灣人是殖民地屬民，但在對外交涉中，他們仍然是日本籍民，日本政府擔心在日籍台民身上

失去的東西，會同樣波及並損害到日本人本身的利益；其二，日本政府也有意以日籍台民的特殊身分，組織台民集團，抗拒中國人民的排日運動，離間閩台人民的關係。民國時期廈門一帶對台民的普遍厭惡情緒與此不能說沒有關係。像王協林之流以治外法權為護符，橫行無忌的日籍台灣人，並不在少數。他們的惡劣行徑，在福建人民心目中留下的，只能是不良的形象，影響所及，連帶地造成閩台人民間感情的隔閡。這是我們在研究日據時期海峽兩岸關係時不能不正視的一個問題。

第四節　日本殖民者「對岸擴張」中的台灣籍民

日本殖民者在台灣統治的一個重要目標，是將台灣人民同化為日本人，使台灣成為日本內地的延長，台灣總督明石原二郎即稱，其施政精神「目的不外使此領土無異於日本」。然而，由於台灣人本為歷史傳統悠久的漢民族，其固有的中華文化傳統早已在台灣這塊土地上生根且代代傳承，台灣與大陸的聯繫歷來就極為密切，這種堅韌的臍帶聯繫，對於日本殖民者試圖實施的使「台灣人日本人化」的政策無疑是極大的障礙。為此，日本殖民者據台伊始，便致力於實施兩岸分離政策，如限制大陸帆船隨意進出台灣的港口，改革關稅制度，使得台灣與大陸的貿易變成「國際貿易」關係，而台灣與日本的貿易則成為所謂的「國內貿易」，提高對日本的貿易依存度，將台灣經濟納入日本經濟圈中。對於台灣人赴大陸，實行「渡華旅券」制度，多方加以限制，大陸同胞赴台，則頒布特別入境條例等一系列法規，以特許機關壟斷引入的方式予以特別管理。兩岸文化交流也受到多方阻撓，來自大陸的各類書籍報刊遭受嚴格審查、限制，進入相對困難。凡此種種，其目的正如矢內原忠雄教授指出的：「是拿台灣拉開中國而與日本相結合」。

日本殖民者的上述政策落實到在大陸的日籍台人身上，便是利用其所控制的經費、機構和人員，儘可能在華培植親日勢力，打擊抗日、排日分子，尤其惡毒

的是威脅、利誘一部分台灣籍民（其或稱之為「台灣呆狗」），充當日本侵華的前驅，製造事端，挑撥台灣人民與大陸人民之間的關係，以達離間兩岸骨肉同胞親情、「以台制華」及挑起大陸同胞對於台灣同胞的不滿乃至仇視心理的罪惡目的。

早在當時就已經有人揭露，日本殖民者有意政策性地安排一些流浪漢、罪犯到大陸，從事見不得人的勾當，破壞兩岸人民的感情。我們知道，台人赴大陸必須申領「渡華旅券」，但在申領手續上，日本殖民者往往上下其手，對於有正當理由赴大陸學習、訪問的學生及知識分子，總督府當局大多百般刁難，或以手續不完備為由退回不受，或以赴大陸難免受思想影響引起民心動盪為由予以拒絕，參加過文化協會、民眾黨等民族運動團體者，更是嚴加審查。然而，對於無賴漢、作奸犯科者赴大陸，卻似乎網開一面，旅券的限制作用在這些人身上並不起什麼作用。《台灣民報》曾指出：「聞當局得這旅券的理由，是恐怕台人的『無賴漢』（游手好閒）渡航中國擾亂中國的秩序」，「據福州廈門的日本警察說：『在中國的台人大多數都是無賴漢，十居其九殊難取締，全是做犯法非為』，這豈不是證明旅券的無效力嗎？」針對不良台民在大陸（尤其是福廈二地）大量存在是事實，《台灣民報》進一步提醒民眾注意日本當局「好像是要來束縛良民的渡航，一面縱使無賴漢到中國非為胡作的樣子」！

不過，當時台灣各界好像並沒有掌握日本殖民者有計劃實施此一政策的直接證據，然而我們在閱讀相關史料時，找到了一篇日本駐廈領事有計劃、有預謀地利用台籍無賴漢、罪犯來與當地人民相對抗的歷史文獻，在近百年前厚顏無恥地吹噓自己「政績」的藤田榮助，大概不會想到今天這會成為將他釘在歷史恥辱柱上的自供狀：

我赴任廈門領事時，正處排日運動最激烈之時，就如何處置這一事件向外務大臣內田康哉請示，結果只是要求消極地進行交涉，但我幾次嚴厲交涉並未達成目的，為此，我認為非以實力威壓不可。恰好當時廈門有四千餘人的台灣籍民，其梟勇不亞於生蠻，且其親信約二十餘人被關押在獄中。這些人全是或因賭博或因密販鴉片而被收監。……我打算利用他們來撲滅排日運動。……馬上允許其出

獄，同時讓他們召集台灣呆狗組成所謂商業防衛團，等待時機。

於是，過了兩個月，排日團探知某中國人向台灣人購買煤炭，只是不滿其向台灣人購買便將該中國人捆綁，在他身上打上用今天話説就是漢奸的記號遊街。為此我命令台灣呆狗向中國排日首魁遞交恐嚇信，當天傍晚讓一隊台灣呆狗帶槍持刀在排日巨魁宅前遊蕩，該中國人藏起來要去警察保護。於是中國交涉委員造訪日本領事館，要求取締台灣人。我假裝不知道的樣子説：「這是初次聽説，怕是那中國人排日或做了什麼阻礙日中貿易的事吧，如果他們不做排日行動，台灣人必不會脅迫他的，所以你方若取締排日行動，我方則取締台灣人。但是，若不取締排日，我方亦難保台灣人會採取怎樣的強硬手段，而那是他們的自衛手段，無法取締。」

第二天，中國學生開始進行排日遊行，我一方面通告中國交涉委員：「若是不取締排日遊行，今後台灣人無論做什麼事，作為自衛手段，我方沒有取締的理由。」另一方面密令台灣呆狗，於次日下午一時聚集五百名台灣呆狗在東本願寺集合，以軍樂隊為先導，在廈門市隆重遊行。大批的凶神惡煞的呆狗們右手持短槍，左手握刀，大白天公然在城裡遊行兩個小時，宛如百鬼晝行，罕見奇觀。見之愕然者不光是排日學生，全體廈門市民莫不震驚。遊行期間，驚駭的中國交涉委員、警察署長、軍司令官、商務總會會長等均來到日本領事館説：「現在台灣呆狗正在遊行，不予取締恐有麻煩。」我回答道：「這件事我不瞭解，但台灣人大概做不成生意無法維生而採取自衛手段，因為是自衛手段，實在是不能取締。據傳台灣人今夜還將燒掠廈門，且中國學生若再行排日，傳言要殺死學生，要是這也是自衛手段的話，我無法取締。」彼等發誓將盡快解散排日團體，今後不允許舉行排日遊行。……

日本人的這次行動顯然獲得了效果，廈門《全閩新日報》主筆宮川次郎稱：「往年抵制日貨運動勃發時，籍民團結起來幫助領事佐藤榮助做了非常徹底的呼應活動，終使運動歸於平靜，應瞭解其勢力及其發展可能，以善導之，利用之。」難怪藤田榮助要吹噓廈門排日勢力從此根絕。從宮川次郎的口氣看，台灣籍民似乎是主動起來配合藤田榮助，事實則正如我們上引資料所揭示的那樣，這

完全是由日本人一手策劃、操縱的，台灣人則成了日人手中的一枚棋子，處於被動和傀儡的地位。

正是日本人的蓄意安排及部分台人之為虎作倀，台灣籍民在它產生的一開始，就給自己的同胞——大陸人民帶來不良的印象，在當時一般人的觀念中，台灣籍民是和賭博、鴉片聯繫在一起的，在廈門、福州的台灣籍民簡直就是無賴、流氓的同義詞，戴國煇教授為我們列舉的大量事實也證實了這一點，譬如「居留廈門福州的台灣人九成以上是無賴漢，好人極少，眾所皆知他們公然秘密販賣支那所嚴禁的鴉片，開賭場，經營所以不正當職業」，「狐假虎威，自以為高人一等，侮辱中國人，魚肉中國人，這是過去台灣人在廈門、福州等地所演出的醜態。」這種類型的台灣人大量地、經常地在人們的日常生活中出現，像幽靈一樣困擾著人們，想要福廈兩地民眾給予台灣人好評幾乎是不可想像的。更嚴重的是，由於這害群之馬的存在，導致台灣人整體形象跌落到了谷底，以至於到了這種程度：「福州人只要聽到台灣人三個字就咬牙切齒」，「中國人對台灣人十分厭惡」。

這種本為同根生卻相煎何急的狀況之所以出現，若要追究責任，老實說，確有一部分台灣人狐假虎威以謀取一己私利的情形，而日本在台殖民當局及在華外交部門相互配合，有意在海峽兩岸同胞間製造矛盾以達其「拿台灣拉開中國而與日本相結合」之目的，才是導致上述狀況發生的根本原因。換句話說，台灣籍民其實是處於被威脅的地位，是台灣總督府「對岸經營」乃至日本帝國主義南方政策的犧牲品，日本人在台灣籍民身上達成一石二鳥的目標，即一方面利用台灣人與大陸人特殊的歷史淵源關係滲透到中國社會，擴張了自己的勢力；另一方面，又在兩岸人民間深掘鴻溝，造成了兩岸人民間心靈的傷痕。當時人稱，台灣人「被中國人視同毒蛇猛獸，連有正當職業的人也無人願與交往」。這一根深蒂固的觀念直到台灣光復後赴台接收的部分官員頭腦中依然存在，可見日本帝國主義分裂中華民族陰謀之餘毒仍貽害當代中國。

抵制日本殖民主義的同化政策，保持中華民族的民族精神，一直都是日據時期絕大多數台灣同胞的自覺行為，針對日人的兩岸分離政策，台灣人民同樣起而

與之鬥爭。在經濟、文化、宗教等等各個方面繼續保持並加強與大陸的聯繫。在台灣籍民問題上，以台灣民族運動喉舌——《台灣民報》為中心，揭露日本殖民者的分化陰謀，敦促部分投靠日人欺壓大陸同胞的台灣人警醒，使得反對日本帝國主義離間兩岸關係的鬥爭成為一個閃爍的亮點。

首先，揭示一部分不肖台灣籍民在大陸橫行無忌的惡劣行徑，以期激起全體台灣人民的公憤和聲討。《台灣民報》不時刊載的短訊、遊記、評論，多有此類的內容。如1928年11月24日，廈門警方取締煙館，竟遭數十名無賴漢的圍毆，致多人受傷，「其中被警官捕獲兩人押往警署。聞被警署加以拘問之後，據所供始知一姓李，一姓林，兩名均屬日籍台灣人，林在領事館服役，李為無職云。」由於台灣籍民的持械妄為，「一時市上盛傳將起鴉片戰爭」。《台灣民報》引廈門領事館人員的話說：「廈門在留的台人，做了惡事，是無忌憚的，九成以上屬無賴漢，而都為密吸鴉片或賭博等等，致和中國人的感情常常有牴觸的⋯⋯」該報為此寫道：「我們聽到這有責任的官吏的一段話，證明台灣籍民無品格的事，心裡著實有無限的感慨！」

其次，敦促有劣跡的台灣籍民懸崖勒馬，改惡從善，勿做有損於兩岸同胞骨肉情誼的事情。《台灣民報》在報導在廈台灣籍民趁日中糾紛大肆開設賭場時，懇切地說：「這種雖屬一部分不良籍民的舉動，但很有影響於台灣人全體的名譽，及將來的活動。總希望籍民們從事經營正業為要。」該報並指出，「台灣與廈門僅隔一衣帶水，又且歷史上人事上兩地的關係最密切，在廈的台灣人比較別的地方較多，所以在廈台灣人的舉止動作，關係於兩地人的感情的好壞很大。」、「希望在廈台胞若不能幫助新中國的建設，總也不該出阻擾的行為，免得自塞生路哩！」為了進一步警醒台灣同胞，它還轉引了大陸某雜誌的一段話，期盼給予當事者以棒喝：「我們還有看見在中國某雜誌的創刊號，說『在廈門福州的台人所做的事，無一不是背良心而為的，借日本的強權，來自戕賊，所做的罪惡，雖然是日本人也不敢做，而台人竟敢忍心去做。⋯⋯再把以前的歷史論起，台人即是屬漢民族的後裔，也當瞭解木本水源的意義，不應該在祖國做了這壞事，既然不明這義理就是不義得緊，不忠不義的罪名，在台人是兼有的⋯⋯』咳！不論什麼人，聽了這話，都不能無生出多少感傷和慚愧！」毫不留情的鞭撻

及苦口婆心的勸說，究竟感化了多少做過惡事的問題籍民不得而知，但我們畢竟聽到了富有民族感情和正義感的彼岸同胞的呼聲，他們是不願意看到中華民族骨肉相殘的，他們在做他們所能做到的一切。

再次，無情揭露日本殖民者試圖借台灣籍民離間兩岸人民感情、破壞兩岸關係的罪惡陰謀。台灣籍民之所以得在大陸為所欲為，關鍵在於這些台灣人擁有日本籍，從而擁有治外法權，廈門本地人就曾指稱：「廈門的台灣無賴漢，而敢做出種種壞事，都因為以日本籍為護符，公然開賭場，設密吸鴉片房，開勾欄院，來勾引中國的壞子弟，入於迷途，甚至靠其所有的武器，串通中國的盜賊，演出搶劫中國良民的醜態，中國官憲也奈何他們不得。他們既敢武器在市中逞兇，又有日本籍為其護符，況中國，是居在危弱的地位，恐怕傷了日本的感情，而日本是居在顯赫強勢的地位，多不喜歡論道理，要一味庇護自國的籍民，所有中國不得不取善忍的態度，不敢與其爭鬧，故籍民的非為是猖獗的。」針對日本政府「庇護」乃至「利用」台灣籍民委其侵略擴張及離間兩岸關係服務的陰謀，張我軍在1923年發表的《南中國的排日政策》一文中指出：「（台灣籍民中）壞人多半居住在台灣的時代就是壞人了，但助長其罪惡的，所轄領事館、台灣公會乃至台灣總督均難辭其咎。這些單位不但不加取締，反而加以庇護，此輩遂肆無忌憚、變本加厲，於是濫用涉外法權，擾亂外國治安，於事實上、道德上絲毫不覺歉疚。據吾耳聞，台灣當局叫他們去，領事加以愛護，其中必有什麼陰謀。」為此，《台灣民報》一面大聲呼籲日本政府「嚴加取締」，「不可袒護不良分子的不法行為」，「日領須出其良心，管束籍民為要」，「對自國的籍民，須嚴行究辦才是！」同時指證幕後的元兇其實正是日本政府自身，他們隱晦的揭露：「盛傳，使得台灣人敵視中國人的，是日本政府當局的政策」，並且直截了當地道出了心中的憤慨：「在來有那樣的壞人存在是由於日本的監督不善所致，明知其為害，而仍放任不加取締有時候且要利用之，這種養虎吃人的責任，當然是日本政府要負擔的。」

應當引起注意的是，身為犧牲品的台灣籍民，在一些日本人口中，還被大肆渲染成了破壞日中關係的罪魁禍首。1929年2月，鳳山郡九曲公學校的一次演講會上，一日人郵電局長即面對300聽眾口出穢言稱：「近來中國人排斥我等日本

人，即進行排日，原因何在？這是由於台灣的不良分子前往中國，在當地盜竊劫掠、殺人、開設賭場、經營鴉片窟等，遭到中國人厭棄，以致我等日本人亦被排斥。」此番胡言亂語立即引起台下一片憤慨和嘲笑。這個事例告訴我們，台灣籍民中的「台灣呆狗」，在被利用完後，就有可能被日人扔在地上，再踩上一腳，最終成為一隻替罪的羔羊。

被稱為「台灣呆狗」的人在台灣籍民中畢竟是屬於少數，即便是日領藤田榮助回憶錄中在廈台灣籍民4000人，「台灣呆狗」亦僅500人左右，比例為1／8，所謂「九成皆無賴漢」的說法，不無誇大之處，尤其是進入1920年代開始更是如此。《台灣民報》力促人們注意這一點，它說：「近年來在廈門幸得有一部醫師銀行員及商人等，和其他有相當職業的人出而和中國人交際，頗使中國的有識者得理解台灣人真相，加以學生界由台灣赴廈留學的青年們，日漸隆盛，故看了那些走狗的行為，是很想要矯正的，因為有了這有血有淚的青年多數的出現，中國人的態度，和以前便大不同，從前罵台人為壞痞，現在卻不罵了，這真是可喜的現象。」當然，受部分害群之馬的影響，台灣籍民身上的汙點並不是那麼容易就洗刷乾淨，故該報進一步指出：「僅此我們還不能安心，須要徹底澄清這汙毒，才得無愧為人類。」

台灣籍民作為一個台灣史歷史條件下的特殊群體，它是中日關係裂變和台灣割讓、台灣人身分由中國公民變為「日本籍民」而派生的產物，台灣人在島內作為「本島人」，是比「內地人」的日本人低一等的二等公民，有時還被斥為「清國奴」，要他們「滾回支那去」；在大陸則往往被一般民眾視為「外國人」，戰時甚至以日諜嫌疑遷往內地監視居住，台灣浪人或「台灣呆狗」的惡名又使得大多數醫生、學生等善良籍民蒙羞受辱，同時也在兩岸民眾中造成了不信任乃至仇視的情緒，而證據顯示這又與日本帝國主義蓄意離間政策相關。在日據時期的台灣與大陸關係中，台灣籍民扮演著一個特殊的角色，一方面，他身為「日本國民」而不同與一般中國人；另一方面，他又心（民族心理文化上）為中國人而不同於一般的日本人；日本政府既利用台灣人作為對岸擴張的工具，又在一定時期將其推上祭壇充當犧牲品，從而使日本人擺脫關係。大陸民眾則往往注重同文同種的民族特性而將為非作歹的「台灣呆狗」視同數典忘祖之輩予以唾棄，並導致

與台人間感情上的裂痕。台灣籍民的歷史遭遇告訴我們,日據時期的台灣與大陸關係必須放到當時特定的歷史條件下,放在中日關係的大框架中去考察,才能更深入理解當時所產生的種種現象,同時也讓我們瞭解,日據時期兩岸關係中的不和諧音符之後的罪魁乃是日本帝國主義,這種殖民地傷痕應進行徹底的清算。

第五節　抗戰時期的台灣籍民問題

「七七事變」後,抗日戰爭暴發,中日成為交戰國,作為「敵國國民」的日本籍台灣人在戰爭中究竟站在哪一邊,引起了世人的關注,出於懷疑和不信任。這些往日特權人物成了日諜嫌疑,被押往大陸監視居住,從而導致抗戰時期台灣籍民問題的產生。

一、對台灣籍民的處置方針

福建作為緊臨日據下台灣的省分素有國防前線之稱。「七七事變」暴發後,沿海局勢頓時緊張,各界紛紛組織抗敵後援會,支援抗戰。同時,依據鬥爭的需要,如何整頓地方秩序,防範敵人的破壞便迅速提上閩省各級政府的議事日程。

台灣籍民當時的身分是在閩「日台僑民」中的「台僑」,日本領事已下達撤僑命令,所有日人及部分台人均已分批撤退回台。但仍有相當一部分台人滯留不回。據廈門市政府統計,1937年9月20日調查在冊有台民男401口,女633口,合計1024名,另外禾山特種區300餘人,而匿居鼓浪嶼者傳聞不止六七百人。其餘漳州、泉州等地亦所在多有。對這些台灣籍民應如何看待,怎樣處置?

如所周知,日據時期,日本殖民者在致力於島內開發及鞏固統治秩序的同時,還以台灣所處地理優勢積極開展對岸擴張活動,台灣籍民因其特殊背景而成為日人手中的一枚棋子。初步研究表明,台灣總督府與日本駐華外交機構相配

合，威脅利誘一部分台灣籍民充當其侵華前驅。於是我們常常看到這樣的記載：「在中國的台人大多數都是無賴漢，十居其九殊難取締，全是作犯法非為。」而大陸民眾對台灣人的印象也相當壞，當時人稱：台人「被中國人視同毒蛇猛獸，連有正當職業的人也無人願與交往。」然而，台灣籍民「十九皆無賴漢」的說法顯然誇大其詞，如何釐清箇中的良莠，已經成為福建當局制定取締政策的關鍵一環。對此，廈門市警察局提出下列區分方式：

　　查本市所謂台灣居留民，約可分為三類：（一）舊派台民。此類台民，係指旅廈十年以上，乃至二三十年者。若輩來廈之初，多係無產階級，或為在台無業浪人，到此之後，恃其特殊努力，因而經商致富，建置不動產，漸與華民通婚，結為姻婭，養生送死即可無憾，則莫不視此間為樂土，而不思移家返台矣。且若輩既有財產，一切舉動，較見馴良，對於地方治安上之危險性，亦遂逐漸減少。（二）新派台民。此類台人，係指最近數年內新來者而言，多係無產青年或兇狠殘暴之痞棍，在此保鏢走私、劫奪加暴，煙廟、小典、妓寮、高利貸等不法營業，皆其生活之途徑，破壞安寧秩序，形成閭閻心腹之患。且此輩本無恆產，在廈犯罪，被配回台，不久又復潛至，華民畏之如虎狼，恨之刺骨。（三）當地華商取得台籍者。在廈經商有年之華民，昔在軍閥統治時代，每因官廳派款頻繁，或橫遭搜索逮捕，遂貿然加入台籍。近年因避免稅捐，被誘入籍者，亦繁有徒。然若輩雖號稱台籍，實則彼邦風物，作何情態，生平未嘗一履其地，根本無移殖異國之思。

　　這三類台灣籍民對於中國抗日戰爭有不同的反應：「舊派中人，多挾資往南洋、香港或鼓浪嶼，其有親戚、知友在內地者，則禾山與閩南各縣，皆可托庇；新派中人，前此恃勢凌人，怨毒之深，一聞撤退，宛如大禍臨頭，回台唯恐不速。至華商取得台籍者，銷聲匿跡，絕少赴台。」此時滯留閩省不願返台的台灣籍民，大多就是上引所稱之舊派台民及醫生、學生或有正當職業及不甘受日本統治而遷閩的台灣人，他們的處境相當艱難，「赴台既非所願，而留華又有被指為漢奸暴徒之危，朝夕惴惴，而急盼我政府之寬容保障。」遺憾的是，這些基本上由善良台灣籍民組成的滯留台民並未獲得國民政府的信任。1937年8月23日，國民政府軍委會密電福建當局：「近日在福州、廈門等地倭僑紛紛返國，日台浪民

留閩尚多，我方應積極準備，恐敵日內有所動作也。」

1937年9月3日，日軍進犯廈門被擊退。危急的時局，迫使福建當局加快了對台灣籍民的處置進程，針對各地駐軍「有用軍令集中移送指定地點」的情形，廈門市府提出先緩後急、外鬆內緊的解決方案，以防彼等「裹足不前」，他們的策略是：「先示寬仁，使人不疑，勢必爭先恐後申請登記保護，彼既巢歸，居有定所，即臨時召集輸移，屆時聽我強制執行，安所逃遣？」顯然，二者實質是一致的，即全力蒐羅在留台灣籍民，以便將其集中強制轉移到指定安全區。

1937年10月19日，福建省政府轉發外交部電訓令各地政府遵照執行，該電稱：「聞駐省廈兩處之日領早已離境，該處日籍台民應隨時監視其行動，犯有普通刑事案件者可強制令其離境回台，倘無船舶可暫予看管，其有間諜嫌疑者應予監禁，俟抗戰完畢後再行核辦。」在這裡，外交部主張須依照台灣籍民不同情形分別處置，對絕大多數滯留台灣籍民予以「監視」，犯刑案者處以「看管」，只是對有間諜嫌疑者才予以「監禁」至抗戰勝利。但是，前線局勢不久即急轉直下，10月26日，金門淪陷，廈門危急。而期間發生的事態又使軍方對台灣籍民產生進一步的不信任感，據駐泉州二三九旅旅長錢東亮的報告：「金門之失，台醫作嚮導」。他認為：「台籍人民散居內地，行醫作商，良莠摻雜，敵人當前，漢奸遍地，此輩台人雖非確實漢奸，而我國人民總不能深信無疑。」有鑑於此，錢東亮旅長即手訂辦法九條，限台灣籍民15日內登記完畢，嗣後再行發現「即處死刑」，其中第二條規定「如15日以後再查有台灣籍民不登記，隱藏鄉間者，一律捕拿，以間諜論處死刑，所屬聯保甲長一律以通敵連坐處死刑。」隨後該旅函商廈門市政府，欲將所有台灣籍民配輪遣返。如此極端措施引起地方上相當的恐慌，福建省政府也有不同的意見，其在致錢旅長密電中指出：「台民本屬中國民族，於可能範圍務予寬大，今驟令未曾犯法台民一律強遣回台，人道上殊有未忍，且使台灣人聞之，灰其同情祖國之心而堅其歸向敵人之意，於政策上亦非得計，故此事應從緩辦。」由此看來，福建地方政府與軍方對台灣籍民的態度有著明顯的差異，前者以地方秩序穩定為大前提，並且認為台灣籍民中亦不乏同情大陸者。事實表明，當時確有「尚有愛國思想不忘中祖國的台灣籍民要求恢復中國國籍。游振煌、葉永青、朱重光等籍民還組織了台灣抗日復土總同盟。而後

者則從軍事鬥爭需要出發，為確保後方安全，雷擊風行，卻有違當時提出的「安良懲莠、毋枉毋縱」的精神。據記載：「廣東軍對台灣籍民之迫害為尤甚，長年定居當地，頗為當地民眾信任的台灣人，也被稱為漢奸；無緣無故被逮捕監禁者無可計數，甚至有人終於行方不明。」戰後台灣籍民遺族回憶錄中亦多指斥當時軍方「寧可錯殺一百，不可錯放一個」的殘暴行徑。看來，儘管福建當局對駐軍行動曾表示不同意見並有阻戒行為，但軍方仍一意孤行，製造了不少慘劇。

現有資料顯示，「七七事變」後台灣籍民去向大致有以下幾種情形：（一）由日方組織運送回台，此占大多數，如廈門1937年8月25日統計，一週內日人派輪運送12次，每輪約600人，週運送7000餘人，累計一月餘已運送12000-13000餘人。福州台灣籍民亦分3批運送回台。（二）逃往東南亞、匿避鼓浪嶼租界，或由廈門當局組織由輪船配運香港轉赴台灣。（三）滯留不願回台亦無力外逃者，則由福建地方政府或軍方強制集中發送內地安全區，如連城、崇安，而以崇安為多。如晉江縣屬台灣籍民162人即被另編特別戶籍，送往內地。這些台灣籍民均屬外交部電文中所示之「監視」類籍民。至於劃歸「看管」和「監禁」類的籍民數量多少、去向如何？因缺乏資料，暫無法估計。

二、崇安台民收容所

1938年6月3日，崇安縣政府致電省政府：「台民實到412名，除參照保甲編戶妥為管理並監視外，唯該台民生活費既自無力，地方尤極窮困，無從設籌，應如何辦理，乞電示遵。」從此，崇安台灣籍民收容問題正式產生。

崇安台民分別來自晉江、福州，居住貞光女校及孔廟二處，設管理員負責管理其一切日常生活。台民伙食成人每日0.10元，孩童0.06元。由於集中轉移倉促，絕大多數台灣籍民未能攜帶財產，徒手新到崇安，生活相當困難。然據崇安縣政府調查統計，不少台民在原住地擁有動產、不動產，其中能帶來之動產500元以上者1戶，500元以下者66戶，而全無財產者88戶。若以原從事職業劃分，

則有醫生52人，農業19人，工業38人，商業24人。遷來台民面對新環境各有不同的願望，其中願遷出謀生者12戶，需待職業用具及款到後自謀生活者43戶，願受政府支配工作者104戶，無能力謀生者2戶。針對上述情況，崇安縣擬定「日台僑民生活辦法」，其要旨大致為以幾點：1.准台民派代表回原住地搬運財產及謀生器具，以期能獨立自營生活；2.依台民所擁特長分別安排工作，監督營業。此外台民尚須每10人具一連環保結，有家庭者每3家具一連環保結，編入保甲列為特別戶，由保甲長負責「嚴加監護、以示限制」。可見，台灣籍民在崇安基本上處於一種監視居住的狀態。據1939年3月統計，崇安台灣籍民計432人，其中1938年6月到達412人，12月續至9人，6人自行來崇，5人係在崇出生。經分類甄別，有38人係國籍誤認而集中者後予保釋，22名優秀台民由台灣獨立革命黨領袖李友邦帶往浙江金華編為台灣義勇隊，真正留崇者372人，他們中有102人獨立生活，270人從事集體墾荒。

　　所謂獨立自營生活，係指有一技之長且有財產者，據調查，「所有留崇者其職業均經調查清楚，除從事醫師與擅長手工業外，並無其他專門技能人才」。台籍醫生經查有36名，除赴浙參加台灣義勇隊外，尚有17名，崇安縣府將其一部分安插在縣衛生院及區衛生所服務，另部分籌設墾民巡迴治療隊。手工業者則輔導開業，自謀生路，政府予以貸款支持。1942年2月26日《前線日報》報導，崇安台民自行業醫者6家，開小吃店12家，理髮3家，木匠3家。

　　集體墾殖方面，身無長技且貧困無助者，一律編入崇安墾務所安排開荒生產，其原則是「領地墾殖，不必納糧」。不過，實際墾殖效果卻很差，據崇安墾務所的報告：1928年9月至1939年7月，累計向台灣籍民貸發各項費用10686.30元，所墾荒地僅54畝，收穫大麥1100市斤，小麥1332斤，花生1049斤，總值300餘元，每人產值平均1元，如此情形，「欲冀其自耕自食，實不可能」。初期台民尚有伙食貸款堪補所需，貸款期滿後，費用無著。後政府相繼協助台民開辦樟腦廠、醫療隊收容壯年男子，墾民亦於墾荒之外，兼營副業以補生計。「一般台胞，乃全家男女老少，出動勞作，如洗衣服、洗筍乾、縫麻袋、砍柴及充當奶媽等，以助家用。」但是，隨著抗戰持久展開，「物價上漲無度，而所墾殖的山地，出產有限，故一年中無額定收入，全家收支實難預算。」他們向政府提出

要求補貼墾民生活、賑濟年老孤寡者，以便得舒困局。

台籍婦女方面，崇安縣府給她們的最初定位是從事「縫洗」。但是由於崇邑「操斯業者在在皆是」，謀生不易，又擬設編線工廠，卻未獲上峰批准。後獲隼送建甌線廠工作，但台籍婦女「僉謂一家四散，管照莫及」，均不願前往。對此，省賑濟會難民生產管理處指責崇安墾務所督墾疏懈，後者辯稱此等婦女在原住地即係生活閒散之人，「確實毫無耕作能力，無可勉強。」、「或因慣於閒居，感工作之艱苦，或自有謀生之本領，而嫌工作之煩勞」。但據記者觀察，大多數台籍婦女仍能艱苦持家，幫助勞動度日，當時的報導這樣寫到：「真的，她們的刻苦精神，確是令人敬佩的。記者親眼見他們穿著西裝挑柴賣菜，女的穿了旗袍草鞋，砍柴割草。過去，他們都是少爺小姐，今天他們在祖國的懷抱裡，在戰時的生活中鍛鍊健強起來了。」

台籍兒童教養工作上，崇安縣府初期曾專設戰時民校收容，部分獨立生活者願入普通小學，則分配縣立武夷中心小學，所需書籍及各什費一律免收，「以資優待」。1939年12月台童教養所獲准開設，5歲以上兒童可入學讀書，按月領取生活費4元（1942年標準），文具、課本、棉衣，由福建賑濟會發給，其宗旨是「寓教育於救濟，一則培養民族英才，一則補助各墾台家庭負擔。」據稱，「如該教養所不設，豈獨台童挨餓失學，而全家生活亦必蒙受影響。」應當說，台童教養所的設立，姑且不論其教學效果如何，在減輕台灣籍民家庭負擔、緩解小孩失學後顧之憂等方面，確實發揮了一定的作用。不過，留崇台灣籍民仍希望「所有台童由義勇隊專設機構負責保育，衣、食、住、教全部接收，以減輕台胞負擔。」從事態發展來看，這一願望似乎並未達成。

崇安收容之台灣籍民中，有一部分人得到特殊的待遇。我們知道，1939年2月，台灣革命志士李友邦從崇安帶走部分「優秀台民」赴浙組織台灣義勇隊，參加中國抗戰，後人數陸續增加。台灣義勇隊初為國民政府第三戰區長官司令部下屬，後直隸於國民政府軍事委員會政治部。因此，義勇隊成員家庭便擁有抗日軍屬的身分，從而受到一定的優待。據記載，義勇隊家屬「有3種享受」：（1）領公米公鹽；（2）領家屬津貴，每月每人20元；（3）老人每月14元，小孩11

元（另賑濟會分別補貼6元、4元）。比起初到崇安時每月僅3元的伙食津貼，儘管受到物價上漲的影響，其待遇改善程度，當非可同日而語了。

值得注意的是，抗戰時期一些輿論曾對崇安台灣籍民收容所給予相當負面的評價，其中典型論調如張邦杰稱：「我國抗戰以來，地方當局對於台灣同胞不分皂白，均予拘禁或殺害，僅福建一省現尚拘禁於崇安者不下數百人。此輩實係純良之義民，在抗戰初起，敵領再三迫令台人返台，但渠已飽受敵人之虐待、敲剝，早具不願為順民之決心，既已缺（逃）出虎口，重見春天，何肯再陷人間地獄，故力避內地謀生業。然地方當局不容，均予拘禁，甚至殺害，視同仇敵，此種處置實陷入敵人離間政策之圈套，增其宣傳之口實，對台灣革命大有妨礙。」台灣革命同盟會在呈國民黨中央函中亦云：「（閩省）將台胞在閩者慘加殺戮，又將台產沒收或公管，其未殺者亦悉數拘捕入崇安、連城集中營加以苛待之。」換句話說，將崇安台民收容所與集中營等同視之。平心而論，國民政府將台灣籍民集中收容崇安的初衷，就是出自對他們的不信任，管理方式也採取監視居住政策，並編列保甲，不許隨意外出。但是，以我們上文揭示的崇安台民收容所實施的具體措施來看，其主旨卻在於協助台民適應當地生活，組織生產自救，賑濟老弱孤寡等，與所謂「集中營」實風馬牛不相及。至於所謂故意「仇視」、「殺害」情形，如果說有此類悲劇的話，那是抗戰初期台灣籍民在原居住地遭軍方以防諜、治安為名強制遷移時曾經發生過的案例。到崇安之後，就目前所存之資料，尚未見相關記載。我們發現，上述說法多出自當時居留大陸台灣人革命團體在懇請國民政府開釋被集中之台民時所發出的呼籲和上遞之呈稟，為盡快達成目的，在相關呈文中誇大其詞以爭取同情是有可能的。

三、台灣義勇隊的「消毒」工作

歷史上，台灣籍民從在福建出現的一開始，就給人們帶來不良的印象。由於有治外法權作為護身符，一部分籍民藐視官府、為非作歹，各地煙館、妓院、賭

窟等行業大多由其經營。他們「狐假虎威，自以為高人一等，侮蔑中國人，魚肉中國人，這是過去台灣人在廈門、福州等地所演出的醜態。」我們曾在本書中多處列舉了一部分被稱作「台灣呆狗」或「台灣浪人」的台灣籍民的違法行為，其惡劣行徑已經嚴重影響到海峽兩岸人民相互間的信任和感情。據後來參加台灣少年團的許文清回憶，他們住在石碼的時候，當地的保長就說「我們台灣人壞得很，什麼壞事都做。」即便是台灣籍民收容地的內地崇安，「當地的同胞都記住過去有許多台灣浪人受了日本人的挑撥離間，曾來福建做了一些不好的事情，這些不好的印象一直在大陸同胞的頭腦裡旋轉，他們都不知道這不過是一小部分的台灣浪人在搗亂，大部分的台灣同胞都還是痛恨日本人的統治的。」針對上述情況，以來自崇安台灣籍民為主組成的台灣義勇隊，在李友邦將軍的領導下，不遺餘力地開展一系列的宣傳解釋工作，一面揭露少數台人的惡行及日人的離間陰謀，另方面號召兩岸同胞團結一致共同抗戰，獲得了良好的成效。

　　首先，宣傳閩台本一家及兩岸唇齒相依的緊密關係。「夫台灣者，本福建之一部，在地理上與福建僅一水之隔，其風俗、語言，都與閩南無異，所謂台灣人，實指閩浙粵人在台灣生長者而言，就中尤以福建人最多，故台灣與福建之關係至為密切。」義勇隊總隊長李友邦在《福建與台灣革命》一文中進一步指出：無論是地理形勢、民族成分，還是經濟關係及國防軍事各方面，「台灣之與福建，我們從任何角度來看，實在都是一而二、二而一的東西。它們早已成為不可離，離則雙枯；必須合，合則並榮。確切而言，台灣之與福建是唇齒，是皮毛；唇亡則齒寒，皮之不存毛將安附！」他呼籲：「台灣是祖國的祖土」，抗日的勝利和台灣的光復，「我們台灣革命者當然要倍加振奮」，「祖國同胞，尤其是福建同胞，也應該起而作有力的對台灣革命的聲援，只有這樣，我們才不失為炎黃裔胄，才對得住我們的祖先和革命先烈們。」

　　其次，對在大陸為非作歹的「台灣浪人」大加鞭撻，籲請民眾擦亮眼睛、分清良莠。李友邦指出：「少數不良分子，被敵脅迫，受其引誘，為虎作倀，忘盡廉恥。在台灣，則儼然大和民族，招搖過市，盛氣凌人，視同里為敵人，奉日寇為祖宗。殆其西渡閩粵，又復藉勢於日寇，暢所欲為，舉凡愛國的祖國同胞、台灣革命志士，莫不受其欺、蒙其害。抗戰後，又復追縱敵人，受其指使，在淪陷

區內與漢奸傀儡,一同助桀為虐;這種喪心病狂,毫無人格醜類,雖人數無幾,然害群之馬,本不在多,它影響所及,台島忠良志士,悉被其羞。」以至於「弄得良善的台胞,革命志士,有口難分,被祖國與這些敗類同樣看待了。」面對福建民眾「台胞之民族性是否泯滅、愛國心是否高昂?」的「孜孜垂詢」,他們大聲吶喊:「勿以台胞多為壞人,而忽略台灣革命者在抗戰中所起之作用。」「我們每一個台灣人都沒有忘記祖國是哪個,自己的祖宗是什麼人,每一個人都知道中國是我們的祖國,我們的祖宗是中國人。」

復次,深刻揭露日本帝國主義利用「台灣浪人」挑撥閩台人民感情、離間兩岸關係的罪惡陰謀,敦促人們警醒。他們指出:日本帝國主義「強迫利誘得一部分無知識的浪人、刑事犯、殺人犯,這些民族敗類到汕頭、廈門、福州來,做他們的工具、傀儡,來實施挑撥離間中台間感情的詭計。」、「日寇政策,一貫為挑撥離間,欲將吾中華之整體,支離破碎而擊潰之,乃利用少數台籍浪民,來華作非法之事,即使干犯我法律,可以領事裁判權『保護』之,國人中之歹徒,見台民有此便利,亦假其名活動,而日寇之特務及浪人,為保持其『皇軍』『皇民』之尊嚴,復為加重台灣人在中國人頭腦中之壞印象,亦冒台灣人名義胡作非為,殊知果有中敵寇之陰謀者,而劃下閩台間之鴻溝。」因而直斥其為「日寇之陰謀」,並一針見血地揭露說:「日本人的目的在消滅祖國對於台灣的心」。他們真誠地呼籲人們認清日寇陰謀,同時正告「台灣浪人」勿做敵人的「工具、傀儡」,勿成「敵人實施懷柔政策的犧牲品」。

最後,開展一系列實地的、豐富多彩的宣傳活動,面對面地向廣大民眾宣傳台灣、宣傳大陸與台灣的親密關係,消除殘留在一些人心中的對台灣人的隔閡偏見,以利共同團結抗戰。李友邦在《肅清台奸》一文中寫道:「我們此後應加緊宣傳教育,務使忠良之士,認清敵我;另以本身革命實踐,指示台灣同胞的前途,使其知為虎作倀正是一種幫兇的行為,沒有前途的,……則日寇雖欲麻醉、脅迫、引誘,也必詭計難售。」為此,台灣義勇隊刊行《台灣先鋒》、出版台灣革命叢書,展開輿論宣傳。與歸國華僑、前線將士、普通民眾共同舉辦慰勞會、演講會,並利用台灣少年團的演出活動,生動活潑地介紹台灣、號召國人奮勇抗戰,最終收復台灣。李友邦、正中等還在閩開展宣傳演講,裨「使閩省同胞更明

瞭台灣革命情形,而成為相親相愛的好兄弟。」在歡迎南洋華僑慰勞團大會上,「台灣一定是能夠收回的,台灣同胞一定能得到解放!」成為大家共同心聲,並高呼「到台灣再見!」台灣少年團在福建的巡迴宣傳也獲得好評,「報上常登載著誇讚與鼓勵他們的文章」,「改變了過去台灣少數壞分子給祖國人士的壞印象」。少年團員林長梅興奮地說:「在崇安,我們就舉辦了一個中台同胞聯歡大會,這一個會溝通了中台同胞的感情。」大家都意識到:「祖國和台灣都是一家人,是日本人把我們分開的,現在我們只有團結緊緊的,才能打倒日本軍閥,祖國勝利,就是台灣收復……」在前線軍中,當時還流行著這麼一句話:「連台灣人也參加了,我們自己人還不努力嗎?」可見,台灣義勇隊的宣傳活動已經達成了相當的效果。

　　針對台灣義勇隊「消毒」工作是否改變了當地人民對台灣籍民的看法這一問題,學術界曾有過不同意見。有論者云「人們改變了對大陸台灣籍民的看法」,「使人們對台胞刮目相看,並冰釋誤會」;也有論者稱「抱持此看法的人究竟有多少,不無疑問。」我們認為,比較符合實際的情況應該是台灣義勇隊的工作在一定範圍內和一定程度上改善了台灣籍民的形象,並使人們對台胞刮目相看。「本隊參加祖國的抗戰,確是大大的提高了台灣的地位,叫人們改變了過去鄙視台灣人,以為台灣人只能替日寇當偵探,替日寇當偽軍,助長日寇侵略的凶焰的觀念。因為有了台灣義勇隊,讓大家明白:大部分的台灣人是怎樣不甘受日寇的壓迫和榨取。」義勇隊積極參加抗戰本身就極具象徵意義,「中國的人民和士兵們說:『看啦,人家台灣朝鮮人都幫助我們打日本了,我們能不加緊努力嗎?他們是受日本『皇道』渲染最早的,當然比我們更清楚地知道日本帝國主義是什麼東西了,他們幫助我們打,我們還能不打下去嗎?』試想,這影響多麼大。」據當時記者在浙江、江西的所見所聞:「我人民均一致愛戴台胞,商人賣物給台胞時願自動打折扣,農民見台胞生活苦時,願節省助之,黨政人士更處處予義勇隊以方便,前方軍隊更諄諄要求義勇隊派員到該部做政治工作……此皆由於台胞在浙贛工作成績予人印象是好的一面,故義勇隊隊員曾再三叮囑浙贛人士:『勿以台胞多為好人,而忽略台籍浪民之破壞行動!』」這麼大的變化難道不是義勇隊努力工作的結果嗎?當然,台灣義勇隊的活動僅限於浙東、贛南、閩北及閩西,

其發行的刊物和叢書傳播範圍也不廣。因此，他們的影響力是有限的，尤其是「台灣浪人」活動最猖獗的廈門、福州地區，基本未能觸及。這些都是我們在評價台灣義勇隊工作績效時應當考慮到的因素。

第四章　兩岸經貿、人員及文化往來

第一節　日據時期的台海兩岸交通

隨著台灣被迫割讓給了日本，台海兩岸關係發生重大的變化，海峽兩岸的交通亦因大環境的改變而與此前迥然不同。其中最顯著的是兩岸航權的變更，以及兩岸航路在台灣對外交通中的地位急劇弱化。在此變遷中台灣總督府的「對岸政策」也發揮了微妙的作用。當人們看到懸掛著日丸旗的汽船川航於海峽兩岸，而往昔繁忙的中國帆船漸漸稀少的時候，便會強烈地感覺到一個新時代的到來，並從中嗅出一股逼人的入侵者的氣息。

一、兩岸航運權的爭奪與變更

有清一代，台灣與大陸的交通最初是由福建漳泉海商掌控的，黃叔璥所稱「海船多漳泉商賈」即清楚地說明了這一點。郊商興起後，雖其主導勢力仍以大陸資本為主，但來自台灣本島的航運力量也在逐步發展起來。開港後，外籍船隻介入台海航運，最先經營兩岸定期航線的是台灣號輪，航線由香港經汕頭、廈門抵達淡水、安平及高雄，但不久即告停航。1881年，為加強海防，福建當局先後以琛航、永依、伏波、萬里青等輪往來於閩台兩地，運載客貨及公文。台灣建省後，仍有飛捷、威利、萬年青各輪繼續發展兩岸交通。唯邵友濂繼任台灣巡撫，隨即採行收縮政策，廢止官營汽船，以至於此後的台海兩岸輪船航運完全被英商德忌利士輪船公司所獨占。

德忌利士公司前身原為英人德忌利士（Douglas）在香港開設的一家鐘錶店，德氏返回倫敦後，其手下開始介入航運業，開闢了潛力極大的台海航線。1871年，海寧號輪航行於香港、汕頭、廈門與淡水、安平間，每二週往返一次，雖然船隻僅為277噸的小輪船，但業務興隆，成績頗佳，遂成立輪船公司，取名德忌利士以為紀念，並增加船隻經營香港、台灣、廈門、福州間的航線。大股東為德忌利士商會，另有怡和洋行、嘉士洋行、德記洋行參股期間，在香港、汕頭、廈門、福州設有分店。1868～1894年間往來淡水的船隻噸數，平均英國占65.66%，其中即以德忌利士為主。據1898年底的資料，德忌利士公司有海壇、海澄、海龍、海門、舍盧斯和福摩薩等六艘輪船經營兩岸定期航線。此外，在米穀收穫以及製茶季節，公司還會調派臨時船隻加入航運。日本駐廈門領事上野專一的報告稱：德忌利士公司雖然規模不大，但由於航線缺乏競爭對手，且該公司擁有豐富的經驗，因而其事業相當興盛，收益頗厚。

　　日本據台初期，由於島內面臨台灣人民的武力反抗，統治尚未穩固；對台灣經濟的殖民地化進程亦剛剛展開，台灣與宗主國日本的關係尚不能與其同大陸數百年來形成的緊密聯繫相匹敵。換句話說，台灣社會經濟對大陸的依存度仍然相當高，無論是生產資源抑或是生活用品乃至於人力資源均皆如此。譬如，輸往大陸的米、糖；經由廈門，香港輸出美國、歐洲的茶葉；來自福州的大宗木材，閩南的布匹、石材及其他建築材料；製茶季節急需的大量大陸茶工，等等。這從當時的兩岸貿易統計數字中得到了充分的體現，1897年對大陸貿易額為1724萬日元，占其對外貿易總額的55.2%；1898年分別為297萬元，占55%；1899年為1499萬元，占40.5%；1900年為1379萬元，占37.3%；1901年為1214萬元，占32.7%；1902年為1331萬元，占34.4%。據林滿紅的研究，「在大陸占日據時期台灣對外貿易比重方面，日本占領台灣以後，到1902年的頭七年，兩岸之間密切的貿易關係尚少變動，1902年以後則急轉直下。以兩岸貿易值除以台日貿易值，1902年為80%，至1914年僅為9.1%。」顯然，與大陸的經貿關係在日據初期的台灣經濟中仍占據著舉足輕重的地位，在日本殖民者治台基礎並不穩固，且需國內大量財政補助的時候，掌控兩岸經貿往來的主動權對他們來說無疑是一件有著重大意義的事情。

然而正如前述，日據初期的台海兩岸航海權卻操縱在德忌利士公司手裡，當時也曾經有一些競爭者出現過，如台商錦祥洋行便曾包租輪船自台灣到廈門繼赴南洋。但有組織的針對德忌利士壟斷兩岸航運的競爭活動當推1898年的北辰航運，日人馬場氏聯合各股東（包括林本源）以住吉號輪介入台海航線，每月三回往返於香港、廈門和淡水間，並得到了日本駐廈門及香港領事的大力支持。但由於海上事故不斷，開業半年就關門了。另外，山本回漕店主山本靜一，也以一艘44噸級的帆船開行大稻埕至福州的航線，業績頗佳。據稱，從福州南台運載價值1500元的木材到淡水可收525元的運費，即高達35%（貨物裝卸費由船主負擔），山本還野心勃勃地準備增加船隻，擴大經營。時人鑒於北辰航運的教訓，對其「以小帆船從事對岸通商是否真有成效表示懷疑」，而就此後的情形來看，似乎並未有何發展的跡象。事實上，如此分散的，小規模的競爭並不能動搖德忌利士公司的根基，必須以集團化的，國家的力量來擊垮對手，建立新的台海航運霸權，日本在台殖民當局支持下的大阪商船株式會社就是在這樣的情況下出現在台灣海峽的。

1899年4月，依台灣總督府之命，大阪商船株式會社正式開航淡水香港線，以輪船兩艘做每週一回定期航行，啟動與德忌利士輪船公司的激烈競爭，總督府則給予高額補助。大阪會社投資146000餘元，第一年即獲得125000元的補助金。於是大阪公司便不必顧及經濟利益，以低於德忌利士公司一半的運費在台海航運市場順利地打進一個楔子。1900年4月又開闢安平香港每兩週一回的定期航線，年補助6萬元。同年10月將淡水線延長到福州。此外，還將觸角伸向福建沿岸航道，先後開通福州三都澳線，福州興化線和廈門石碼線。這些航線均與德忌利士傳統航線相重合，明顯是為排擠後者而設計的。在日本殖民當局全力支持下，大阪會社很快就給予德忌利士公司以沉重打擊，德氏的運營急劇萎縮，業績大幅下滑，1900年德忌利士公司第十七次股東大會報告稱：當期損失65408元，資本公積金額減少165778元，在談及原因時說，「這完全歸結於得到（總督府）保護金支持的日本輪船在台灣線上的對立及它們所制定並繼續實施著的極低的運費」。有資料顯示，至1905年，台灣總督府每年給予大阪商船株式會社和日本郵船株式會社的航路補助費平均達602220元。而大阪商船株式會社正是靠

著總督府的巨額資金補助才得以與德忌利士公司一爭短長的。正如日人所自詡，在與德忌利士的競爭中，「（大阪）商船會社的營業看不到贏利的地方，然而悲壯的商船會社不僅僅是一個運輸業者，它洋溢著對新領土台灣的滿腔熱情，傾其資本與德忌利士會社極力折衝，此間唯有待台灣總督府的保護獎勵，此等保護獎勵其實亦是在保護台灣自身的發達。」

面對政府強力支持下的大阪會社咄咄逼人的擠壓，處於窘境的德忌利士公司內部對台海航運事業的經營方針產生了分歧，一種意見要求與大阪商船株式會社締結和平契約，讓出一部分航路，以換取長期的航運經營地位；另一種意見看到眼前已無利可圖，主張將船舶及所有的營業通通出售，徹底放棄經營，華人股東持該說者尤多。但大股東德忌利士商會及各洋行對此則持反對態度，它們認為從運輸代理等方面仍然有獲利機會，否決了華人股東和小股東的出售方案。不過，很快就連這點利益也在志在必得的日本人打擊下化為泡影，德忌利士公司經營業績下滑之速超出了他們的想像，在大阪商船株式會社平均每年付出8萬元虧損的「犧牲性努力」下，公司業務被全面超越，僅以淡水的調查報告為例：大阪商船株式會社參與競爭的1899年4月，船隻只不過是德忌利士公司的四分之一，即4艘；船客是其二分之一，1204人；貨物是其八分之一，12000件；第二（1900）年10月25日後的一個月間，船舶出入港數上，相對德忌利士的55艘，大阪會社為45艘，但後者所載貨物高達79200只，已是德氏的倍數；再據1903年3至8月的調查，德忌利士公司出入港船隻37艘次，載客802人，貨物36115件；同期大阪商船株式會社出入港船隻48艘次，載客935人，貨物85140件，二者在台海航運的地位發生了根本逆轉。到了1904年11月，德忌利士公司徹底退出了台海航線，競爭以大阪商船株式會社的全面勝出而告落幕。自此之後台海航運轉由日人壟斷，各航線陸續開闢。至1915年兩岸定期航線狀況有如下表：

表4.1　1915年台海兩岸定期航線

航路	停泊地	使用船數	航海次數	使用總噸數	船舶 時速	船舶 乘客
華南甲線	基隆,廈門,汕頭,香港,廣州	2	48	1500	10	200
華南乙線	高雄,廈門,汕頭,香港,廣州	1	24	1500	10	100
華南西線	基隆,福州	1	24	1000	10	100
華北線	高雄,福州,上海,青島,大連,天津	2	24	1500		

資料來源:《重修台灣省通志》卷四經濟志交通篇(第一冊),台灣省文獻委員會,1993年版,第647頁。

第一次世界大戰爆發後,日本趁西方列強無暇東顧之際,大力發展海運業,山下汽船會社,近海郵船會社,大連汽船會社以及後來的南日本汽船會社均先後介入台海航運,航線亦有所拓展。至1935年,兩岸指定航線有:(一)高雄大連線經停基隆;(二)基隆香港線經停廈門、汕頭;(三)高雄廣東線經停廈門、汕頭、香港;(四)基隆廈門線經停福州;(五)高雄上海線經停基隆、福州;(六)高雄天津線經停基隆、大連;抗戰時期,隨著日本帝國主義對大陸東北的侵占及偽滿洲國的成立,台灣與東北的交通往來漸趨頻繁,船隻往返密集,並超過了傳統的與華南的交通,上升為兩岸交通的主流。以廈門與大連的情形為例,1940年高雄大連線有4艘3000噸級的商船航行72次以上,廈門只不過是1艘2000噸級商船也航行72次以上,前者超過後者4倍以上。

概而言之,日據時期台海兩岸交通經歷了一次重大的航權變更,即從英資德忌利士公司的獨占轉換為日資大阪商船株式會社的壟斷。大阪會社之所以勝出依憑的是日本殖民者國家機器的鼎力支持,換句話說,這是一場國策會社與民間公司間的實力懸殊且不平等的競爭,其結果如何早已不難想見。此次台海航權的變更是台灣社會性質從半殖民地半封建社會向殖民地社會轉變的必然趨勢,同時它也反映了日據後台灣與大陸關係劇變的現實,由於中日兩國國力的差距,人們滿目所見多為飄蕩著日丸旗的船隻往來於兩岸之間,兩岸交通已日益成為日本對華經濟侵略和勢力擴張的工具。

二、台灣對外交通中的兩岸航路

　　清代以來台灣對外交通一直都是以大陸為主要對象，名聞遐邇的郊商不消說就是從事兩岸貿易的，郊行的商船更走遍了台灣和大陸各主要港口。及至日據初期，如前所述台灣對外交通的重點還是在於大陸，無論是輪船還是被稱作戎克船的帆船，盡皆如此。然而，由於這時台灣對外關係的大環境已經發生了根本的變化，日本殖民者實施的一系列政策使得台灣的對外交通線被強力扭轉，即從傳統的與大陸交通為主轉變為與日本交通為主，其中關稅制度和航路補助在這一過程中發揮了重要的作用。

　　早在1896年2月，台灣即改以日本關稅為依據，1899年稅率提高三倍，由大陸輸入的產品大受打擊，而台灣輸日商品因無出港稅負擔而順暢地進到日本，如米、糖、茶；1910年則取消了輸出稅，「在日本與台灣之間，完全關稅同化」。1911年更是完全廢止協定稅率，大幅調高輸入稅，「日本及台灣的商品乃以更高的關稅障壁相互地保護市場」。於是我們看到，1902年前後對日貿易開始超過對大陸貿易，1911年起台灣對外貿易急劇轉向，對外交通的天平朝向日本傾斜了。

　　顯而易見，日據後台灣對外貿易關係發生了180度的逆轉，對日貿易迅捷上升到70%以上，而與大陸的貿易急速滑落為10%上下波動，「台灣的貿易，過去主要是在大陸及香港間；日本占領台灣以後，乃使台灣的貿易路線為之一變，對日本貿易比較外國貿易更有決定性的意義；即就外國貿易而論，過去是以對大陸的貿易額為最大，今則大為減少」，「在大勢上，台灣的輸入仍以日本商品占據獨占的地位，台灣的輸出則以日本市場占據獨占的地位。」

　　表4.2　1902-1936年台灣對外貿易地區構成的演變

年代	外貿總額(千元)	對日貿易(%)	對中貿易(%)	對閩貿易額(千元)	對閩貿易(%)
1902	40468	41.1	34.4	10467	78.7%
1906	56410	60.1	19.7	7158	64.4
1911	118114	72.3	8.6	5408	53.2
1916	177369	73.5	10.6	7912	42.2
1921	286393	77.7	10.7	11753	38.3
1926	434939	74.4	13.9	17466	29.0
1931	366495	86.3	7.0	5924	23.1
1936	680635	88.6	7.0	7576	15.8

資料來源：黃福才：《台灣商業史》，江西人民出版社，1990年版，第232—233頁。

應當指出的是，在台灣對外關係變換過程中，日本殖民總督府的海運政策發揮了很大的作用。我們知道，將台灣社會經濟納入日本的軌道是殖民宗主國的首要任務，在島內實施殖民地化的同時，日本殖民者著力強化了台灣與日本之間的聯繫，並將密切兩地的海上聯絡作為其重點。

在最初的一段時期裡，日台海運處於混亂的狀態，所謂的回漕業者（海上運送店）紛至沓來，但由於是不定期船而不便之處甚多。同時，這種一盤散沙的情形不利於殖民當局的統籌規劃，進一步說，它還有悖於日本殖民當局掌控日台交通的既定政策。為此，台灣總督府很早就介入了日台航線，1896年4月，命大阪商船株式會社開闢日台定期航線年給予60000元補助金，1915年有基隆神戶線（經門司），使用6艘船，航行138次；高雄橫濱線（經蘇澳，花蓮，台東，蘭嶼），使用5艘船，航行72次。該年規定基隆神戶線由商船，郵船兩會社共同經營，二者均排出萬噸級輪船投入運營。1936年改高雄橫濱線為高雄東京線，每月航行7次以上。1942年3月，日本頒布實施戰時海運管理令，所有船舶除特殊航線外，一律收歸國家管理，日台指定航線因而停航。

看來事情清楚了，結合前面談到過的驅逐德忌利士公司獨占台海航海權的行動便可發現，台灣總督府一面是大力加強日台航線，一面是控制與大陸的航運，這一推一拉，便把台灣的對外交通扭轉了方向。貿易與航路的雙重轉變使得台灣日趨緊密地向日本靠攏，從而加速其殖民地化進程。

表4.3 日據航運最盛時期日台，陸台交通概況（1938年）

航線	起點	終點	寄港地	船隻	噸位	輪船會社
基隆神戶線	基隆	神戶	門司	6	1000	大阪郵船
高雄東京線	高雄	東京	橫濱,名古屋,大阪,神戶,門司,鹿兒島,基隆,馬公	6	4500	大阪
高雄東京附屬線	高雄	宇品	基隆,鹿兒島,長崎,博多	2	4000	大阪
高雄清津線	高雄	清津	基隆	1	2500	大阪
高雄大連線	高雄	大連	基隆,大連	2	3200	大連汽船
高雄天津線	高雄	天津	基隆,福州	2	3200	大阪
高雄上海線	高雄	上海	福州	2	2500	大阪
基隆廈門線	基隆	廈門	廈門,汕頭	2	1500	大阪
基隆香港線	基隆	香港	廈門,汕頭,香港	2	2000	大阪
高雄廣東線	高雄	廣東		1	2500	大阪

資料來源：《重修台灣省通志》卷四經濟志交通篇（第一冊），台灣省文獻委員會，1993年版，第660—661頁。

以上主要是近代輪船業的狀況，其實，就台灣的歷史發展來看，帆船（即西人所稱之戎克船）曾一直是兩岸交通的主角，它們在日據時代的生存狀態如何，頗值得關注。

往返於海峽兩岸的帆船究竟有多少？在清代前期僅有大略的估計數字，即所謂一兩千艘，到了日據初期的1896年，依《舊慣調查會經濟資料調查報告》，每年仍有2800-4000艘左右的帆船川航於兩岸間，就絕對數來說並不比清初少。大量的木材、石料、布匹、陶瓷、藥材及生活必需品還是用帆船運到台灣，甚至於台糖也主要由郊商的帆船外運。但是，隨著台灣對外交通和對外貿易的轉向，以及日資會社對台海航運的控制，往來於台灣與大陸的帆船受到了前所未有的擠壓，一方面，割台後眾多實力郊商內渡，留台者也遭日本殖民當局以改組為名進行限制，島內郊商倍受打擊，勢力已漸趨衰落。大陸帆船進入台灣還被限定在四個條約港和八個特別輸入港；另一方面，為因應割台後的兩岸變局，大陸政府不得不將台灣一地打入另冊，規定「凡台灣之土貨自今以後應作為洋貨看待」，台灣帆船亦不得進入非通商口岸貿易，導致郊商的貿易成本大幅上升，發展受到抑制；再加上鐵路開通後，台灣島內對外貿易朝南北兩港（基隆，高雄）集中以及近代化輪船的競爭，帆船在台海的衰微是不可避免的。至於日據時期台海帆船交

通之興衰演變情形有如下表：

表4.4　台海帆船交通之演變（1896-1929年）

年　份	隻　數	噸　數
1896年	4455艘	17035噸
1902年	2022艘	62058噸
1907年	944艘	34561噸
1912年	972艘	33951噸
1916年	1067艘	40176噸
1921年	1533艘	71994噸
1926年	1078艘	50468噸
1927年	1044艘	55589噸
1928年	1905艘	46119噸
1929年	1098艘	47003噸

資料來源：森重秋藏：《台灣交通小史》，台灣交通協會，台北，昭和十八年版，第212—213頁。

可見，日據初期台灣與大陸間帆船交通還是頗為繁盛的，儘管有日本帆船合計在內，但林滿紅估計中國帆船約有3000艘以上。1907年後卻急跌至千艘左右，剔除日本帆船則更少了，時間上則恰好是總督府補助的大阪商船株式會社擊敗德忌利士公司全面控制台灣海峽之後，而台灣對外交通和貿易的轉向更使往來於海峽兩岸的中國帆船失去了主要的生存基礎。因此，1907年之後的台海交通中，帆船已經度過了它的黃金時代，在海峽兩岸交通中僅僅扮演著次要和補充的角色。進一步從地區構成看，據統計，1896—1935年間出入四個條約港和八個特別港的帆船主要集中在淡水，基隆兩港，合計占45.44%，也就是説偏向於台灣北部，來台的大陸商人亦以小商人居多。

三、海峽兩岸交通中的政治因素

如所周知，江戶時代以來南進就一直是日本對外擴張的重要方針之一，從豐

臣秀吉的所謂高山國詔諭到十九世紀的牡丹社事件，便是沿著這條主線發展的。甲午戰後，雖三國干涉還遼使得日本的大陸政策受挫，但日本畢竟依《馬關條約》將台灣竊為己有，從而獲取了向南拓展的新基地。因此，以台灣為出發點的南進擴張就此展開，在這一進程中，台灣總督府則是扮演著急先鋒的角色。於是人們看到，圍繞海峽兩岸航運交通的爭奪便處處隱含著政治圖謀，甚至可以說它本身就是一種政治上的擴張主義的體現。

占領台灣後，日本殖民者很快把目光掃向了對岸，因為他們發現台灣與大陸尤其是福建有著政治、經濟、文化乃至人脈等等密不可分的聯繫，「福建省自古以來與本邦，尤其是台灣間，無論是在歷史上，商業上，政治上或是在其他各個方面都有很深的關係，這是為一般所認識的。」政治上，台灣在很長的歷史時期內都是福建的一個府，建省後仍然接受福建的協助，日據初台灣抗日力量也得到了來自福建的彈藥，資金及人員的支持；經濟上，兩岸更不用說是互補相依的關係，台灣與大陸的貿易遠超日本與台灣，而廈門更被視同台灣對外交往的中心站，台灣總督桂太郎即稱：「南清各地中，廈門隔澎湖列島與台灣相對，……台灣的貨物，盡集於廈門，而後向四方輸出，故廈門作為現今我風教貨物流入之新口岸，為我政事上，貿易上最重要之區。」文化上，兩岸人民同文同種，台灣與閩南粵東兩地風俗習慣，宗教信仰如出一轍，特別是福建「與台灣的關係密不可分，兩地人民均有家族關係，親子兄弟，隔海相依。」面對這樣的現實，日本殖民者很快便意識到了台灣統治與對岸經營兩者間的有機聯繫，桂太郎當時即提出著名的主張：「欲確立台灣經營之方針，非確立對清政策之方針不可，確立對清政策之方針後，非實行華南經營之政策不可，欲實行華南經營之政策，非舉福建及廈門經營之實不可。」台灣殖民統治的奠基者兒玉源太郎也說：「欲收（台灣）島民統治之全功，其著眼點不唯在島內之鎮壓與民心之收攬，必採取如下方針，即注意對岸福建省特別是廈門的民心，察其趨向，反過來謀求島民之安全，以達統治之目的。」

台灣與大陸相隔台灣海峽，兩岸經濟文化往來必由海路交通擔當其責，台海航運的重要性顯而易見。「新領土開發中不可或缺之一即交通運輸制度的完備，特別是殖民地與母國及海外諸國的航路（即便在海外貿易發展上）是其重要條

件。」針對日據初期台灣與大陸經貿關係遠勝於日台經貿關係的特點，甚至於有人提出：「對台灣的發展來說，南清航路比之其與（日本）內地的交通更為重要，換句話說，談到台灣的經營就必須將目光投向對岸地方。」儘管該言論有其偏頗之處，但「南清航運業的發展對我南清及台灣經營上有重大關係」已成為當時日人的普遍共識。然而，正如前面所談到的那樣，「素來台灣的商業幾為廈門香港等對岸外人所控制」，他們借德忌利士輪船公司獨占兩岸航線，高價攬收運費，占盡壟斷之利。面對「海上勢力範圍幾全為某海洋王國專占」的局面，日人認為「無論是從台灣經營或是從國家經濟政策出發，都迫切需要將南清交通機關收歸我手。」於是就有了台灣總督府巨額補助下的大阪商船株式會社以犧牲性的價格與德忌利士公司的競爭，並最終擊敗後者，掌握了台海航運的主動權。其後還繼續給予高額補助金維持航運，至1920年代計每年約在50萬元間，占總督府南方設施費的大頭，故時人稱：「在南支南洋策中，若有特別應予關注之事的話，那無過於是對汽船會社的航路補助費了。」

掌握了台海航路的控制權後，台灣總督府便利用其作為向對岸擴張的工具。首先，相繼開闢了由福州至三都澳，廈門至石碼的內河航線，將其勢力滲透到內地。其次，協助台灣的日本各大製糖會社拓展大陸市場，1910年，台糖大幅增產，為解決過剩台糖的出路，總督府配合台灣糖業聯合會，命令大阪商船株式會社即時開闢從高雄經福州、上海、青島、大連至天津的補助命令航線，緊接著是台灣銀行的跟進；一戰期間，為搶占西方列強留下的空白，又新闢由總督府補助的南洋命令航路。這些都反過來促進了島內日本資本及殖民地產業的發展。為此，人們指出：「台灣產業的資本家企業化，其所生產的商品及所積蓄的資本，是有恃於大阪商船的海運與台灣銀行的金融的。凡此都出於政府的援助政策，因此得以華南及南洋為主，實行對外的發展。」以至於當時就有人下了這麼個斷語：「台灣完全是日本資本南進的跳板」。可以說，正是日人掌控下的台海航運充當著這樣一塊跳板的作用。最後，尤應提到的是，台海航運的轉向連帶貿易方向的變更，使得台灣社會愈來愈緊密地與宗主國日本聯繫在一起，從而大大促進了台灣社會的殖民地化進程，「本來，台灣人來自福建廣東，其生活方式完全是中國式的」，但是隨著廉價日本商品的大量湧入及高關稅下大陸商品的阻隔，

「乃以日本商品供作台灣人的生活用品，且使其生活方式日本化。」所以矢內原忠雄尖銳地指出：「這一變化的社會意義，是割斷了台灣與大陸的紐帶，使與日本相結合。」

　　日資對台海航運的獨占，同時也限制了台灣人及台灣土著資本的向外發展，其對台灣生產者造成直接經濟損失的典型案例便是1925年的香蕉自由輸出問題。為避風開中間商的盤剝，當時台中的農民繞過官方的青果同業組合直接把香蕉運到基隆港輸出，遭到台中州當局的極力阻撓，其殺手鐧就是「公然向郵船會社制止運載自由共同移出的芭蕉」，以至「運到基隆的芭蕉總數約二千籠，堆積如山，將在腐敗之中」，給台灣農民造成巨大損失。為了打破日人對航運的壟斷，台灣人曾謀求設立自己的輪船會社以與之抗爭，他們說：「台灣的移輸出大概是米木材青果為大宗品，移輸入是肥料木材為大宗品。這是台灣移出輸出和移入輸入商經營的事業，而其所積載的船隻不是大阪商船就是日本汽船，此外尚有山下或是東洋汽船等，但是至今還沒有一個台灣人經營的船會社。」因不斷有日資輪船會社拒絕運載貨物，提高運費等事情發生，台灣本地產業界的不少有志者起而呼籲組織船會社，「為要保障生產者的利益，移輸出入的利便，台灣人不得不組織船會社，而自己經營生產品的移輸出，與外國日本內地品的移輸出。」他們認為，「台灣住民的生產機關與交通機關，一旦能夠如意聯絡起來，本島住民的經濟權前途就有許多希望，且能夠排除一切的困難。」然而，扶持和保護日本人的利益壓制台灣人的利益及其正當要求是日本殖民者的既定政策，台灣人自己組成輪船會社的願望最終未能達成目標。這一事例使我們聯想到它跟台灣人創辦的金融機構大東信託所面臨的命運何其相似，只要是觸犯到日人對台灣經濟領域壟斷地位的行為都被視同對其殖民統治的一大威脅，以至台灣人「不得不繼續的和反動勢力惡戰苦鬥」。

　　台灣銀行頭目添田在其發表的題為《台灣與福建》的談話中說：作為日本對岸擴張的兩翼，一是台灣銀行在華各金融分支機構的設立，另一就是台灣總督府熱心推動並在商船會社配合下的海上航路的拓展，交通與金融互輔相成，共同奠定了日本「在華利益線」的基礎。對於台海航路指定航線，李友邦曾經做過如下評論：「這官命航線之規則，共有八條，其第一條為：船客荷物之運費，要經總

督之認可,因此,官命航線之特質,是在於被統制於台灣總督府一點。」就其在台灣經濟及對外關係上的重要性,他說道:「官命航線之開始,是與築港及敷設鐵道之發達,互相照映,而造成了鞏固了一個很大的市場。」矢內原忠雄則更總結了日本對外殖民主義的一般規律,從政治力與經濟力交互作用的宏觀角度地分析了日據下的台灣航海交通,他指出:「日本資本是隨著日本國旗而來台灣,驅逐外國資本,造成自己的勢力;依賴日本國內的投資與本島人資本的動員,發展資本家的企業,終於形成帝國的及地方的獨占,使台灣事業界的一切,都掌握在日本人大資本家的支配之下,更以台灣為基礎而向外發展。」顯然,日本殖民地台灣之對外航運事業及與大陸的海上交通,基本上就是沿著這麼一條軌跡向前發展的。

第二節　日據時期的大陸赴台勞工

隨著台灣淪為日本的殖民地及台灣與大陸的關係的變化,台灣成為日本帝國的所謂「領土」,大陸變成所謂「外國」;台灣人在《馬關條約》簽訂兩年後轉為「日本臣民」,而大陸民眾則淪為所謂的「外國人」,並且是不能擁有與其他國家公民平等權利的「支那人」。於是,作為「外國人」的「支那人」不能隨意出入台灣,大陸人民數百年來的渡台移民史,就這樣被人為地切斷了。

然而,台灣人原本就是大陸移民及其後裔,兩岸人民間有割不斷的親情和阻不斷的往來,況且隨著台灣島內經濟的發展,在歷史上逐漸形成對大陸勞動力資源的依賴(譬如茶工)。因此,要完全斷絕大陸民眾赴台實際上是不可能的。儘管日本殖民者採取種種限制措施,仍然有相當數量的大陸民眾陸續到台灣工作、探親和從事其他各類活動,其中又以勞工占赴台者的絕大多數。由於台灣與大陸關係的新變化,這些赴台者被日人稱為「華僑」,從而在台灣地方史上呈現為特定歷史背景下的特殊移民群體。

一、日本殖民者對大陸勞工赴台政策的變化

如所周知，日本殖民者占據台灣伊始，台灣人民就開展了一系列的反抗鬥爭，在這些武裝鬥爭中，大陸民眾給予了相當大的支持，不少抗日武裝集團獲得來自大陸的槍枝、彈藥乃至資金的支持，同時也有相當數量來自大陸的有生力量加入了台灣人民抗日鬥爭的行列。由此之故，台灣總督府認為大陸赴台人員是造成台灣社會不安定的一個重要因素，要求限制大陸人員赴台，1896年1月1日頒布實施《清國人入境台灣條例》，規定：

（1）清國人只能在基隆、淡水、安平、打狗等四個港口上岸。

（2）登岸時須攜帶官方證明書，並寫明籍貫、姓名、職業、年齡和渡航目的。

（3）禁止勞工及無固定職業者上陸，以維護地方安寧秩序。

大陸赴台者之絕大多數為勞工，而台灣社會所需最殷者亦為勞工，尤其是近代台灣茶葉生產、貿易發達之後迫切需要大量大陸茶工，因而日本殖民者的該項禁令給台灣經濟帶來很大的負面影響。1897年製茶季節來臨的時候，居然沒有一名大陸茶工前來。執台灣製茶業之牛耳的大稻埕茶商紛紛要求日人改變政策，他們在陳情書中稱：「本島製茶職工依賴中國人以應其需要，禁止彼等渡台，不僅事關本島茶業的興衰，而且對茶葉貿易將產生重大影響，製茶工為有一技之能者，不應與普通茶工同等視之。」英美領事館亦就此提出交涉。迫於壓力同時也出於維持殖民統治初期尚未穩固的經濟局勢，台灣總督府不得不修改其政策，於1898年10月13日頒布《清人茶工券規則》，其中規定茶工入台須持有茶工券，茶工券有效期為一年。為防範茶工券買賣情形的發生，設置台帳詳記申請者的相片、住所、姓名、年齡及許可證號碼，交付駐廈門領事館審核之用，登陸後由台灣官方再次核對。普通勞工渡台則仍在禁止之列。

兒玉、後藤時期，台灣殖民地體制基本確立，殖民地經濟漸具規模，尤其是台灣事業公債法施行後，島內基礎設施建設次第展開，譬如港口、鐵路、房屋建

設、土地調查等。島內勞動力資源頓時緊張，工人薪水呈上漲趨勢。曾有部分日人主張從日本內地移民台灣，但事實表明日本人對台灣氣候的適應性很差，吃苦耐勞方面比之大陸勞工更是相形見絀。顯然，原有對大陸勞工的嚴厲限制措施已不合時宜，1899年7月18日頒布《清國勞動者取締規則》，其宗旨即採行契約移民的方式引入大陸勞工，而不僅限於茶工。赴台勞工首先應與華工承包商訂立契約，承包商則向官府交納保證金，向勞工發放證明書以供隨時檢查之需，並且在勞工病難時提供贊助，對被認定有礙治安的勞工有負責送返大陸的義務。

但是，契約移民方式下的勞工輸入實行效果卻很差，一方面承包商無法有效行使監督之責，另方面費用高昂使得他們幾乎無利可圖。如1903年輸入一名勞工，在廈門收取的費用為三元八十錢；而登陸後須向政府交納二元，所餘一元八十錢，扣除僱請苦力頭、勞動病難救濟金及其他費用，所剩不多。以至於承包商從一開頭的13家到1904年10月驟減至1家。《台灣日日新報》為此慨嘆：「近來一名勞工都未能輸入，原因是利益畢竟太少了。」

1904年9月24日，台灣總督府頒布實施《中國勞工取締規則》，其特點是，勞工不分種類可依同一規則申請赴台，來台者只要持有證明書，即可自由前往各地，新增加的內容還有取消多位承包商共同從事勞工輸入事業，而由一家特許機構統管其事。對身體不健康，禁止在台居住或身分不明者不許渡台。

特許經營大陸勞工輸入業務的企業，最初為南美移民大陸殖民會社兼營，繼而由新設之台華殖民合資會社專營，該公司後改稱南國公司。南國公司總部設於台北，廈門、福州設立支店，基隆、淡水、台南、汕頭、東京（越南北部）設出張所，同時在各地僱用買辦與申請者接洽，並辦理相關手續。

南國公司的經營活動到1940年面臨了困境，「七七事變」後，台灣人作為漢民族，他們在戰爭中究竟站在哪一邊，已引起日本人的關注，而在台工作的大陸勞工是交戰國公民，他們的動向則更使日本殖民者感到擔憂。出於所謂「維持治安」、「防範間諜」的考慮，總督府強化了對大陸勞工赴台的控制。戰時在台大陸勞工許多都依照國民政府的指令撤離，輸台勞工業務幾近停頓。這就使得以此為主業的南國公司陷入經營窘境。於是，由一家具備官方背景的「國策會社」

來接手此事便成為總督府的優先選擇。1940年6月，台灣拓殖株式會社正式承辦大陸勞工赴台事宜。從此，大陸勞工輸台事務納入殖民當局的直接監督之下。

這一時期輸台勞工限制條件逐漸強化，每年大陸勞工赴台限一萬人，當局在認為必要時可予增減，拓殖會社須交納一萬元保證金，並且必須執行當局的相關命令。赴台勞工須按指定日期、指定船隻在指定之地點登陸，台灣拓殖會社人員上船驗證勞工渡航證明書。然後接受官方調查，換發上陸許可書，勞工在台期間應隨身攜帶。返回大陸時，向由台拓人員審查其滯台期間有無違法情形，交付歸返證明書方可成行。

儘管當時屬戰爭時期，台灣企業對大陸勞工的需求依然存在，如金瓜石礦山在1940年5月曾申請招入1000名大陸勞工。此外，日本ァルミ會社、台灣電力會社、台灣工業協會等都提出類似請求。但根據統計，自台灣拓殖會社接辦之後，直至1943年中，「沒有一名勞工從對岸中國渡台」。究其原因，大致在於大陸沿海居民本身飽受戰亂侵擾，無意外出務工，加上國民政府嚴厲封鎖措施並限制民眾與敵方來往，勞工亦無法外出。故日人稱，只要這種「異常狀況繼續存在，大陸勞工便無望渡台。」

日據時期的赴台勞工，除了在申請渡台、辦理相關手續、在台滯留等等各方面都受到嚴格審查和限制之外，其在台務工期間的待遇也是很低的。在身分上，他們被視為外僑中的「華僑」，卻無法享有其他國家僑民所擁有的權益。外僑不必納入保甲體系，大陸勞工卻必須受其約束。在刑罰上也受到不人道的笞刑待遇，而其他外僑則免受。經濟待遇上，其薪水比之日本人低自不必說，較之台灣本島人亦低20％多，並且不得在台擁有土地所有權，不得設立單獨的株式會社，等等。所以台灣學者稱：「台灣總督府如此不友善的待遇，使華僑在台成為三等國民。」

二、大陸赴台勞工結構分析

台灣作為一個主要由移民開發建設起來的地區，其社會人口構成中，祖籍福建、廣東者占絕大多數。據1926年的統計，全台漢人中祖籍福建者占83.1%，祖籍廣東省者占15.6%，其他省籍僅占1.3%，它基本上反映了日據前台灣移民歷史的發展狀況。

日據時期大陸赴台勞工籍貫與此前相比並未發生大的變化，因為他們實際上是歷史上的移民行為在台灣處於殖民地社會下的一種特殊的延續。1904—1934年赴台勞工以來源地劃分之統計情形見表4.5。

表4.5　1904—1934年赴台勞工鄉貫別統計

單位：人

省籍	1904年	1914年	1924年	1929年	1934年
福建省	4301	5767	5967	6901	10126
廣東省	229	141	355	1199	1282
浙江省	20	41	345	2097	1874
江西省	94	41	8	634	191
其他	69	120	145	70	57
合計	4714	6080	6819	10895	13530

資料來源：井出季和太：《從民族活動看台灣與南中國》，《東洋》（台灣特輯號），東京，昭和十年版，第109頁。

顯然，來自福建的勞工占了絕對的優勢，一般在總數的90%以上。緊隨其後的是廣東、浙江。但是，1929年後，浙江勞工異軍突起，超過廣東而占居次席，江西勞工數亦急劇增加，這是台灣移民史上從未有過的事。不過，仔細分析後發現其原因是當時基隆煤礦、金瓜石金礦大量招收礦工所致，應屬偶發現象。在福建省內以閩侯、惠安為主，其次為長樂、安溪、晉江、仙遊、莆田等；廣東省內以潮陽為主，其次為饒平、大埔、梅蕉嶺、澄海等；浙江省則以瑞安、平陽為主，其次為永嘉、玉環等。從職業分布情況看，製茶工幾乎全部是泉州人，人力車伕原為漳州、泉州人，後興化人（莆田、仙遊）占六成以上，鞋匠以漳泉人居多，而福州人占據了大部分廚師、理髮及製販豆腐的職位，此外，來自福州地區木材工人也不少，但後來又讓位於浙江溫州人，裁縫工多為福建人，雜役夫為

福州、溫州、江西人，漁夫為汕頭泉州人，而編織工則是這些勞工家屬充任。

以往大陸移民赴台主要港口為廈門、蚶江、汕頭、閩江口，其中廈門為最主要口岸，登陸口岸除安平、鹿港、淡水外，沿岸還有許多大小港灣可供私渡登岸。日據時期兩岸往來航路趨於集中化，出發港有廈門、福州、汕頭，到達港有淡水、基隆、台南、高雄，值得注意的是，從福州出發的勞工在30年代中期超過了廈門，相對應的自基隆登岸者占了80%左右，而從台南上岸者幾乎沒有，這跟清代及其以前的情況發生了相當大的變化。僅以1935年為例，以出港地分，廈門5681人，占38%；福州7762人，占52%；汕頭1150人，占8%。以登陸地分，淡水904人，占6%；基隆12233人，占81%；高雄1897人，占17%，台南為零。從大陸勞工在台分布狀況來看，絕大部分在台北州，其次為台南、高雄。1940年大陸勞工在台北州占52.16%，台南州占15.51%，高雄州占14.01%，台中州占8.23%，花蓮廳占4.35%，新竹州占3.94%，台東廳占1.55%，澎湖廳占0.15%。這種分布狀況與台灣近代以來經濟重心逐漸北移是相一致的，畢竟經濟發達地區對勞動力需求較大，就業機會較多。

大陸勞工赴台在不同時期人數有不同的變化，呈現為波動曲線形態。歷年大陸勞工赴台情形見表4.6。

表4.6　1904—1934年大陸勞工出入台灣人數

年份	渡台數	返回數	差額	滯留數
1904 前	—	—	—	4424
1904	290	2335	2043	2381
1908	4956	4267	689	5448
1912	6972	5290	1682	11989
1916	6092	5876	216	13731
1920	7693	5212	2481	20533
1924	6819	6544	275	26278
1928	10372	7835	2538	34531
1929	10895	9031	1874	36405
1930	12392	9757	2655	37186
1931	8427	11206	2779	39050
1932	7129	8298	1169	36271
1933	8623	6306	2317	35102
1934	13532	7193	6337	43756

資料來源：井出季和太：《從民族活動看台灣與南中國》，《東洋》（台灣特輯號），東京，昭和十年版，第108—109頁。

從表中資料結合松尾弘等提供的數字我們可以看到大陸勞工赴台有三次高峰，第一次是1921年，第二次是1930年，第三次是1935年；而明顯的渡台低潮有兩次，一為1932年，一為1938年後基本上停止。離台返鄉也有兩次顯著的變動期，分別是1931年和1937年。至於影響大陸勞工赴台人數起伏的因素，大概可以分為以下幾個方面：

其一，日本殖民當局政策。前面我們曾經談到，台灣總督府針對大陸勞工赴台先後制定、頒布了一系列政策措施，總的精神是嚴格審查赴台人員，限制赴台人數。因此，大陸勞工赴台一直只能以低水準的程度緩慢增長。顯然，台灣的殖民地地位，使得數百年來大陸人民移居台灣的正常發展被打斷，此後台灣漢族人口的增長中，外來人口影響力便大為減弱。

其二，兩岸關係。台灣作為日本殖民地，兩岸關係不能不受到中日關係大環境的制約，大陸勞工赴台同樣如此。一個顯著的例子就是，1937年「七七事變」爆發後，中日兩國成為交戰國，在台灣的大陸勞工該年離台返鄉數創下了日據時期最高紀錄，達2萬餘人，而渡台勞工數則在第二年降為零。

其三，台灣經濟景氣狀況。相關研究表明，1912-1940年間台灣工業增長率平均每年達6%左右，工廠職工數從28548人增至78571人（1937年），台灣本地中小企業也獲得發展。對勞動力的需求在經濟景氣上升時期愈是顯得急迫，而大陸勞工在一定程度上正可補其不足，但在景氣回落時，則對大陸勞工又產生一種「擠出」效應。比如在日據初期百業待興，勞工赴台自受其制約；其餘如戰後衰退期，日本關東大地震餘波殃及台灣等等，都使大陸勞工進出台灣人數發生一定的變化。

第四，勞工原鄉社會經濟狀況。經典移民理論告訴我們，影響移民行為的主要因素有兩個方面，除了移民目的地對移民吸引力（即拉力）外，另一個就是移民原住地對移民的推動力（即推力），此種推拉之合力最終導致移民行為的發生。清末至民國期間的東南沿海地區，除少數通商口岸外，廣大農村地區地少人稠，經濟發展相對落後。據調查，民國期間，福建全省就有13個縣為米薯兼食區，5個縣為甘薯主食區，人民生活困苦。農業生產工具及技術亦與明清時期相類似，工業近代化程度更是極其有限。再加上地方土豪劣紳的盤剝及混亂動盪的政局，勞工紛紛離鄉外出。他們的目的地除南洋各國外，地理相近、文化相同、鄉親眾多的台灣便成為重要的選擇之一。

三、在台大陸勞工團體及其反日鬥爭

大批大陸勞工渡台後，自身的權益長期得不到保障，日本殖民者又採取歧視性的「差別待遇」政策，不許他們興辦學校接受教育，若有違規之處，更是押解出境，而當時的中國政府卻無力保護他們。因此，本世紀初開始，一些在台大陸勞工陸續成立團體以圖互助自救。最初的勞工團體大致不脫封建時代會館的窠臼，如三山善社、廣東台北公會等等，即以祖籍為分野、鄉情為臍帶，基本上屬於一種互助組織。不分祖籍而以近代社團形式設立的團體，當萌芽於1902年台南的「清人組合」，而至1923年成立的華僑俱樂部初具雛形。1923年10月10日

創立的中華會館，則標誌著全島性的在台大陸人（所謂「在台華僑」）團體的正式誕生，參與者中又以在台勞工占絕大多數，約為74.1%。

1910年代中期，台灣民族運動逐步發展起來，尤其是1921年台灣文化協會及1927年台灣民眾黨成立後，台灣民眾的民族意識普遍覺醒，反抗日本殖民者經濟剝削和台灣總督府專制政治統治的鬥爭在全島各地次第展開。在台大陸勞工與台灣本地工人階級一樣，身受日本資本、本地民族資本的雙重壓迫，處境艱難，備受歧視。為了維護自身利益，他們也積極行動起來，自1923年起，成立了各行業工會組織，投身於台灣民族運動的潮流當中。

因此，日據時期在台大陸勞工團體，基本上有兩條縱向的組織脈絡，一為中華會館及下屬各地分館，一為各地大陸勞工成立的工會組織，其大致情形可列表如下（括號內年分數字為不同資料提示之不同說法，存之以待查證）：

表4.7　在台大陸勞工團體一覽表

中華會館系列	創立年份	會員數	工會團體系列	創立年份	會員數
高雄支部	1924	430	台北華僑洋服工友會	1923（1925）	130
台中支部	1924	344	台北華僑線面工友會	1924（1926）	150
埔里支部	1925	114	台北華僑木工工會	1925（1927）	120
基隆支部	1926	600	台北華鞋工友會	1925	40
台南會館	1926	630	台北華僑桶業商工聯合會	1926	130
台南會館白河支部	1926	28	台北華僑細木工友會	1926	125
北港支部	1926	60	台北華僑漢服工友會	1926	215
台中支部斗六分館	1926	?			

續表

中華會館系列	創立年份	會員數	工會團體系列	創立年份	會員數
蘭陽支部	1926	200	台北華僑錫箔工友會	1927	195
屏東支部	1926	500	台北華僑料理店員工會	1927	130
嘉義支部	1926	300	基隆華僑木造物同志會	1927	160
花蓮支部	1926	200	嘉義華僑洋服工友會	1927	80
苗栗支部	1926	40	高雄華僑料理屋飲食店員會	1929	241
旗山支部	1926	150			

資料來源：山邊健太郎：《現代史資料》（21）台灣（1），みすず書房，1971年版，第514—515頁。

向山寬夫：《日本統治下之台灣民族運動》，中央經濟研究所，1987年版，第834頁。

許雪姬：《台灣中華總會館成立前的「台灣華僑」，1895—1927》，《近代史研究所集刊》第20期。

需要說明的是，表中僅僅是列舉了1923—1929年間部分在台大陸勞工團體的情況，據1929年末統計，在台大陸勞工工會組織有22個，會員1998名。此外，1929年2月21日成立的台北華僑總工會，有台北錫箔工友會、台北木工會等十個工會參加，委員長為台北中華會館的高站鴻，它標幟著會館、工會兩個系統大陸勞工的互融和團結，從而增強了自身的力量。

據1928—1929年的調查，在台大陸勞工團體有木工4個，437人；裁縫工6個，389人；理髮工3個，148人；面類1個，95人；店員2個，371人；雜工6個，401人；其他1個，45人。值得注意的是，大陸勞工工會組織大多受台灣民眾黨的指導，而與文化協會的關係則十分淡薄，如1928年民眾黨系大陸勞工團體有5個，而文化協會旗下卻沒有一個。1929年台北華僑總工會成立時，就有民眾黨幹部鐘麟、黃周、郭發、張晴川、林謝烏番、楊江海、陳木榮、盧丙丁等出席道賀。台灣民眾黨在它的政策中也明確提出要求台灣總督府撤廢包括「支那勞動者取締規則」、「南國公司許可制」等歧視大陸勞工的「惡法」。此種情形的出現，與民眾黨建黨思想中「應以農工群眾為解放運動之主力」這一指導原則密切關聯，領導人蔣渭水就曾表示：「民眾黨今日能被社會肯定，被官憲重視的原因，在於民眾黨背後有工友總聯盟三十三團體及一萬數千名勞動者。黨不能輕視勞動運動，且對勞動運動之指導已明示在黨的政策中。」這與文化協會將工作重心側重於農民運動有很大的不同，所以在台大陸勞工團體大部被納入民眾黨麾下是很自然的事。

大陸勞工團體在工人運動中發揮的作用（由於規模和力量的限制）相對於台灣本地工人來說，要弱小得多。1930年發生的59件勞動爭議中，參加者15706人，其中大陸勞工僅10人；1931年52件勞動爭議2256人參加，大陸勞工有164人；1932年比例為2000對138，1933年為1571對48；1934年為1294對53。顯

然，大陸勞工在台灣工人運動中只起次要的作用。但大陸勞工運動的意義仍不容忽視。首先，它是作為所謂「外國人」的大陸勞工奮起反抗日本殖民統治者壓迫和資本家剝削的鬥爭，是大陸民眾參予、支援台灣民族運動的重要內容，具有民族反抗的積極意義；其次，在工人運動中，大陸勞工與台灣工人團結一致，共同抗爭，使日本殖民者不能不意識到二者同為漢民族的民族性，並為此感到擔憂和警覺。如1927年4月30日發生在台北市的台灣人力車伕與大陸人力車伕共同罷工事件即是一例。當時台北市有台灣人力車伕746人，大陸車伕1271人，他們共同計劃脫離當局強制車伕們參加的所謂車伕組合而自主組織工會，遭到警察的禁止，正逢日人開通台北市內巴士嚴重影響了他們的生計，故以此為導火線舉行罷工，但立即被鎮壓，有22人被捕，台灣民眾黨指導了這次罷工。1929年2月，台北木工工友會在民眾黨領導人蔣渭水的直接指導下，向資方提出提高薪水、縮短勞動時間等4項要求，遭到拒絕。為此工會發出罷工指令，在台大陸勞工團體台北華僑木工工友會起而響應，參加罷工，引起當時殖民當局的震驚。除拘留民眾黨幹部外，總督府將台北華僑木工工友會6人拘捕，並以煽動罷工為由把鄭紀祥等4名大陸勞工遣返大陸。這次罷工被稱為「台灣工人與大陸工人共同鬥爭」事例而載入史冊。

第三節　日據時期台灣與大陸的文化聯繫

在台灣歷史上，伴隨著大陸移民的陸續湧入，中華文化逐漸在全島各地拓展、承傳並扎根下來。甲午戰後，台灣淪為日本帝國主義的殖民地，日本殖民者在台強力推行同化政策，台海兩岸一體性的文化聯繫被暫時切斷。然而，相對的隔離狀態和人為的藩籬，並不能阻止台灣人民以極大的愛國熱情繼續傳播中華文化，日據時期台灣地區中華文化依然綿延不息。

一、日人文化隔離政策與台灣民眾的抵制

在世界殖民史上，殖民者所實施的統治政策，大致可分為自治和同化的兩大類型。前者是保留並利用殖民地舊的權力結構來替統治者服務，後者則是力圖將殖民地的社會制度及生活方式改造成與母國相同的模式，使殖民地成為宗主國的延長。日本在台灣的殖民統治，即是以同化為其最高目標，所謂的「同化主義」、「內地（日本）延長主義」等口號，即清楚地表明了這一點。

不過，由於歷史、人文的原因，台灣人民作為中華民族的一分子，在幾千年文明史的薰陶下，有著自己固有的中華文化傳統，台灣地區與大陸的聯繫，歷來十分密切，這就給日本殖民者的同化政策帶來了嚴重的阻礙。為了達成其統治目標，日本殖民當局實施了一系列旨在隔離兩岸中國人政治、經濟乃至文化聯繫的施政措施，其主要內容如：改變台灣的關稅制度，使大陸與台灣的貿易變成為「國際」貿易關係，而台灣與日本的貿易則成為「國內」貿易，從而大大降低台灣對大陸的貿易依存度，提高對日本的貿易依存度，將台灣納入日本經濟圈；在人員往來方面，對於台灣人到大陸，實行「渡華旅券制」而予以種種限制，違反者則處罰之；對於大陸人民到台灣，早自1895年即發布過特別限制入境條例，普通勞工入台，更要求攜帶渡海證明書，在規定的地點上陸，等等。在台灣島內，則傾力實施同化政策，台灣總督明石元二郎稱：「本來，集日本人與台灣古來的民族而統轄之，實為困難之事。……然困難固屬困難，帶至新領土之精神，其目的不外乎使此領土無異於日本。」他們圖謀以教育和普及日語逐步消弭台灣人固有的中國文字和蘊含在文字中的民族思維方式，「使台灣人轉變成為日本人」，公學校漢文僅作為隨意科，每週教授二小時，中等以上學校，對漢文則採取日本式的讀法教學，完全失去漢文作為中國人思維工具的意義。對此，台灣同胞憤怒地說：「噫！同化！假汝之名的日本語中心主義，真是拘束並抑制我們心靈的活動，使從來的人物一無所能，使一切政治的社會的地位都為日本人所獨占。」在思想上，則試圖「使台灣民眾成為純粹的帝國人民，忠誠於日本朝廷，且須予以教化與指導，涵養其對於國家的義務觀念。」此外，還在社會生活的各個方面，灌輸日本文化及生活方式，以使台灣人的衣食住行乃至行為模式都日本化，即從外到內的「台灣人日本人化」。日本殖民者的上述政策，矢內原忠雄精闢地概括為「是拿台灣拉開中國而與日本相結合」。

由此之故，在日本殖民統治時期，台灣地區中華文化受到日本殖民者的百般摧殘，雖然一部分士大夫組織各種詩社，以圖維護漢文、漢學的一線生機，但這種孤立的抵制只能是在殖民統治機器高壓的縫隙中掙扎圖存，缺乏生命力和持久性。隨著近代民族運動的興起和台灣人民民族意識的高漲，台灣民眾逐漸認識到這種民族文化的危機感，意識到振興台灣地區傳統的民族文化的根本途徑，是恢復和發展同大陸的文化聯繫，使台灣文化與大陸文化的脈博一起跳動，並不斷吸收大陸文化的新精華，提升台灣文化的品質，以與日本殖民者的同化政策做鬥爭。葉榮鐘在談到當時的情形寫道：「割台以後的台灣知識分子，面臨亡國的苦痛與異族的欺凌，其眷念故國之情與文化衣冠之感，自然比較大陸的同胞更加痛切是不難想見的；但是嚴酷的現實，卻使他們無法接觸到大陸的體溫和脈搏（日本人據台後即實施嚴厲的將台灣與大陸隔離的政策），至於思想之潮流、文化的動向更是一無所知。在當時的一般讀書人，除卻四書五經以外，更不知天下還有書可讀，遑論思想文化。在這樣的情形下，而能夠對祖國的事情、世界的大勢獲得一知半解的人，可說是鳳毛麟角。」張我軍也痛切地說：「我台灣自割歸日本帝國以來，因種種的關係，對於中國的事情，不可得而知。在這三十年間，中國的社會上、政治上、學術上、文學上、思想上的急激的變遷，已完全變換了一個和從前大不相同的中國了。今日在台灣人心目中的中國和實在的中國，相去委實很遠！政治上的變遷，因有新聞紙為之報導，所以較為明白一點，至於政治以外的事，極少有人去研究、去報導，所以簡直『莫名其妙』。」針對這種情況，有人在《台灣青年》雜誌上撰文云：「回顧起來，我台灣文化，是以中國文化作為現在文化的基礎；風俗、人情、社會制度等，無不如此。」、「中國是我們的祖國，歸日本領有之前，我們是中國的一部分。」呼籲台灣民眾基於這種歷史的淵源關係，「永遠保持與大陸的文化的聯絡」。就這樣，在台灣一批富有愛國心的先進知識分子的積極促進下，台海兩岸的文化聯繫開始得到了恢復和進一步發展。

二、傾力引入中國書籍

中國書籍的傳播是日據時期海峽兩岸文化聯繫的一個重要方面。日本殖民者占據台灣之後，為了使台灣人民逐漸淡忘中國並脫離中華文化的影響；對於來自大陸的各類書籍採取嚴格的審查和限制措施，台灣總督府還頒布了《台灣出版規則》，以加強對台灣民眾的思想控制。因此，日據時期大陸書籍進入台灣相當困難，其情形有如張我軍所指出的那樣：「台灣自從割讓日本以後和中國的來往就不如昔日，而中國書報的流通也就幾乎斷絕，尤其是文學革命以後出版的書，在台灣書鋪裡差不多找不出一部。雖然並不是沒有人直接由中國取來，但其數卻極少。」面對這種情況，以莊遂性、蔣渭水為代表的台灣民族運動領導者，分別開辦了中央書局和文化書局，大力引進大陸書籍，進行中華文化的傳播和弘揚工作。

　　自稱「中國的台灣人」的莊遂性，是台灣中部地區民族運動的骨幹，他曾在許多場合傾訴「台灣同胞被異民族統治的慘淡情形」，「用熱情真摯的態度，表示台灣人對祖國的心情。」留日期間，他接觸了大陸「五四」運動之後出版的許多新書籍，明治大學畢業後，又在北京、上海等處，親見大陸出版業發達、書刊汗牛充棟的實況，從而萌發了介紹大陸書籍到台灣的念頭。回台追隨林獻堂從事民族運動之後，更深刻體認到要進行文化啟蒙運動，就有必要創造一個富有文化氣氛的環境，以「介紹祖國文化」。於是，1925年在台中創辦了中央書局和中央俱樂部，他在創立趣旨書中寫道：「夫社會生活之向上，有賴協同互助之社交的訓練，而普及健實之新智識學問，啟發高尚的新生活興味，尤為目下之急務。……普及良書，便利學徒的趣旨；置圖書部分，售國文書籍而外，並為不通國文或慣讀中文的朋友便宜計，特為介紹中文書報……」

　　中央書局成立後，莊遂性於1926年親赴上海選購各類書籍、文具，並與商務印書館、開明、世界、中華等書局建立聯繫，書籍刊物源源不斷地進入台灣，中央書局不久就成為全台中規模最大、書籍種類最豐富的中文書刊供應點。透過中央書局流入台灣民眾手中的中文書籍，對於涵養、保存乃至振興台灣地區中華文化，起著積極的作用。葉榮鐘評價道：中央書局「對於中國文化之普及，與漢文的保存，實有很大的貢獻。」

文化書局是台灣民族運動健將蔣渭水在台北開辦的一家傳播大陸文化及世界新思想、新觀念的文化場所。1920年代的台灣，正處於文化啟蒙運動蓬勃開展、各種社會思潮紛至沓來的時期，為了醫治台灣人的「知識的營養不良症」，介紹大陸新文化，以「助長台灣文化之發達」，1926年7月，文化書局正式成立。蔣渭水在《台灣民報》上刊登的啟事稱：「同人為應時勢之要求，創設本局，漢文則以介紹中國名著兼普及平民教育，和文則專辦勞動問題農民問題諸書，以資同胞之需，萬望諸君特別愛顧擁護，俾本局得盡新文化介紹機關之使命，則本局幸甚，台灣幸甚。」從這則啟事看，文化書局的使命是介紹新文化，這當中既有中國文化知識又有勞農問題著作，而後者則大致來自日文。不過，前者側重於文化觀念的灌輸，後者著眼於民族運動知識介紹，則是十分明顯的。換句話說，在文化上，蔣渭水傾力傳揚的是中華文化。文化書局第一次推出的「中國名著」，即有新文化叢書、孫文民生主義、孫文建國方略、梁任公近著、中國古代婚姻史、胡適文存新集、中國哲學史大綱、梁漱溟東西文化論及其哲學、章太炎國學概論、中國文化史、民國政黨史、東方文庫全集等等。以後還陸續推出「中國新到的好書」，其中有關書籍如：東方文化、中國政治論、王陽明全書、孫逸仙傳記、中國文化史、孫中山先生軼事集、綱鑑易知錄等，則為介紹中國悠久文化傳統和近現代文化名人的書目，這對當時振興台灣地區中華文化的浪潮，起了積極的推波助瀾的作用。

　　蔡培火指出：「在日本帝國主義統治下的台灣，要保存一線中國傳統文化的命脈，是當時知識分子尤其是年長一輩父老所夢寐不能忘懷的問題。各地詩社林立原因在此，要求公學校（國校）恢復漢文課程的原因也在此。當時販賣中文書籍的書局寥寥無幾，而且賣的都是線裝書，新文學運動以後出版的書刊幾乎完全沒有。中央書局與文化書局的出現，在普及中文書籍，保存傳統文化方面，可以說是盡了很大的努力。其次是把五四運動以後的新潮流導入這個和大陸隔絕已久的台灣，這一點雖然不能說全係這兩家書局的功勞，但其貢獻應予以相當的評價。」

三、讀報社與漢文學習班

　　報刊是近代社會中資訊容量大、傳遞速度較快的一種傳播工具，其對社會各階層民眾的影響力，相對書籍來說，更為廣泛。因此，在日本殖民統治時期，對台灣人自己創辦的報紙——《台灣民報》，台灣總督府予以諸多限制，最後迫於島內外輿論及民族運動高漲的壓力，才無可奈何地允許在島內發行。至於大陸報刊的輸入，日本殖民者則千方百計地設置各種障礙，強化控制。台灣總督府規定從大陸輸入的報刊不得有以下內容：「（1）阻礙內（日）台融合；（2）慫恿台灣獨立或挑唆民族意識；（3）誹謗總督使之失卻威信；（4）對台灣統治及施政方針進行惡意宣傳使得島民產生疑惑念頭。」因此，大陸報刊不斷遭到日本警察的無端審檢和查扣，台灣人民要閱讀祖國報紙、關心祖國消息的願望便很難得到實現。

　　文化協會成立後，隨著中華文化復興運動的展開，台灣人民的中華文化意識及抗日民族意識日益高漲，對大陸的關心與日俱增，他們說：「我們是具有五千年優秀歷史的漢民族的子孫」，「我們是純粹的漢民族，而且具有四千年的文化。這文化曾經威壓世界，做過世界的盟主，今天竟然變成如此的地位，那是因為缺乏自覺和團結而來的。」為了維護中華文化傳統，文化協會開始積極行動，將人們組織起來，傳播中國消息，加強與大陸的文化聯繫。其中的主要形式之一，即是讀報社的成立和漢文學習班的興起。

　　日本殖民者在其內部出版物中曾寫道：「台灣文化協會在會則的表面上，雖然只揭櫫著抽象的目標，謂乃在『助長台灣文化的發達』，可是究其設立動機及目的，是以促進台灣島民的民族自覺、爭取地位為任務。」而「讀報社是以島民啟發事業之一開設的新聞雜誌閱覽所之謂」，其目標，即在於文化啟蒙，這也正是文化協會的一貫宗旨所在。文化協會自創立後到1922年初，先後在新竹州下苑里、台中州下草屯、彰化、北、員林、社頭及台南州下嘉義和高雄等八處設置了讀報社。到1923年，在高雄州下屏東、崗山、新竹州下湖、台北等地再增設讀報社。此後各地讀報社數目互有消長。在這些讀報社裡，「除了台灣島內及日

本內地的報紙雜誌之外,並特別備置各種中國報紙雜誌(十數種)以供一般民眾閱覽,如其中刊有關於殖民地解放運動的記事,則採取加以筆圈點來喚起注意的方法,所以自開設初時,閱讀者即已不少。」

漢文漢字本來就是台灣人固有的文字,然而,日本侵據台灣之後,在全島推行日語普及教育,漢文在台灣反而成為次級語言,並且在日本殖民者同化政策下,日益受到刻意的輕視和排斥,以至於一些日據之後進入學校學習的台灣青年學子,漢文漢字的修養越來越差,一些富有愛國心的台灣人憂心忡忡地說:「台灣漢文,日趨日下,私塾之設,復加限制,不數十年,將無種子。而當局者不獨無振興之心;且有任其消滅之意,此豈有益於台灣也哉。」不懂得漢文,即無法閱讀中文的書報雜誌,無法接受和承傳中華文化傳統,就有被日本殖民者同化的危險,所以葉榮鐘說:「漢文的保存,乃是台灣民族運動的一大眼目」。為此,日據時期的台灣,在文化協會及民眾黨的推動下,一些以學習漢文漢字、傳播中華文化為目標的漢文學習班逐漸興盛起來。

這一時期台灣的漢文學習班,不同於學校漢文課,也不同於私塾的漢學教育,它是由一群熱愛中華文化、有志於漢文學習的志同道合者自願組織起來的一種組織。除了文化協會組建的漢文研究會之外,甚至連婦女也起來成立漢文研究會,如台北的吳瑣雲女士即其人,連橫亦不禁擊掌叫好,「深嘉其志」。普通的工人和商人,對於學習漢文,也是興味盎然,積極性很高,以下一則資料便很說明問題。據《台灣民報》報導:豐厚店員會和總工友會,自組織以來,會員熱心研究漢文,其成績非常好,地方民眾莫不稱讚。「因舊曆年關,店員皆多忙,故不得不一時休課。於三月九日起,再開始研究了。由顧問張麗俊氏熱心指導漢文,所以會員以外及街內商人多數參加研究。雖然受當局無理壓迫,但是全員都奮發勇氣協力的精神,日夜繼續研究,聞是日的出席者比前回增加數倍云。」另外,台灣各地青年熱心學習漢文者亦大有人在,如《台灣新民報》記載云:埔里街王新水氏,自畢業北京大學回台以來,提倡北京語研究會,前學期在埔里青年會館,已開過一期的研究會,成績頗好。這次再募集第二期,男女生徒六十餘名,皆是埔里街的青年和婦女,男女生非常熱心研究,力期克成學習的目的云。

日據時期台灣人民研習漢文，是針對日本殖民者「日語中心主義」教育政策的一種抵制運動，他們的目的，在於延續台灣地區的中華文化脈流。儘管在殖民統治機器的高壓下，漢文學習活動開展得十分艱難，但這一活動本身即體現了台灣人民心懷祖國、不甘淪為「日本帝國順民」的頑強民族精神和抵制同化政策的決心。

　　蔣渭水指出：「同化是自然的，不是人為的，是無為而成的，不是強制可成的，更不是兵力能做同化作用的。」、「松林和杉林，是有先天的差異，急要同化，很是無理，各民族各發揮其天性，杉做杉圖其向上，松做松圖其向上，互相合約形成一個理想的大森林才是呢。」日本殖民者在台灣的同化政策，正由於違反社會發展的一般法則，早已注定要失敗。台灣人民作為中華民族一分子，不畏殖民政府的威嚇利誘，堅持中華文化傳統，輸入、傳播中文書刊，研習漢文漢字，以抵制同化政策，則充分顯示出「台灣四百五十萬人的中華民族」不可征服的特性。

第五章　台灣人的抗日活動

第一節　九一八事變：一個台灣的視角

　　1931年「九一八事變」爆發，日本帝國主義侵占大陸東北，中華民族面臨嚴峻的生存危機，舉國上下憤怒聲討蔣介石的不抵抗政策，反抗日本侵略擴張、要求收復東三省的呼聲日益高漲。此時的台灣正處於日本殖民主義的統治之下，台灣人民在名分上屬於「日本國民」，同時又身為中華民族一分子，其對「九一八事變」如何反應？頗引起人們的關注。我們注意到，在以《台南新聞》為代表的所謂「台日紙」（日人報紙）的一片「懲罰暴支」的叫囂聲中，《台灣新民報》的聲音卻有著相當的不同。《台灣新民報》是由台灣民族資產階級及其知識分子創辦的一分報紙，被稱為台灣民族運動的喉舌，它的言論在一定程度上代表了大多數台灣人的聲音。分析《台灣新民報》對「九一八事變」的相關記事，有助於我們瞭解當時台灣民眾心態，並提供從台灣看這一問題的新的視角。

一、《台灣新民報》對事變原因的探討

　　「九一八事變」的爆發，在當時的輿論中普遍關注的是日本軍部及關東軍是否違背政府的政策獨斷行事，以及事變的發生究竟是中國軍隊的挑釁抑或是日本軍隊之蓄謀而為；日本政府即宣稱他們的行動「純屬自衛」，1931年10月26日，若槻內閣發表的《關於滿洲事變的第二次政府聲明》則誣陷中國「收回國權運動漸趨極端」，破壞了日本國民的「生存權益」。

事實究竟如何？《台灣新民報》在有關「九一八事變」的首篇報導《滿洲遍地起風雲！日本軍占領奉天》中就揭示說，事變是由日本軍部勢力一手策劃的，並且對軍人勢力的惡性膨脹及其胡作非為進行了猛烈抨擊。「代天征伐暴虐無道的口號，在日俄戰爭當時聽過一次了。」、「對這回的滿洲事件，軍人們口中仍唱賣著三十年前一樣的舊東西。」、「原來新時代的思潮，還奔流不到超然乎時勢的老軍閥社會裡頭！」他們緊接著就此發表評論說：「國際間有兩位始終對立著的權威者，一名強權，一名公理。」、「公理是以抑強扶弱為信條，可是力量不足，徒被強權笑為迂腐！」對日本軍閥的肆意妄為表示極大的憤慨。

然而，《台灣新民報》的分析並不只浮於表面現象，它更注重從深層面的社會經濟面來看問題。題為《滿蒙的特殊權益是什麼？》一文以大量翔實的資料披露了日本帝國主義在中國東北的侵略擴張事實，指出所謂「滿洲事件」的爆發其實是日本在華經濟利益驅使使然。

日本之進出於滿蒙，係自日俄戰爭起，迄今凡二十六年。以鐵道政策為中心，實行開礦山，採原料，積極移民。現時在滿蒙日僑日本人二十二萬餘，朝鮮人八十餘萬。其總投資額十四億元，約占全總額（二十億）百分之七十五。據日本所指滿蒙的範圍，包括遼寧，吉林，黑龍，熱河四省。總面積七萬四十餘方里，約有日本國土的三倍。現人口僅三千萬，尚有收容七千五百萬人的餘地。工業要素的鐵，煤等殆近於無盡藏。日本人所經營的撫順煤礦，埋藏量有九萬萬噸。鞍山鐵礦的埋藏量三萬萬噸，占全中國鐵的埋藏量三分之一，日人投下二千八百萬元的資本在經營的。主要農產物的大豆僅大連一地每年約輸出二百七十五萬噸以上，利權為三井財閥所獨占。湊上其他農產物和畜產物的輸出，每年達二萬萬海關兩。如上所述地大物博的滿蒙特殊權益的內容，繼承俄國的有關東州租借權，長春以南的幹支線及其附屬財產諸權，屬於鐵道及為便利鐵道經營之煤礦，一「基羅米突」得屯駐鐵道守備兵十五名，中立地帶的設定等。其他如滿鐵的營口支線敷設權，撫順及煙台煤炭的採礦權，龍井村，局子街，頭道溝，百草溝等地開設商埠地置日本領事館，定間島為什居區域，鐵道敷設商議權，等不遑一一枚舉。尚有當歐戰時日本與袁世凱簽定二十一條所關的關東州及南滿路租借期限延長為九十九年，或土地商租權，或自由居住權等是中國向來所不承認的。

後來東北交通委員會成立，定來滿鐵包圍鐵道網的計劃，以致南滿路營業不振。綜合以上情形，也可以明白這回的滿洲事件，並不是突然發生的。

已有的研究表明，日俄戰爭後，日本帝國主義基本確立了在中國東北南部的優勢地位，東三省成為日本重要的原料來源地，商品傾銷地及資本輸出場所。1930年，日本64%的煤炭，46%的鐵及76%的大豆均來自中國東三省，其70%的對外投資也集中在中國東北。日本還將中國東北視作日本解決人口問題實施移民的理想地。為此，軍國主義分子、關東軍作戰主任石原莞爾即積極鼓吹解決滿蒙問題是日本的唯一活路。日本國會議員松岡洋右更拋出滿蒙生命線論，他叫囂：「滿蒙問題是關係到我國存亡的問題，（滿蒙）是我國的生命線」。「想到在滿蒙有許多同胞僑居和巨額的投資，還有用鮮血寫成的歷史關係」，日本對滿蒙生命線「要牢牢確保和死守」。正是看到這一點，《台灣新民報》在《經濟界週間情勢》一欄中，即明確指出：「日華兩軍衝突形勢不穩，波及財界的影響激（極）大，同種的東洋人為什麼原因而起衝突。不消說是為著經濟的關係，利害衝突為其動機。」顯然，《台灣新民報》刊載的分析文章正是把握住了日本帝國主義對外擴張的經濟利益實質之所在，切中了要害，這為當時的人們提供了一個理性思考「九一八事變」成因的方向。

二、《台灣新民報》對「九一八事變」影響台灣的相關記述

「九一八事變」前的台灣，伴隨著世界經濟的不景氣，島內經濟亦陷入了一片低迷之中，《台灣新民報》曾經在一篇社論中描述了當時台灣社會的情形：「米價賤落，稅金及其他費用無從節省，業戶佃家所入不供所出，農村疲弊漸次趨於深刻了，民眾消費力大減，各工廠呈出生產過剩的現象。事業縮小，惹起大批勞工的失業。商人們顧客日稀，經營困難，市況陷入蕭條不振的狀態。智識階級的青年學子，一出校門，即被編入失職隊裡。徘徊流浪，終是找不見有謀生的

出路。如上所述農工商學無論那一界，都已經到壅壅不通的窮境。」

「九一八事變」的爆發，無疑給本來就陷於困境的台灣經濟雪上加霜，《台灣新民報》指出：「此（按指『九一八事變』）對台灣經濟界定是不能免其打擊的，例如米穀價，芭蕉價，株價以及地價都跌落到底。勿論農工商各界都受了很大的打擊，就中最深刻的不消說是農村經濟界，不論大小地主都莫不受著很大的打擊。」米價低落是當時困擾著台灣農村經濟的重大問題，以台北地區的米價為例，1930年蓬萊米價為每公斗1.40元台幣（戰後台灣省行政長官公署統計處統計數字），到了「九一八事變」的1931年驟然跌落到每公斗0.96元，跌幅近30%，這也是台北米價自1918年以來的最低水準，農民及中小地主的利益均受到了不同程度的衝擊。就「九一八事變」前後米價問題帶給台灣農村的窘境，《台灣新民報》作了詳盡披露：「三年前的米價，在來米每千斤五十元左右，所以若是年一千石收入的地主，其收入就有五千元，然而稅金一石大約一元，結局要千元的稅金；然而一到現時在來米已經賤到二十五元，故其收入僅有二千五百元而已，就中稅金依然是要扣除一千元，其餘所殘剩的僅僅一千五百元而已。在這階級的人們，假使有一萬元的借金，便斷不能支持其生活了。」米價的暴跌雖有其他因素在內，如1929年以來的經濟蕭條餘波等，但「九一八事變」的衝擊不可否認也是一大原因，由於戰時經濟管制的加強，台灣米穀外銷大受衝擊，輸日大米數額在1930、1931連續兩年創下台灣自1922年來的最低水準，1931年輸往其他地區的大米量更是銳減至僅為1927年的13%，比次低年分的1930年還要少50%以上，這對高度外向型的台灣農業不免影響至深。《台灣新民報》在一篇短評中論及台灣農村經濟狀況時即寫道：「台灣的經濟困難之程度，已無須贅言，就中尤其是以農產物的收入為生活資源的台灣人的苦況最為厲害。一年所收除納公課稅金而外，所剩的已不足維持尋常的生活……這回無端又遭日華的時局激變，本在低廉的米價又再慘跌，而既陷在營最低限度的生活的同胞們，似乎已經無從再努力把生活程度降低，所以此後對此困窮的經濟生活，須要用心考慮其對策了。」農民收入水準的降低，一方面影響了他們的生計，另一方面由於農民們無法投入擴大再生產，更加劇了農村經濟的凋敝，此一狀況直至1935年方見改觀。

在對外貿易方面，由於「九一八事變」後中國各地掀起了轟轟烈烈的抵制日貨活動，日本商品在中國的銷售受到極大的打擊，這就勢必波及同樣被視為日貨的台灣商品。《台灣新民報》稱：「台灣與對岸因有種種特殊的關係，所以其影響的表現比較的遲鈍而且輕微，然而倘再經過時日，排日運動更進於深刻化的時候，雖是台灣亦難免其影響之浩大了。」果然不出所料，台灣對外貿易很快就受到了影響，該報援引台灣稅關報告云：「至（1931）十月末的台灣對外貿易，受著景氣不佳和滿洲問題影響不少」，預計當年對外貿易總額將「減少五千萬元以上」。事實表明，在此期間台灣對大陸貿易額便從1929年的5062萬日元，降至1930年的3419萬日元，「九一八事變」爆發的1931年劇減到2561萬日元，僅僅是三年前的一半。1931年11月7日的《台灣新民報》以《滿洲紛糾問題影響到台灣來了》的大標題報導了新竹大批依賴製作紙帽為生的台灣人，因「九一八事變」後國際社會對日經濟制裁導致外銷受阻，外銷商不願收購而引出「大批的女工失職，徬徨在饑寒線上」，《台灣新民報》為此憂心忡忡地說：「新竹市內（製帽女工）至少也有六七千人。在中產以下的家庭，對紙帽工金要算是總收入中的一重要部分，甚至有全家生計賴此維持的。今後如果長久繼續這種狀態，當然是會惹起社會上的重大問題，斷不是能夠輕輕和商況之盛衰一樣看過的。」

　　由此可見，「九一八事變」雖然發生在中國的東北，但給遠在東南海上的台灣也帶來波瀾，台灣社會經濟無論從對外貿易到農村經濟，都或多或少地受到了衝擊。外貿的阻滯，米價的慘跌，開始波及台灣普通老百姓的生活，台灣人民成為日本帝國主義對外侵略戰爭的犧牲品。

三、《台灣新民報》對台灣民眾對大陸向心力的揭示

　　如所周知，隨著甲午戰爭清政府失敗，簽訂了不平等的《馬關條約》，台灣被迫割讓給了日本，台灣人民在條約規定的兩年選擇期後名分上已屬「日本國民」。但是，身為中華民族一分子的台灣人民始終不懈地開展著反抗日本殖民統

治的鬥爭，從初期的武裝鬥爭到後期的非暴力政治抵抗運動，貫穿期間的一條主線就是圖謀以直接（如初期武裝鬥爭時期）或間接（如後期民族運動時期）的方式，保持與中國血脈相連的緊密關係乃至要求歸返中國。故而日本殖民者說：「台灣人的民族意識之根本起源，乃繫於他們是漢民族的系統。」、「視中國為祖國的感情，不易擺脫，這是難以否認的事實。」

「九一八事變」爆發後，日本殖民者意識到這是與台灣人的祖國發生的戰爭，因此對台灣民眾的態度相當關注。那麼，台灣民眾對九一八事變的心態究竟怎樣？他們都作出了什麼反應呢？由於殖民者的新聞管制，日據時代當下的相關資料並不多，但《台灣新民報》記事卻為我們披露了不少這方面的訊息，彌足珍貴。台灣民眾對「九一八事變」的態度毋須說是以和平解決為最高期待。《台灣新民報》第一次發表的相關評論文章即說：「日華兩國軍隊在滿衝突，兩國輿論沸騰，勢將陷入國交斷絕，時局能夠擴大與否，尚暫不容逆料，以後的推移如何，殊堪注目。然而日華本屬鄰邦，對於維持東洋的和平，互相有責，所以一旦兩國齟齬，不但有礙兩國的邦交，甚至東洋和平的基礎為此破壞。俗語有云：打架兩成敗，所以當此時候，雙方均要以冷靜的態度，顧慮大局的前途，促進其從速移入和平的解決才是。」但很明顯的，台灣民眾在事變中還是站到了自己的祖國中國的一邊，譬如在抨擊國聯調停軟弱無力時就寫道：「自日華紛爭問題的發生，在識者早就對其能力懷疑了」，「對於紛爭國的調停方法，給強國能得滿足承諾，然後欲說服感著不利的弱國屈伏，這也可稱為和事佬的老練外交家之辛辣的手腕了。」給予弱者祖國中國很大的同情心。並對國內掀起的反日浪潮拍手叫好，《台灣新民報》稱：「各國有各自特有的國魂，現時全中國之濃厚反×的空氣，是不是中國魂的反映？」另一方面，他們對日本殖民者封鎖消息的做法表示不滿，「中日間的關係，日趨紛糾，但我們台灣，僅可從內台各報紙探得消息而已，故所知的範圍可謂狹隘極了。因為台灣當局，對於從國外寄來的報紙，多數沒收，所以難得確知消息，很多表示遺憾云。」為此，他們一面揭露日本在台御用報紙的歪曲報導，同時嘗試以各種辦法讓台灣人民瞭解事實真相。如1931年11月14日的《台灣新民報》便提醒台灣民眾：「對於日華紛爭問題，在內地的新聞比較的是用冷靜的態度去批判，但在台灣的日刊紙則用感情的煽動的，謾罵

的筆法來對付這回的問題,尤其台南新聞的筆法最為露骨,請諸位注意於每夕刊的羊頭語便知。」更有人自己翻譯九一八事變的相關新聞告知民眾,如台北文化公司的林俊卿將有關新聞譯成漢文貼於店前,卻遭日本警察拘捕,控其「故意宣傳日本不利,要將他稍加以警戒」。這些都在一定程度上反映了台灣的人心向背。

除此之外,台灣民眾還以各種方式抵制日本殖民當局發起的所謂「慰勞滿洲日軍」的活動,如台北帝國大學學生以經濟蕭條為藉口反對高額募集所謂「慰問金」,這當中還包含日本學生在內。台北日人發起的募集「軍人慰問袋」活動,更是鬧出不少笑話,比如就有人把婦女的「腰卷」和「足袋」放在慰問袋裡,引起日本人「大為憤慨」,「以為是沒有誠意」。《台灣新民報》嘲諷道:「人家既然肯置物品於慰問袋,自然是出自誠意,聽說腰卷的意思是傳說可以防禦子彈。」「九一八事變」也激發了《台灣新民報》社全體同仁的強烈愛國心,據楊肇嘉的回憶:「九月十八日,日本軍閥挑釁,開始侵略中國東北。本人親眼看到新民報編輯同人,為日本侵略中國痛心憤慨,將所有電文凡是支那都改為中國,為不侮蔑祖國,輕視自己,常常與日本警察發生爭執。」正是由於《台灣新民報》鮮明的傾向性,引發日本殖民者的嚴厲打壓,如龍潭警察分室巡查部長佐佐木榮龜即在保甲會議上公然要求轄區內民眾不要購閱《台灣新民報》,被該報斥為「真是無理的干涉」。最值得引起關注的是《台灣新民報》的一段記事,它反映了台灣民眾對日本帝國主義侵略中國所表現出的義憤難抑的心態,特摘錄如下:

最近每在親朋聚會談天的當兒,話柄都由滿洲事件與經濟苦的二大時事發生出來。論到公理無從發揚之處,熱血青年所謂純真的人們,都要興奮至於極點,甚至有氣得眼眶全紅,熱淚往下直流的。語云哀莫大於心死,在青年體中能夠有這種熱血,聊堪自慰!

限期撤兵,直接交涉,經濟封鎖,國交絕絕,宣戰,開火……許多國家大事,在彈丸之地而且孤懸在海中的台灣,由不出息的台灣人任是如何呼喊,也不過是一種的還願,於大局自是沒有反應。但青年的意氣即所謂憨氣是不可被客觀

的認識抑制下去，變為虛偽的腐化青年，於台灣的前途才能有點向上的曙光。

概而言之，「九一八事變」後台灣民眾在這場戰爭中顯然是站在了自衛的、反侵略的、正義的大陸人民一邊，並以各種方式進行反戰、反對日本軍國主義的鬥爭，這些都充分體現了台灣民眾對大陸的向心力。

四、《台灣新民報》與1931年的台灣

日本占據台灣後，面對台灣人民的反殖民統治鬥爭，一方面動用國家機器及警察進行鎮壓，另一方面持續開展同化運動，以「內（日）台如一」，「一視同仁」為幌子，企圖將原為中華民族一分子的台灣人同化為畸型的日本人，從而改變台灣人的民族性。1931年「九一八事變」的爆發，使得日本殖民者更體認到同化台灣人民以消弭其「漢民族」意識的重要性。與此同時，日本國內日益膨脹的法西斯勢力影響也波及了台灣，隨著日本本土右翼活動的猖獗，台灣島內右翼團體紛紛成立，如「台灣社會問題研究會」，「維新會」，「東亞共榮會」等等。台灣民眾的反日民族運動則受到鎮壓，台灣議會設置請願運動被誣為「含有民族獨立主義的要素」而備受打擊，最後被迫停止。台灣總督府更在「九一八事變」前後又掀起所謂治安維持法行動風潮，搜捕左翼及進步人士，日人自稱：「昭和六年（1931年）九月滿洲事變發生以降」，日本「內外情勢」發生「大變遷」，台灣島內亦對社會運動進行了「全般檢舉鎮壓」。於是，台灣社會陷入動輒觸禁的緊張氣氛之中。

《台灣新民報》的前身是《台灣民報》，它是台灣民族運動的喉舌，經常刊載抨擊日本在台殖民統治，號召開展民族運動的文章，或引進大陸白話文，刊登大陸作家的作品，介紹大陸的情況，或展開台灣鄉土文學，台灣話文等的論爭，或向民眾傳播新知識新文化動態，深受台灣民眾的歡迎，被稱為「台胞忠實的喇叭手」。然而，《台灣新民報》乃誕生於1930年，這一時期的台灣民族運動已經發生很大的變遷，1927年文化協會分裂為新舊文協兩派。左翼的新文協被鎮

壓後不久，1931年2月台灣民眾黨遭日人以「絕對反對總督府政治和民族自決主義」的罪名而禁止。6月台灣共產黨組織亦被破壞。楊肇嘉回憶道：「九月十八日夜，日軍突襲我東北，占據瀋陽，惹起歷史上的九一八事件。因此，他們（按指日本殖民者）裡外緊張，再由於日本國內法西斯思想的抬頭，台胞的漢民族及以民族思想為中心的各種活動，從此面臨重大的阻力。」

在這樣惡劣的環境下，台灣人的心境則有如當時民族運動的幹將之一葉榮鐘所說：「國人對於日人，壁壘分明，同仇敵愾，精神上並無苦悶。但台胞則身心相剋，情理矛盾。包羞忍辱，草間偷活的心情，和裝聾作痴，委曲求全的苦衷，若非身歷其境的人，不容易體會得到。」因此，在當時特殊的歷史條件下，《台灣新民報》的記事便不能不相當謹慎從事。譬如，我們上面的引文中就看到「反日」不得不寫作「反×」，針對日本殖民者限制言論自由的橫暴行徑，在報紙上也只得以委婉的語氣發表聲討文章，以下文字就很能反映當時《台灣新民報》的處境和無奈的行文風格：

現在因日華關係，愈形緊張的緣故，警察當局竟在銳意取締流言蜚語的傳播。當此重要時機民眾要慎其言是當然的事，然而新聞的報導，總也不可過於不確，對此警察當局亦要注意才是。

曾經在《台灣新民報》擔任通信部長兼論說委員的葉榮鐘在回憶錄中記載了報社工作人員對付日人的做法，就是「以其矛攻其盾」。他說：「日本在東北製造滿洲國，標榜王道樂土，大同世界。我們就說大同的理想是使人各得其所，王道政治更須以仁義為依據，使滿洲國人得其所，自然也需使台人得其所。侵略大陸，日人自稱為聖戰，我們的說法是皇軍在支那大陸攻城略地，並不是要把支那人斬盡殺絕，目的在乎使日本和中國人和平相處，進而協力提協，那麼台人全是由大陸移住過來的，而且做日本國民已有四十餘年的歷史，倘若對台人不好，中國人必望而卻步，不敢跟日人走，因為做了四十多年的台人尚且如此，何以叫支那人心悅誠服。不過主張不妨強硬，措辭必須力求婉轉就是。」上述情形應當說是《台灣新民報》在當時狀況的真實寫照。這樣，我們便能夠理解《台灣新民報》在刊載「九一八事變」相關記事時所表現出來的謹慎，含蓄的表達方式，同

時也對《台灣新民報》敢於在如此惡劣條件下報導事變當時台灣人民真實心態的勇氣而感佩。畢竟它為我們揭示了台灣民眾對大陸的同情與支持，讓人們知曉日本同化政策下生活了30多年後的台灣人仍然有著對大陸的向心力。當我們看到《台灣新民報》痛斥日本軍閥發動「九一八事變」並為大陸同胞的反日行動叫好且稱其為「中國魂」的時候，還有必要再說更多的語言嗎？台灣民族運動領導人之一，左翼新文協負責人連溫卿曾批評《台灣新民報》相對於早先的《台灣民報》而言民族主義色彩有所減淡，攻擊性不強。我們認為，這雖與《台灣新民報》中起主導作用的人多為台灣民族運動中的穩健自治派或改良主義者有關，但也應考慮到當時的特殊歷史背景來做出實事求是的評判，而不是去苛求他們。

第二節　「七七事變」與台灣人

　　1937年的「七七事變」標幟著中華民族與日本帝國主義間的矛盾尖銳激化和中國抗日戰爭的全面爆發，同時也給台灣人民的心靈帶來強烈的震撼。在當時的特殊歷史條件下，一方面，台灣人民身處日本帝國主義殖民統治，並且由於《馬關條約》的規定而在法律上是「日本臣民」；另一方面，大陸是台灣人民的祖先故地，台灣人是中華民族的一分子。台灣人在這場戰爭中是站在哪一邊，便成為島內外輿論關注的焦點。那麼，「七七事變」後台灣人的真實心態究竟如何呢？有的論者提出：「台灣的一般大眾都隨波逐流，委身大勢。『戰爭是中日之間的事，與我們無關』，也許就是一般台灣人的心態吧！」事實果真如此嗎？

　　出於對台灣人民的不信任，「七七事變」後，日本殖民者加強了思想、言論監控，尤其是台灣軍事當局（台灣軍），每月定期向日本陸軍省彙報「本島人（台灣人）的思想動向」，這些絕密文件最近公開披露，使我們得以獲取戰時台灣社會狀況的第一手資料。由於它僅供日軍高層參閱，沒有經過修飾，因而較為真實。以下即以該資料為中心，著重就當時台灣人的心態及其對這場戰爭的反應作一分析，看看台灣人是怎樣看待「七七事變」的。

第五章 台灣人的抗日活動

一、戰爭的起因

由於日本殖民者對相關消息的封鎖,台灣人民無法瞭解「七七事變」爆發的真相,於是形形色色的猜測和傳言四處流布,有的說:「日中事變的原因,是日本將戰爭強加在中國頭上的不法挑戰」。有的認為:「日中軍隊衝突事件的原因,是日軍舉行夜間演習,而中國軍隊禁止夜間演習。」在高雄,甚至有這麼一種傳說:「日中衝突的原因,是日本軍隊向張學良借用一座山,遭到拒絕,並受到中國方面的非法射擊(而引起的)。」值得注意的是,台北附近下層民眾中傳言:「台灣原來是中國的,以一定的期限借給日本,期限來臨,日本不還,所以導致這次事變。中國是大國,日本失敗是當然的。現在起有必要學習中國話了。」這一傳言雖然沒有根據,但它卻折射出台灣民眾心中隱伏的願望,即希望中日戰爭是因台灣而起,並且戰爭的結果能夠導致台灣地位的變化。

二、台灣人是中國人

前面我們曾經提到,在當時特殊歷史條件下,台灣人被視為「日本人」,日本殖民統治期間所實施的同化政策也力圖將台灣人「由表及裡」馴導成「忠良的(日本)帝國臣民」。然而,除少數甘於充當殖民者奴僕的人外,絕大多數台灣人從來就沒有忘記過自己是個中國人,是中華民族大家庭中的一員。「七七事變」後,日本殖民者強化了對台灣社會的控制,但台灣人民仍然在各種場合公開表明自己的心跡。台南州北港郡民眾間流傳:「日中交戰飛機飛來時,由於台灣人與中國人是同血緣,將不會危害到台灣人。」宜蘭郡礁溪莊的游在添則對人說:「中國是我們本島人的祖國。」就為這句話,他被日本殖民當局拘留了29天。台南州曾文郡的一個公學校台灣學生更公開對日本學生稱:「我們不是日本人是台灣人」。一位台胞還冒險向台北州七星郡警察署投遞匿名信,內寫:「日本必亡,祖國興隆。」表達了台灣人民對大陸的深厚情懷。

157

三、中國必勝

一九三〇年代的中國,生產力並不發達,軍事力量也不強大,日本軍國主義的侵略,給中國帶來嚴峻的挑戰,中國人民必須透過持久的抗戰及國際反法西斯同盟的共同努力,才能達成勝利的目標。然而,在台灣人民的心目中,大陸是強盛的,日本侵略中國不啻以卵擊石,中國必將獲得戰爭的勝利。台北市的王增官云:「中國軍隊在各地打勝仗,日本軍到底無法抵抗,照此下去,日軍必敗亡無疑。」該地商人許東琳也說:「中國如同一隻未醒的猛虎,一旦睜開眼睛,將迅速強大,日本並非中國之敵。」桃園軌道會社乘員姚氏英談道:「從地圖上看中國比日本大,所在日中戰爭中國將獲勝。」此外,還有人宣傳中國有英、美、蘇等國協助,戰爭越持久對日本越不利,日軍將以失敗而告終,「日本在世界上是孤立的,最後勝利一定屬於中國」等等。台灣人民的心情,由他們深情的一句話即可洞悉:「中國是個大國,日本必敗;中國是我們的祖國,希望中國勝利。」

四、鄙視戰爭欺騙宣傳

「七七事變」爆發後,日本殖民者開動報紙、廣播等輿論機器,進行有利於日本的宣傳及戰爭動員,其目的則在於掩蓋事實真相、鼓吹日軍戰果,企圖以此引導台灣民眾,達成思想統制的目的。但是,台灣人民對日本殖民者的宣傳抱持懷疑的態度,他們認為日本人在往自己臉上貼金。新竹湖口的譚相說:「日本報紙盡報導有利的而不報導不利的。」大湖郡職員詹秋湖亦云:「(台灣)島內報紙只載對我方(按指日本)有利的記事,沒有意思。」嘉義市民眾普遍認為:「報紙及廣播光是做對自己國家有利的報導,不足為信。」對此,竹南郡頭分莊的張阿鱉建議大家:「想知道真相的話,就去看中國出版的報紙吧。」還有人宣傳:「關於這次事件,台灣報紙報導是虛報,南京的廣播才是最確實的。」7月19日台南市樂器商洪元合於夜間偷偷收聽大陸廣播,遭日本憲兵隊拘捕移交警

察署處置。

五、相信中國將收復台灣

台灣是在1895年因甲午戰爭失敗，依據不平等的《馬關條約》割讓給日本的。日本殖民統治時期，英勇的台灣人民前仆後繼，不斷開展武力鬥爭和非暴力民族運動，努力爭取在台灣的中華民族的自由解放，期望在一定條件配合下回歸祖國的懷抱。「九一八」後，隨著台灣島內軍部法西斯勢力日益猖獗，白色恐怖籠罩在台灣人民頭上，大規模反抗運動難以展開，但台灣人民對大陸卻未嘗或忘。「七七事變」的爆發，使得他們心中潛藏已久的祖國意識再次激盪起來，並看到了新的希望曙光。7月20日，宜蘭礁溪莊的游在添就說：「日中開戰，祖國中國必然進攻台灣。」、「戰爭結果，台灣回歸中國，將是台灣人無上的幸福。」羅東李木發說：「台灣回歸中國我們就自由了。」員林永靖莊等地有人暗中宣傳：「現在中國將奪回台灣，如果我們起來與日本抗爭的話，不用多久，我們就能夠回到中國的治理下。」高雄市群眾相互傳言：「倘若日中戰爭爆發日本失敗，台灣將再成為中國的領土，我們本島人將得以免除（日本殖民）官府的束縛。」據日人對大屯郡下西屯公學校高年級學生的調查，在這些台灣學生家長對於時局的認識中，「相當多數的人希望台灣回歸到中國的懷抱。」

六、回到中國，參加抗戰

「七七事變」後，許多台灣同胞挺身參加大陸的抗日戰爭，如台灣義勇隊、台灣革命同盟會等組織已為世人所熟知，他們在抗日戰場前敵宣傳和鼓舞士氣方面，發揮了積極的作用。但這些台灣人抗日組織均由戰前即居住在大陸的台灣人組成，有關「七七事變」後，台灣人從島內歸返大陸參加抗戰的情況則資料甚

少。日人檔案為我們提供了這方面的資訊。台南州嘉義郡的李榮表示：「今天同中國作戰，中國兵員多，相比之下日本兵數甚少，所以日本最終將戰敗。自己也打算渡航中國，與日本人戰鬥。」這則資料雖不是發生在「七七事變」當月，但它所反映的情況頗值得重視。曾有台灣學者撰文稱抗戰時期返回大陸抗戰的台胞一年之內就有五萬餘人，該數字是否準確，尚有待考證，不過上述資料至少表明，「七七事變」後回到大陸參加抗戰的台灣人確實是有的。

　　根據台灣軍司令部在調查備註欄中的說明，調查資料來自台灣憲兵隊，總督府警務局以及各州、廳的通報，並且相似的例子只選其代表性的予以揭載。因此，可以確信台灣人民在「七七事變」後的反日、反戰言行遠不止檔案上所記載的那些。日本殖民統治下，台灣人民沒有忘卻自己是漢民族，是中華民族的一分子，為了保持自己的民族特性，弘揚民族文化，他們與日本殖民者的同化運動進行頑強的抗爭，並把希望寄託於大陸的強盛和中華民族的崛起。中日戰爭全面擴大化，無疑凸顯了台灣人作為漢民族一員這一無法更改的事實，來自日本人一雙雙懷疑的目光注視著他們。台灣總督小林躋造的一番話便暴露了日本人當時的心態，他說：「從軍事上觀察，台灣確為我國防上重要據點……台灣無論在政治、經濟和國防上都與我國有重大關係，倘若此地居住的日本人（按指台灣人民）沒有作為日本人應有的精神思想，惜力謀私，僅披著日本人的假面具，政治、經濟上暫且不論，國防上便猶如坐在火山口上」。顯然，日本人的擔憂並非沒有道理，他們費心蒐集的民心動向資料為我們展示的是台灣人民對大陸抗日的極大關注和發自內心的支持，在台灣人民的心目中，祖國是強大的，中國在這場戰爭中屬於正義的一方，得到國際支持，因此，最後的勝利一定屬於中國。儘管台灣被迫割讓給日本已經四十二年（1895—1937年），但台灣同胞始終覺得他們並不是孤立無援的，中國並沒有拋棄他們，戰爭勝利時，台灣將重返中國的懷抱，台灣人在日本殖民統治下作為「二等公民」的境遇即將成為歷史，其內心的興奮難以抑制。所有這些事例說明，台灣人民心中的祖國情結是那樣的深厚、凝重。鐵的事實無情地揭示，某些「台獨」分子聲稱的台灣人對大陸抗戰漠不關心等等言論，是對歷史的歪曲。

　　我們並不否認極少數台灣人說過「日本必勝」等違心的話，參加過日人舉辦

的戰爭慶祝活動。在當時，台灣人民面臨的是日本法西斯勢力的白色恐怖和皇民化運動的狂潮，言論、行動自由受到限制，所有進步團體橫遭取締，當時的情形，由葉榮鐘的一段話可以窺見：「台胞則身心相剋，情理矛盾。包羞忍辱，草間偷活的心情，和裝聾作痴，委曲求全的苦衷，若非身歷其境的人，不容易體會得到」。因此，從自我保護的角度出發，說些言不由衷的話，似乎不應苛求。曾有一名畢業於日本國內大學的台灣人說：「事變初起時，此間均信『中國方面兵員多，且防禦設施完備』，雖不至於認為日本戰敗，但認為將損失至無法再興的與失敗相差無幾的地步。然而，隨著事變的進展，認識完全改變了。」、「（日軍的勝利）使自己感到作為日本人的衷心幸福。」對此番話，日本人心懷疑慮地說：「此人此言的真意是否可信呢？這對於台灣皇民化運動今後動向（的把握）有重大關係。但就我等而言，不幸並無對其予以信任的勇氣」。也就是說，日本人並不相信台灣人民會真正站到他們一邊。台灣軍司令部在分析「七七事變」後台灣人反應強烈的原因時這麼寫道：「事變爆發當時，一部分本島人中間由於民族的偏見，依然視中國為祖國，過分相信中國的實力，受宣傳的迷惑，反國家的或反軍隊的言論和行動在各地流傳，民心動搖。」日本殖民者體認到，台灣人民作為漢民族的民族性在經歷了幾十年殖民統治後並未改變，因此當日本與台灣人的祖國中國發生戰爭的時候，民族的敵愾心理便在台灣人的心中油然而生，這正是「七七事變」爆發後，日本殖民者能夠預料得到卻不願看到的情形。

　　近年來，台灣島內「台獨」意識濃郁的部分學者有一種觀點認為：日據時期由於同大陸50年的分離狀態，加上日本人的同化統治政策，台灣人的物質生活和精神生活發生了異化，對中國不再感到親近，即超越了同中國的血緣關係而形成為「獨特的台灣人」。對此，我們曾經從多角度切入進行駁斥。「七七事變」後台灣島內民眾的動向，則再一次為我們展示了台灣人作為中華民族一分子的未曾改變的鮮明民族特性，正如楊肇嘉所言：「台灣人民永遠不會忘記祖國，也永遠不會丟棄民族文化！在日本人強暴的統治下，渡過了艱辛苦難的五十年之後，我們全體台灣人民終以純潔的中華血統歸還給祖國，以純潔的愛國心奉獻給祖國」。

第三節　抗戰時期的台灣少年團

抗日戰爭時期，在中國東南戰場上，活躍著一支由居留大陸的台灣少年兒童組成的抗日隊五——台灣少年團，他們或深入前線勞軍慰傷，或在後方鼓動宣傳，在血與火的洗禮中成長、壯大。

一、台灣少年團的成立及其組織

在談台灣少年團之前，有必要簡略回顧一下台灣義勇隊的成立情形，因為少年團本身乃是義勇隊的一個下屬團隊。

1938年底，台灣籍愛國民主人士李友邦，為抗擊日本侵略者，在國共兩黨的支持和幫助下，以集中在福建崇安的台灣人為主幹，於1939年元月正式成立台灣義勇隊，開赴浙東前線，參加抗日戰爭。與此同時，李友邦也從崇安帶出了6名少年兒童，組成台灣少年團，以後逐漸擴大成為一支上百人的隊五。

成立台灣少年團的意義何在？李友邦在《為什麼組織台灣少年團》一文中做了系統的論述：第一，少年兒童是民族的幼苗，是國家民族的未來和希望。「無論哪一個國家或民族，所以能繼續存在，並且能健全而強盛起來，是由於他們有優良的民族後繼者」。因此，對國家民族事業繼承者的少年兒童的培養和教育，具有重要的戰略意義。第二，台灣少年兒童，是台灣革命事業的繼承者和新台灣的建設者，肩負著爭取民族解放和台灣民主自由的雙重任務。「台灣要得到真正的解放，決非僅僅趕跑日本帝國主義在台灣的一些統治者便成的，他必須於推翻日閥的統治後，建立起一個強固的自由幸福的新台灣來，才能保持和鞏固已獲得的勝利。」第三，組建台灣少年團是台灣少年兒童自身的迫切要求。在日本殖民統治下的台灣，少年兒童所接受的是以日語為主的奴化教育，身心健康被扭曲。回到大陸的台灣少年兒童，由於其本身的特殊性，需要有關台灣革命和建設的特

殊課程教育，這在一般學校中是無法獲取的。「在祖國抗戰的烽火中，他們是迫切地要求著，盡他們的力量，做一點他們所能做的工作，並且希望，能在工作中去鍛鍊自己。」

概而言之，新創建的台灣少年團擔負著雙重的任務，一方面，從少年兒童正常的健康成長出發，實施普通教育，努力創造儘可能良好的學習和生活環境；另一方面，按大陸抗戰和台灣獨立革命運動的需要，向他們灌輸抗日戰爭的道理和台灣革命及建設的理論知識，並組織他們參加中國抗日活動。

早期台灣少年團的組織狀況，未見明確的記載，從各類資料推斷，它至少有以下幾部分，即台灣義勇隊隊部→團長→指導員、小隊長→團員。後來，隨著隊中人數的增加，台灣少年團在組織上相應地更加健全和完善。台灣少年團組織系統的運作狀況是這樣的：「組長要向股長報告工作，並且提出困難，每星期六舉行的股務會議上便討論提出具體的解決辦法，並定出下一週的工作計劃。各股股長要每天寫股的工作日記，並經常向隊長提出工作困難，每天生活會議上要向大家報告昨天做過的工作，並且規定今天要做的工作。隊長是直接領導各股長的，他經常幫助各股解決困難，隊長有困難時，在團務會議上可由指導員解決，最大的問題，召集全體大會討論。」顯然，台灣少年團的組織原則基本上接近於民主集中制，自上而下的指令與自下而上的民主相結合，充分發揮少年團各位團員的自主自立精神，義勇隊隊部指派的指導員只是起著協調和輔導的作用，重大問題則由全體大會討論決定。

台灣少年團團長由台灣義勇隊隊長李友邦兼任，他對台灣少年團的關懷與和藹可親的態度，被當時的記者稱作是這群少兒「大眾的家長」。在政治態度上，他追隨孫中山三民主義主張，屬於國民黨中的左傾激進派，因而在態度上比較接近共產黨。義勇隊的祕書張一之是共產黨員，他還曾在義勇隊中秘密成立了共產黨支部（李友邦本人並不知情）；1944年，張一之曾出面保釋了兩名義勇隊員，而這兩人的真實身分是共產黨員。不過，台灣義勇隊和台灣少年團畢竟是國民政府第三戰區長官司令部的下屬，後來直隸於國民政府軍事委員會政治部。台灣義勇隊和台灣少年團中雖然曾有共產黨員的秘密活動，但它仍是屬於國民黨的

隊伍而不是共產黨的隊伍,這是確定無疑的,共產黨員在義勇隊中的活動只能是地下的。共產黨在台灣義勇隊中成立黨支部後,也曾嘗試著在台灣少年團中創設台灣共產主義少年團的秘密組織,不過沒有成功。據張畢來(即義勇隊祕書張一之)回憶:

……其次是建立一個「台灣共產主義少年團」,用共產主義理想來培養後一代。這個工作,當時支部指定由李煒同志負責。第一步吸收了幾個小朋友參加,成立了一個小組。李煒對他們講八路軍、新四軍的故事。後來,其中有個小朋友無意中把台灣少共團的活動講給父母聽,我們得知這個情況,感到這樣搞下去,容易暴露我們的共產黨員身分。向吳毓同志彙報後,他指示馬上停止。以後這個台灣少共團就沒有再發展,也沒有再活動。總之,從此沒有再提起。

此後的台灣少年團,再未見到共產黨的活動,少年團的整個組織、教育和工作訓練,都掌握在台灣義勇隊隊部和李友邦的手中,與共產黨沒有絲毫的聯繫,這和義勇隊的狀況有所不同。其所以如此,部分原因是天真爛漫的少年兒童對共產黨革命道理的接受必須經過一段較長時期的教育,這當中隨時有被外界察覺的危險。更主要的是因為共產黨在義勇隊的活動本身是秘密的,儘管當時是第二次國共合作時期,但國共雙方的矛盾、鬥爭始終存在,共產黨員在義勇隊的活動,既不能讓國民黨政府察覺,也不能讓義勇隊的其他成員發現,因此,他們無法放手組織和發展台灣少年團員去組建台灣共產主義少年團,這是客觀條件的限制所決定的。

關於台灣少年團的人數問題,王曉波先生提出了二個數字,一是《台灣義勇隊隊員名冊》所載116名,一是嚴秀峰所云42名。我們估計這是不同時期台灣少年團的數字。不過,最初成立的時候,台灣少年團的成員並不多,參與創建活動的張畢來回憶說,他們從福建崇安帶回6名少年兒童,於1939年元月正式成立台灣少年團,可見,初創時的人數應是6人。汀華的一篇文章則為我們提供了進一步的線索,他說:「我們一共集合了十八個人,最大的十四歲,最小的七歲,在閩省×地集中,後改赴浙×地受訓。」這個數字乍看似乎與張畢來的回憶有出入,事實上,這應該是台灣少年團正式組訓時的人數台灣少年團成員是分兩批從

福建崇安抵金華的，第一批在1939年元月，由李友邦率領，成員為6人，直到該年3月，華雲游撰寫的有關台灣少年團介紹文章題目還是《六位小台胞》；第二批則由張一之率領赴金華，時間是在1939年3月中下旬，張的回憶錄是沒有提到人數，但顯然有參加少年團的成員在裡頭，他說：「我們過這三地（龍泉、雲和、麗水）時，都由台胞用日本話或閩南話講演，小孩子也講。」上述兩批人員聚集之後，開始訓練工作，人數大致應為汀華所云18人。此後，陸續有一些人員分散加入台灣少年團，這類人員數目無法統計。

1940年，台灣少年團得到比較大的擴充。該年6月，台灣少年團重返崇安招收新團員，報名者相當踴躍，不過一些家長不太放心，所以免不了做些宣傳工作。據小隊長王正南的回顧，這次增加了7名新團員。在這之外，還有不少少年兒童接踵參加，嚴秀峰所云42人，即為1940年7月衢州第一台灣醫院成立時台灣少年團的數字。另汀華文章的報導：「去年年終（按指1940年）又開了一次總檢討，又擬了一個新計劃，這時團體的人數也增加了，從十餘人增至六十餘人，這洋團的生活又開始進入新的階段。」可知1940年底的台灣少年團有60餘人。

1941年6月，台灣少年團決定再赴福建崇安進行宣傳工作，除了調查台胞在閩生活狀況，彙報前線抗日形勢之外，一項重要的任務，就是「號召在閩台灣少年參加本團」，汀華說此行相當順利，「許多少年要求參加本團。不過，因經濟關係，當時只先答應了二十餘人加入」，則這時的台灣少年團應在80至90人左右。

1942年夏，浙東局勢緊張，金華失陷，台灣義勇隊轉進福建龍岩，此後在閩南地區堅持抗日救亡活動。這一時期台灣少年團的人數，李雲漢依據《台灣義勇隊隊員名冊》統計為116人，陳三井所著《國民革命與台灣》則記為117人，後者沒有註明出處，與前者比較相差一人。不過，根據王曉波查閱1943年5、6月份台灣義勇隊名冊，隊職員總人數為301人。倘若以李雲漢揭載的義勇隊184人，加上陳三井所載少年團117人，則恰好是301人。所以我們懷疑兩份名冊應該是同一時間，即1943年五六月間的文件，此時台灣少年團的人數應為117人，而不是116人。

綜合以上分析，我們可將台灣少年團各時期的人數列舉如下：

1939年1月6人 1939年3月18人

1940年7月42人 1940年12月60餘人

1941年6月80—90人 1943年5—6月117人

二、台灣少年團的工作與學習

台灣少年團所處的時代，是日本帝國主義瘋狂侵略，中華民族面臨生死存亡關頭的時代，這一時代特徵，決定了台灣少年團從成立伊始，就肩負著抗擊日本侵略者的歷史使命；同時，由於少年兒童自身的特點，又迫切需要培養知識技能，以便更好地參加中國抗戰並為建設新台灣做準備。因此，工作和學習，是台灣少年團的兩大基本任務。正如任癸指出的那樣：「台灣少年比一般的少年的責任更重大。身上擔負著將來的重大使命，好像命運已決定他們是未來的挑腳的苦力，一挑很重的擔子在等候著他們，重擔的一邊是打倒日本帝國主義，為五百多萬台胞爭取解放。還有一邊呢？是創造將來，建立自由平等的新台灣。」、「他們想要擔負將來的這些重大使命，在今天除了加緊工作，努力學習外，再也沒有第二個辦法。」

首先我們來看看台灣少年團參加大陸抗戰工作的情況。

張畢來在談到創建台灣少年團時曾稱：「那幾個小朋友也組成『台灣少年團』，做宣傳工作。」也就是說，台灣少年團的工作任務，從一開始就定位在宣傳方面，這顯然是從少年兒童的特點出發考慮的，他們活潑天真的個性，自然純真的情感，在宣傳上能夠起著一些大人們所無法達到的作用和效果，當時全國各地也有不少成功的經驗，如朝鮮三一少年團、浙江的小小劇團、廈門的兒童劇團等等。至於直接對敵作戰，一般地說，那是成年人的事情。

台灣少年團的宣傳工作，大抵可分為以下幾種類型：

（一）分赴各地巡迴演講。以台灣少年團創建的1939年為例：該年4月，他們參加金華縣兒童節，擴大宣傳發表《告祖國小朋友書》，7月，在金華二仙橋教當地小學生唱日本反戰歌曲；10月，全體團員赴浦江蘭溪舉辦演講會，對金華縣各鄉進行流動宣傳。在以後的幾年中，巡迴演講工作日益加強，取得了較好的成果。事實上，這種演講活動並不是在特地舉辦的演講會上才出現，台灣少年團利用一切可能的機會進行積極的宣傳，因而在各地可以常常聽到他們稚嫩的嗓音所發出的抗日呼號。1941年3月，少年團在諸暨縣展開宣傳工作。一天早上，他們正在刷寫標語，「標語是那樣的大而美術，行人多很驚異，轉觀的人逐漸的加多，他們看見觀眾不少，便抽出一個人來宣傳，就反站在扶梯上，那樣和氣的問著眾人家鄉的事，先是問答，後來便講演日本統治台灣的故事和抗日的大道理來，聽眾不禁為之神往、感佩！在眾人的稱譽下，有送茶來給他們喝的，有送營養來請他們吃的，他們是那樣謹慎而禮貌的應接著。」

（二）組織文藝演出隊，進行抗日救亡鼓動宣傳。利用形式多樣的文藝演出進行宣傳活動，是台灣少年團主要的、也是收效最大的工作。1939年4月，組建不久的少年團便在金華公演了戲劇節目，此後，便不斷在各個地方、各種場合上演了不少精悍、易懂的文藝節目，如快板、演唱、舞蹈和話劇，已知的劇目有《打殺漢奸》、《為了大家》、《台灣之路》等，這些演出活動加上抗日救亡的內容，備受各界的歡迎。在歡迎南洋僑胞聯歡會上，僑胞代表激動地說：「連這樣小小年紀的小同胞們都擔負起這樣偉大的工作，這是我們大家所敬慕的。」在崇安的文藝演出，一連公演了兩天，小小的崇安山城，竟有一千多人匯聚觀看，少年團在事後總結此行的收穫時說：「1.使祖國同胞感覺到：台灣人對祖國抗戰，幫助很大；2.聯絡祖國同胞及台胞的感情；3.擴大了少年團的社會影響；4.提高了自身的藝術水準。」台灣少年團的裝備是簡陋的，許多舞台設備必須向當地機關、學校借用，即使有了正式編制之後，他們的條件同樣十分艱苦，「一個口琴，一個木魚，兩把胡琴，一個小鼓，一個小鑼，一支短笛，便是他們的全部樂器。」

（三）慰勞前線官兵，鼓舞抗戰士氣。台灣少年團成立後，日軍侵占了杭州、蕭山一帶，並不時沿著浙贛線南犯，敵我雙方處於拉鋸戰狀態。浙東地區不

斷有軍隊的調動，前方後撤傷兵來往於途，為了鼓舞前線士氣，台灣少年團經常組織小分隊深入軍中進行動員宣傳，收到較好的效果。1939年3月，他們與基督教軍人服務團共同發動募捐活動，替東沙洲前方將士募捐；9月，與小小劇團合作召開軍民聯歡大會，提高軍民抗戰情緒；10月，赴蘭溪某地兵站慰問傷員；1940年2月，更深入緊臨戰場的徐家碼參加勞軍活動，他們「帶了一顆熱情的心，把台灣人參加祖國抗戰的意義，以及在後方的工作，向將士們報告，再唱了幾首歌，給將士們一種精神上的安慰。」在烽火連天的戰地，經常可以看到台灣少年團的身影，儘管前方危險，但緊張、刺激的戰地生活，仍然吸引著廣大台灣少年團的成員們，「有一次要到前線工作，照規定這次的人數不能太多。但是小朋友們個個都願去，爭先恐後地請求，結果為了工作人數的限制而不能去的小朋友，有的整天在苦悶，在懊惱，有的整天連飯都不吃……」一股初生牛犢不怕虎的頑強精神及對工作的熱情，於此表露無遺。

除了以上三個方面之外，他們還開展了其他豐富多彩的活動，諸如在街頭陳列繳獲之戰利品，出版《台星》刊物，刷寫抗戰標語，參加對敵廣播，與國內其他少兒團體密切聯絡、相互鼓勵等等。他們的辛勤努力，給緊張的浙東前線及閩、贛等地注入了一股清新的空氣，給在抗戰中的苦鬥的人們，增強了必勝的信念。

台灣少年團的創建，正如李友邦所說的那樣，是為了適應居留大陸的台灣少年兒童的特殊需要，這種特殊需要的一個重要方面，就是特殊的學習需要。作為一名從日本殖民地台灣出來的少年兒童，不僅要學習普通的知識，更要學習有關的政治、軍事及台灣史地知識，以便更有效地協助大陸抗戰，收復和建設台灣。因此，「培養台灣革命的後備軍」成為少年團的教育方針，而學習也被列為台灣少年團的首要任務。

初創時代的台灣少年團，學習條件艱苦，各項工作尚未步入正軌。早期只有一位專職的女指導員，「課本部（都）沒有，其餘的設備可想而知；沒有油印機，單憑著指導員嘴巴說出一些材料，課堂的布置是非常簡單的，幾張小標語和幾張小桌小凳，再加上一張二尺左右大的小黑板，像一個簡陋的私塾一樣。」教

學課程除了普通知識外,還有台灣史地、風俗習慣、台灣革命史蹟、中日關係史、日本在台的奴化政策、台灣革命理論、三民主義等等。由於戰局的需要,最初兩年台灣少年團將相當一部分時間傾注在宣傳工作上,學習和教育,在時間上不完整,內容上也不夠系統。正規化的學習生活,應始於「台灣少年團三個月教育計劃」的實施。

1941年第二次浙東戰役時,台灣少年團由寧波、金華、龍游、衢州一路撤到江山縣的一個寧靜村莊,在那裡獲得難得的安定並開始了有計劃的系統學習生活。根據《台灣少年團三十年度夏季三個月教育計劃》,按年齡將全體團員抽成甲組和乙丙組兩大類,對甲組,「以提高其政治認識為中心」,對乙丙組,「以提高文化水準為教育中心」,故而在課時分配上,甲組的政治常識、時事、抗戰地理三門實用政治課程占每週總課時的45%強,乙丙組則以國語和算術等基本知識為主。課程內容:甲組為政治常識(包括三民主義、台灣革命問題、抗戰理論等)、時事、抗戰地理、算術、日語、兒童問題、寫作、歌詠、軍事操、戲劇舞蹈;乙丙組為國語、算術、常識、抗戰故事、歌詠、軍事操、戲劇舞蹈。

系統的學習,使台灣少年團的成員收穫不小,他們總結道:第一,提高了政治文化水準;第二,從教育上推動了生活的進步。轉進福建龍岩之後的台灣少年團,由於對外宣傳活動相對減少,學習的時間多了起來。這時候的學習條件雖有改善,但總而言之,仍然是艱苦的。教室很簡陋,四根竹柱上面,橫放著一塊長方形的門板,在上面放滿了字本、書籍、算盤、筆墨和幾本破爛的小字典。尤其「感到最困難的,是教材教具的缺乏,和教師的不易聘請」。然而,就在這樣的條件下,台灣少年團的學習活動,依然是那麼有聲有色。當時的台灣少年團團員曾溪水回憶道:「我們現在很著重基本知識的學習。」、「過去是側重於藝術宣傳方面,開羅會議以後,我們感到責任的加重,因此,現在很注意基本知識,如國文、史地、理化、台灣革命史等,另外加授日語和軍事。但有許多困難,比如理化,就沒有器具、藥品,及人材,請一個人,沒有經費。」

他們不僅在課堂上接受新的知識,在課外,也注重於從現實中學習,他們出版的牆報,上演的戲劇、舞蹈,很多都是自己編排的,「自己管理、自己創

造」，就這樣，在台灣少年團這溫暖的大家庭裡，一批收復和建設台灣的生力軍，茁壯成長起來。

三、一份自傳資料的分析

1941年10月，台灣義勇隊刊物《台灣先鋒》第8期推出少年團專號，這是迄今所見到的有關台灣少年團狀況的較集中的文獻彙編，其中最珍貴的是一份由少年團成員親自撰寫的自傳資料，稚嫩的語言中，流露出純樸的情感世界，極富史料利用價值。

這份自傳資料共計26則，它是由少年團的幹部和部分團員所撰寫的，他們中年齡最大的15歲，最小的僅9歲。從這份自傳資料中，我們可以作如下幾點分析：

第一，從台灣少年團成員的家庭遷居大陸的時間看，可分為兩個時期，一為抗戰前就在大陸定居；一為抗戰爆發後回到大陸。從比例看，似乎前者居多。

第二，他們參加台灣少年團，大致有以下幾種途徑：一是父母為台灣義勇隊隊員，子女亦參加台灣少年團，這既能讓子女接受教育和鍛鍊，又解決了父母戎馬倥傯無法照料的困難，例如楊德榮說：「我的爸爸是義勇隊隊員，他就要我參加台灣少年團，我也非常願意，就參加了。」黃鍾靈則說：「我的爸爸現在在義勇隊裡工作，兩個姐姐也都在少年團，還有一個弟弟和一個妹妹年紀都還小，將來長大了，都要他們來參加少年團。」二是來自福建崇安的台童教養所。七七事變後，出於對台灣人的不信任，作為預防措施，福建當局將沿海一帶的台灣人集中遣送到閩北崇安進行墾殖工作，組建了台民墾殖所和台童教養所。台灣義勇隊和台灣少年團就是以這批台灣人為基幹創建起來的。此後，義勇隊又曾回到崇安招收隊員，包括少年團成員，就人數上說，這是台灣少年團的主要來源。許文清就說，他原住廈門，「二十六年（1937年）廈門形勢非常緊張，政府就把我一家人送到後方（即崇安）來，後來聽說有一個台灣義勇隊少年團，我就想來參

加,過沒有幾天,我就離開了我的媽媽,來參加這個團體。」謝天應也說:「以前我是在福建崇安,後來我來參加台灣少年團。」三是,經各方動員和宣傳,從各地零散招收的團員。例如朱悼說:「(我)本來是在中心小學讀書的,後來聽說組織少年團,我就很願意參加少年團,一起工作學習,和大家一起進步。」林超也說:「(我)在福州讀書,後來台灣義勇隊有一個隊員,叫我來參加少年團,我想,少年團可以使我進步,將來可以做一個更有用的人,我就來參加了。」

　　第三,台灣少年團的生活條件相當艱苦。自傳資料中有兩則十分引人注目,一位12歲的男孩林長淦說:「我身體不大健康,一到天黑眼睛就看不見了,這完全是營養不良的緣故。」另一位女孩廖月英寫道:「我的身體非常不好,時常生病,這完全是日本帝國主義壓迫我們,使我們生活非常苦,肚子都吃不飽,哪裡還談得上營養呢?年紀小小的時候營養不足,現在就容易生病了!」從字面上分析,小作者們講的可能是參加少年團之前生活困難,造成營養不良,所以現在經常生病或患夜盲症。但他們都是十歲出頭的少兒,倘若能夠得到充足的營養和良好的治療,身體狀況復原是有可能的。這件事本身表明,台灣少年團的生活條件,相當的艱苦。請看一則日記中記載他們是如何吃早餐的:「……(晨練結束後)從一里路外的隊部把粥和開水送來了,每人都儘量的喝了開水,再喝稀飯。」這種先喝足了開水再喝稀飯的進餐方式,絕不是出於什麼美容或保健的特殊需要,而是為了儘可能地節約糧食。當時的浙東前線,糧荒十分嚴重,饑民暴動、搶糧事件時有發生,奸商們則囤積居奇、哄抬糧價。加上台灣少年團經費十分緊張,生活條件相當艱苦。因而儘管義勇隊的大人們盡心照料,在客觀條件的限制下,少數體質較弱的少年團員還是患上了疾病。然而,就是在這樣的條件下,台灣少年團還是開展了卓有成效的活動,小小年紀,不畏艱難困苦,委實令人欽佩。

　　最後,關於他們參加台灣少年團的動機問題。我們相信,少年團成員參加這一組織的動機是各不相同的,從自傳資料分析,至少有以下兩個方面值得我們注意:一個方面是,台灣少年團生動活潑、豐富多彩的生活,吸引了這群天真爛漫的少年兒童。11歲的女孩王正北說:「我不喜歡在小學校裡念死書,一點趣味

也沒有,就來參加台灣少年團,這裡是讀活書的。」在閩北崇安的台童教養所,台灣人是監視居住的對象,那裡的少年兒童更嚮往自由和多彩的集體生活。

1940年6月少年團到台童教養所招收新團員的時候,獲得熱烈的響應,據當時參加招收工作的人稱:「全所的台童都十二萬分的歡迎,我們派了一位同志報告在金華的生活及工作情形給他們知道,大家都願意來。」這當中,除了帶有朦朧的抗日救亡意識外,還有一種新奇、「好玩」的念頭在裡面,對這一群年僅十歲上下的少年兒童,我們不能苛求什麼,何況在加入台灣少年團之後,他們的思想觀念有了質的飛躍。徐光的成長經歷,便充分地證明了這一點,他說:「我在前幾年,只知道讀死書,只會在母親身邊撒嬌,現在呢?啊!比起來真有天地之別,我現在是少年團宣傳股長,可以講很多的大道理;我們為什麼要打倒日本帝國主義,怎樣打倒它……我們將來還要把台灣弄得好好的,嗯!你看我們有沒有這個本領。」第二個方面是,自傳資料中所敘述的投身少年團動機,是經過少年團教育後思想覺悟提高的基礎上寫作的。因此,這裡所使用的文字與他們參加少年團當時的思想動機,可能有所不同。由於資料的限制,在這裡,我們僅以許文清的例子來作一個說明。他在自傳中寫道:「我來參加的目的,是為一了幫助祖國抗戰,全體台灣五百三十萬人民的自由和解放。」但是,許文清的另一篇回憶文章所敘述的情形並不是這樣。他說,1931年全家從台灣回到福建石碼定居,受到一名保長的陷害,父親被縣裡抓去拷問,還用肥皂水灌他,後來的新縣長一聽我們是台灣人,就要把我們關起來,過了不久,一家人便被遷送到閩北。文章中充滿了對迫害其一家的各類人物的憤怒和仇恨情緒,最後他說:「以後我的爸爸聽到有一個台灣革命團體,他就把我送到這個團體來學習,我就做了少年團的團員,準備做一個反對惡勢力的革命者。」兩者對比,可以發現其中有相當大的差異。就許文清這一個案而論,他參加少年團的原始動機,乃是出於無法釋懷的家仇,是為了對抗一切惡勢力。因此,自傳中反映的是加入少年團後,團隊灌輸給他的抗日救國及台灣革命的道理,反映他的思想覺悟已經開始從一家一戶之仇的小我提高到一國一民族之恨的大我的發展過程,這不能不說是少年團在教育上的一大成功。

台灣人民反抗外來侵略的鬥爭史,歷來與大陸有密切的聯繫,從荷據時代郭

懷一領導的反荷起義到近代的抗法戰爭,乃至日據時代的抗日游擊戰爭,大陸人民都以極大的熱忱支援了台灣人民。到了抗日戰爭時期,台灣人民所組成的台灣義勇隊和台灣少年團,則反過來協助和支援了大陸人民,他們在「保衛祖國,收復台灣」的口號下,並肩作戰,體現了中華民族在外來侵略面前同仇敵愾的英勇精神,在台灣人民反侵略鬥爭史上寫下了光彩的一頁。

第四節　台胞在大陸抗日活動及其對台灣前途命運的思考

　　1895年腐敗的清政府在甲午戰爭中失敗,被迫簽訂了不平等的《馬關條約》,將台灣割讓給了日本,台灣從此淪為日本的殖民地長達半個世紀。不屈的台灣人民在島內開展武裝鬥爭及非暴力政治抵抗運動的同時,也有一部分人跨海來到大陸,在大陸開展了一系列的抗日活動,從而客觀上形成了海峽兩岸台灣人抗日鬥爭相互呼應的局面。不過,台胞在大陸的抗日活動由於其特殊的身分和複雜的時空環境,而呈現出與島內不同的若干特點;且其對於台灣前途命運的思考,也烙上了鮮明的時代印記。

一、在大陸的台灣人及其抗日組織

　　日據時期在大陸的台灣人,大致可分為以下幾種類型:

　　第一為虎作倀的台籍浪人。1895年日本占據台灣,依據《馬關條約》台灣人有兩年的所謂國籍選擇期,兩年後仍留在台灣者被「酌視為日本臣民」,因此其身分的真正變化是在1897年5月8日之後。延續著晚清時期兩岸人員往來的慣性,割台後不少台灣人到了大陸,他們當中的一些人很快發現自己身分的變化,而這種變化對其政治經濟各個方面的利益有著很大的「好處」。譬如因為成了外籍而不必受苛捐雜稅的困擾;作奸犯科也不必擔心中國官方的懲罰,因為有領事

裁判權的保護；甚至連台灣人的身分證件都是值錢的東西，能夠以此入乾股，「渡華旅券」能夠做大價錢的買賣，等等。這等「待遇」是以往作為普通台灣人不敢想像的天上掉下的「餡餅」。受此誘惑加上日本殖民者的策略性安排，割台初期前來大陸的少部分台灣人搖身一變成了鑽法律空子、仰日人之鼻息而魚肉原鄉民眾的人，其中部分籍民憑藉治外法權藐視中國官府，或經營妓院、賭場及鴉片館等非法行當，或組織黑社會橫行一方，甚至配合日本駐華機構破壞大陸反日愛國風潮甘當日本帝國主義侵略中國的走卒，被大陸民眾斥為「台灣呆狗」。他們主要分布在廈門、福州、汕頭一帶。這些人破壞了兩岸人民的感情，影響十分惡劣。

第二是學生、醫生、會社職員及其他有正當職業者。1920年代，日據後出生成長的台灣新一代知識分子逐漸形成，他們在接受初等、中等教育之後，進一步的受教育途徑卻受到了極大的限制。首先是島內的高等教育並不發達，除了總督府醫學校、高等商業學校、農林專門學校等少數幾所專科院校外，綜合性大學尚未建立（台北帝國大學設於1928年），加上教育不平等狀況及民族歧視政策，一部分台灣青年學子便來到大陸求學。這部分人在1920年代逐漸占據在大陸台灣人的主流。由於日本殖民者不希望台灣人接觸新思想以防政治覺醒，所以台灣青年學醫者甚多，他們不少也回到大陸懸壺濟世。再則儘管日本殖民當局實施兩岸分離政策，但兩岸經貿往來仍無法阻擋，一批會社職員也來到了大陸。上述台灣人主要分布東南及華南一帶，至於其他職業者則以散在的方式生活在大陸各個地方。

第三就是短期到大陸遊歷、經商、探親訪友的台灣人。

毫無疑問，最早在大陸從事抗日活動的是日據初期堅持抗戰的台灣義士，譬如簡大獅、林少貓、林李成等等，在島內抗日形勢惡劣的時候曾潛回大陸避難休整，謀求支援，並得到大陸民眾資金、彈藥甚至人員的援助。本文著重論述的1920—1945年間在大陸從事抗日活動的為上述三種類型中的第二類台灣人，其中抗戰之前以學生為主要力量，抗戰爆發後則發展為在大陸各界台胞的聯合抗日運動。下表為戰前台胞在大陸的主要抗日團體狀況：

表1　1920年代在大陸主要台胞抗日團體

名稱	地點	成立時間	主要參與者	主要活動
北京台灣青年會	北京	1922年1月	蔡惠茹、林松壽、林煥坤、劉錦堂、鄭明祿、黃兆耀、陳江棟	與島內文化協會及台灣議會設置請願運動密切聯繫，抗議「治警事件」。
韓台革命同志會	北京	1922年	張鐘玲、洪炎秋、李金鐘、呂茂宗、楊克培。	參加中國國民黨。
上海台灣青年會	上海	1923年10月12日	謝清廉、施文杞、許乃昌、許水、游金水、李孝順、林鵬飛。	支持台灣議會設置請願運動，參加上海民眾反帝運動
上海自治會	上海	1924年5月	由上海青年自治會及旅滬台籍人士組成。	著重對中國方面的宣傳與聯絡，促進中國人民認識台灣。
台韓同志會	上海	1924年6月29日	由上海台灣青年會、台灣自治會部分會員聯合韓國若干人士組成	散布傳單、發表宣言。
台灣尚志社	廈門	1923年6月20日	李思禎	發表宣言、抗議台灣「治警事件」
閩南臺灣學生聯合會	廈門	1924年4月25日	李思禎、郭丙辛、王慶勳、翁澤生、洪朝宗、許植亭、江萬里、蕭文安。	發刊《共鳴》雜誌，編演新劇，激發台胞抗日情緒。
廈門中國台灣同志會	廈門	1925年	林茂豐、郭丙辛。	發刊《台灣新青年》。
中台同志會	南京	1926年3月21日	吳麗水、李振芳、藍煥呈	召開反對台灣始政紀念日大會。
廣東台灣革命青年團	廣東	1926年12月19日	謝文達、張月澄、張深切、林文騰、洪紹潭、郭德金。	出刊《台灣先鋒》。參加國恥紀念日的示威遊行，發表抗日文稿。

資料來源：秦孝儀：《國民革命與台灣》，台北，台灣近代中國出版社，1980年版，第31—32頁。

　　上表可見，台胞在大陸抗日的主要活動地點為北京、上海、南京、廈門和廣東。北京是中國文化的重鎮，五四運動的發祥地，諸多高等院校林立，青年學生的政治活動歷來蓬勃發展的，台灣青年學子在此活動自是理所當然。上海是舊中國的十里洋場，各國租界和黃浦江列強的戰艦炮口是帝國主義侵略中國活生生的寫照，反帝愛國運動有著悠久的傳統。廈門是與台灣關係最密切的大陸城市，且不說歷史上閩南就是大多數台胞的原鄉，即便割台後來到廈門的台灣人相對於其

他地方也一直都是人數最多的，台灣進步青年學生掀起的抗日熱潮，使得廈門成為台胞在大陸早期抗日鬥爭發展較顯著的地方之一。廣東是1920年代中國革命的熱土，孫中山的革命策源地，北伐的起點，為台灣進步青年心嚮往之的地方。另一現象是同在日本殖民統治下的韓國反日人士與台灣抗日鬥爭達成了一定程度的連接，這是作為帝國主義壓迫下兩個弱小民族人民向共同敵人發起的抵抗鬥爭。

　　1937年「七七盧溝橋事變」全面抗戰爆發後，中華民族面臨生死存亡的關鍵時刻，中國與日本的關係隨之發生了深刻的變化。此時的台灣人陷入了尷尬的境地，一方是所謂名分和法律上的「國家」——日本，另一方是祖先廬墓所在之地——中國；而日本殖民者對台灣人在這場與其祖國進行的戰爭中究竟會站在哪一邊也沒有把握，隨之發生的諸多事件也證實了日本人的擔憂，譬如台灣軍極密資料曾揭示：「事變爆發當時，一部分本島人中間由於民族的偏見，依然視中國為祖國，過分的相信中國的實力，受宣傳的迷惑，反國家的或反軍隊的言論和行動在各地流傳，民心動搖。」甚至在某公學校進行的問卷調查中，台灣學生家長「相當多的人希望台灣回歸到中國的懷抱」。這不能不引起日本殖民者的高度警惕。因此1937年台灣島內掀起的皇民化運動浪潮，一個重要目標就是以強制措施徹底同化台灣人、改變台灣人對大陸的向心力。在大陸，台灣人則面臨著選邊站的問題。戰爭爆發後在大陸的台灣人大部分都撤退回了台灣，留下的一部分由於政府的不信任出於防範未然的需要，被強制集中到福建北部山區崇安縣監視居住；另一部分則屬於抗日分子，他們組織了各類抗日組織，支持中國抗戰。如廈門當局的檔案中記載部分台灣人「有愛國思想不忘祖國」者，要求恢復中國國籍，還有游振煌等人組織了台灣抗日復土總同盟等。除了各地小的台灣人抗日團體外，抗戰爆發後較為著名的在大陸台灣人抗日團體主要有：台灣革命青年大同盟、中華青年復土血魂團、抗日復土大同盟、台灣革命黨、台灣革命民族總同盟、台灣獨立革命黨和台灣國民革命黨等等。

　　為了集中抗日力量並實施統一指導，1940年3月，各地台灣抗日人士聚集重慶，成立了「台灣革命團體聯合會」。1941年2月10日，由台灣革命民族總同盟、台灣獨立革命黨、台灣國民革命黨、台灣青年革命黨和台灣革命黨五團體聯

合組成「台灣革命同盟會」，取代前述之「台灣革命團體聯合會」，全大陸台灣人抗日力量實現了真正大聯合。

二、台胞在大陸的抗日活動

台胞在大陸抗日活動的發展與台灣島內反抗日本殖民統治、爭取民族民主權益的鬥爭遙相呼應，同時也與大陸人民的反帝愛國鬥爭密切相連。

北京台灣青年會章程為「疏通會員意志，獎勵研究中國文化為目的」。他們積極支持台灣島內文化協會和議會設置請願運動，抗議日本殖民者鎮壓民眾的「治警事件」。此外還敦聘蔡元培、梁啟超、胡適等著名人士為名譽會員，以求擴大影響力。在《華北台灣人大會宣言》中，他們痛斥「慘虐無道、悖逆天理之日本總督政治」，號召台灣人民及全世界被壓迫弱小勞苦民眾「援助我們內政運動的台灣諸先鋒，並解放全世界被壓迫勞苦人類同胞」。

上海台灣青年會針對台灣島內總督府御用紳士組織有力者大會對抗民族運動的情況，痛斥其「求勛章，望特權」，為總督府「飼養」的「走狗」。並大聲呼籲「在華台胞」全力聲討。1924年又針對「治警事件」，向日本國內政界、台灣島內各界寄出決議文，予以強烈抗爭。同年9月的國恥紀念大會上，他們表示「台灣人今已經覺醒，願與祖國諸君握手、團結，打倒共同之敵——日本帝國主義。」繼而開展反對所謂6‧17台灣始政紀念日活動，稱「台灣人受日本統治，陷為亡國之民，實屬最大恥辱。」

台灣自治協會與台灣青年會成員相互交叉，鬥爭中也互相呼應支持，且政治色彩更為鮮明。其成立宣言稱：相對於菲律賓、印度甚至朝鮮爭取「民族獨立」運動，「我等台灣人望塵莫及」，「一任供為牛馬飼料」。「我台灣同胞，犧牲許多生命，流過不少血淚，回顧過去苦難，無力主張正義」。因此號召「願我台灣人堅持根本的民族自覺，願我親愛之中國同胞，幫助我等之自治運動。」主張海峽兩岸應共同反抗日本侵略，否則「將不免陷入與我等同為亡國奴隸之命

運」,「恐中華民國四字,或隨而消滅」。

台韓同志會的組織為類似於秘密結社的組織形式,傾向於採取暴力鬥爭。其規約稱「以完成台韓獨立,建立自由聯邦,為唯一目的」。入會手續嚴格——「血印誓書」,紀律嚴明——「凡我同志須絕對服從幹部命令,不許絲毫反抗」。具體的反抗活動有諸如散發傳單鼓動反日鬥爭,揭露段祺瑞賣國行徑等,並發布《警告對日市民外交大會》、《須注視日本之對華政策》等文告,言辭十分激烈。

創建於廈門的台灣尚志社,刊行《尚志廈門號》雜誌,其宗旨在促進台人民族覺醒,抨擊日本在台殖民暴政。他們揭露「總督握有立法、行政大權,行獨裁統治」,「視島民如奴隸,濫用權威與官權」,「近有以台灣議會請願團事,拘禁許多無辜島民;以陰險手段,妨害合法請願運動」。高呼「反對台灣總督府歷代之壓迫政策」、「反對總督府對議會請願者之不法拘束」。

閩南台灣學生聯合會是廈門台灣學生的聯合組織,他們猛烈抨擊日本殖民者在台灣的殘暴統治,稱:「日本是專制君主國,領台以來,於茲三十年。剝奪我們開墾的土地、森林、陸產、海產,及人民應受的權利。用著惡毒的經濟政策,加以魔鬼一樣的手段,使我們精神、物質都受壓迫。」在所刊發的《台灣通訊》中細述台灣民眾割台後的抵抗事跡,對於議會設置請願運動中台人堅忍不拔的意志大加讚賞,稱其「有如火如荼之勢」、「不屈不撓」,「台胞的反日感情,日見增加」。批判總督府的鎮壓為「賊子狼心」,「惡劣的手段,無過於此」。

南京中台同志會是部分祖國意識較為強烈的台灣人和大陸人士共同組成的反日愛國團體,為兩岸同胞面對共同敵人齊心奮起抗爭的典型。其成立宣言中寫道:「在歷史上看台灣之滅亡,此滅亡即中國民眾開始受控制於帝國主義之日。中國完全屈服於日本之日,亦即台灣民眾被剝削於日本帝國主義之時。故中台兩地民眾,實有共生共死之關係,而日本帝國主義者,又同時為兩地民眾之公敵;故兩民眾,自然有同樣之要求,更進一步,兩地民眾應相聯合,立於同一戰線上,對共同之敵,作一大進攻。」因此,該會的使命就在於建立海峽兩岸中國人的反日統一戰線,對抗共同敵人,謀求民族解放。中台同志會的主要公開活動為

對兩個中國近現代史的重要日子的紀念，一是袁世凱賣國二十一條的「國恥紀念日」，一是6月17日所謂台灣始政紀念日的「台恥紀念日」，中台同志會的參加者將這兩大活動視為國恨家仇不可忘卻的記憶和情感宣洩。

廣東台灣革命青年團前身為廣東台灣學生聯合會，以聯絡台灣學生感情為號召以避日人偵探之耳目。他們先後刊發《一個台灣人告訴中國同胞書》、《勿忘台灣》等文章和出版物，宣傳台灣遭受侵略的慘痛歷史，號召革命。1927年4月出版的機關刊物《台灣先鋒》熱情宣傳台灣，同情祖國，鼓吹革命。大陸政界、學界著名人士亦積極評價台灣青年學生的祖國意識和愛國熱情，稱：「台灣民眾，是中國的民眾；台灣民眾的團結，就是中國民眾的力量；台灣民眾愛祖國的熱忱，確是革命精神的發揮。」廣東台灣青年學生目睹當地國民革命鬥爭轟轟烈烈開展，為濃厚的革命氛圍所感染，認為台灣民眾要獲得解放，非從事祖國革命及組織開展台灣革命運動不可。他們喊出的口號是：「打倒日本帝國主義！」、「中國民族聯合起來！」、「台灣革命成功萬歲！」、「中國革命成功萬歲！」等等。

1932年，受九一八事變的刺激，台籍青年劉邦漢、林雲連、余文興等，在丘念台的指導下與大陸學生聯合成立台灣民主黨，從事反日愛國鬥爭。其組織在廣州、汕頭、潮州、惠州等地均有所發展，並獲得部分國民黨地方黨部的支持。他們舉辦演講會、散發傳單，宣傳台灣及大陸革命運動，發表《為台灣革命運動警告我四億同胞》、《抗日救國救同胞》等文宣，刊發《台灣革命運動》（後改名為《台灣》、《研究日本》）刊物，揭露日本國內政治黑暗及其對外侵略野心。其黨員宣誓語揭示了黨的反日愛國宗旨：「為我大漢民族爭光，為我台胞爭自由」，「團結台胞四百萬漢民族，打倒日本帝國主義」。

1937年七七事變後中國人民奮起全面抗戰，台胞在大陸的抗日活動也進入了一個新的階段。在大陸的東南沿海地區出現了一支直接參與抗戰的台灣人抗日武裝團體——台灣義勇隊及其下屬台灣少年團。原黃埔二期學員李友邦徵得福建當局的同意，在被集中於閩北的台灣籍民中挑選願意參加抗戰的台灣人，組建台灣義勇隊，開赴浙江金華前線。台義隊隸屬國民政府軍委會政治部，同時也得到

了中國共產黨的積極關注和支持。嚴格來說，台義隊主要是一支宣傳隊五，他們的主要任務是「對敵政治」、「醫務診療」、「生產報國」和「宣慰軍民」。即利用自身精通日語的優勢，開展陣前對日軍喊話，對敵廣播；由於隊員多學醫出身，於是組織台灣醫院，為軍隊及地方民眾提供醫療服務；他們還利用熟悉藥品、樟腦生產的條件，進行自力更生生產前線急需物資；台灣少年團則在軍隊和駐地巡迴演出，宣傳抗戰、鼓動民心士氣，收到良好效果。

　　隨著日本帝國主義發動太平洋戰爭，中國對日正式宣戰，收復台灣開始列入日程。身處大後方的台灣革命同盟會更積極聯絡各地台胞，宣傳台灣作為大陸領土的歷史和現狀，進行收復台灣準備工作，並協助軍方對敵鬥爭。譬如定1942年4月5日為台灣日，聯合重慶文化界17團體發起復台宣傳大會，各大報紙同時刊登《台灣光復運動專刊》，台灣由此受到後方民眾的空前關注。針對部分美國媒體將台灣列為戰後國際共管區域的論調，台灣革命同盟會群起反對，指出：「台灣土地原為中國之領土，且係鄭成功篳路藍縷開闢者，台灣人民百分之九十五為中國人，若以土地人民而論，台灣之歸還中國，應無疑義。」、「不問有何種堂皇的理由，與任何種惑人的口實，都無非是帝國主義的再生。」、「我們代表台灣人向全世界宣言，我們決定歸回中華民國，要求台灣歸回其祖國。」表達了對中國的忠誠和對所謂的國際共管論的強烈不滿。此外，他們還創辦了《台灣民聲報》作為台灣革命同盟會的機關報，其發刊詞中稱：「台灣是我們的家鄉，她有今日的繁榮瑰麗，完全賴我們祖先……所以台灣的光復，我們台灣同胞，尤其矢志於台灣革命的同志，義不容辭，應該挺身出來分擔這項義務和責任。」《台灣民聲報》的主要任務是：「喚起台胞愛護國族的情緒」，「暴露敵寇罪行」，「報導台灣一般動態」，「籲請祖國人士正視台灣民眾所追求的理想和目標」和「請國際人士加以瞭解和同情（台灣人的反抗鬥爭）」。在中國政府為收復台灣做準備而設立的台灣調查委員會中，也有不少台灣革命同盟會的人士參與其中，為台灣光復及戰後接收、建設等各個方面提出了有益的設想和建議，不少為政府所接受和採納。

　　綜上所述，台胞在大陸的抗日活動總體上以1937年的七七事變為標誌分為前後兩個時期。七七事變之前主要的鬥爭方向：一是揭露日本殖民者在台灣實施

第五章 台灣人的抗日活動

的總督專制統治和對台灣資源的攫取，抨擊殖民暴政；二是支持島內的非暴力政治抵抗運動，發起對「治警事件」的聲援。三是特別針對日本殖民者每年舉辦的所謂始政紀年日活動予以堅決的反對，認為這是日本侵略的烙印，是台灣恥辱的象徵，稱之為「台恥日」，此為在大陸台胞抗日活動的一個鮮明特點。七七事變之後，抗擊日本侵略，維護民族尊嚴和中國獨立自由，乃至收復寶島台灣，成為他們的共同追求。無論是台灣義勇隊在前線的戰鬥，還是台灣革命同盟會在後方的團結、吶喊，他們的共同心聲正如《台灣民聲報》發刊詞所言：「我們秉承先人遺志，多年流亡在外，奔走呼號，歷經艱危，不斷苦鬥，其唯一願望也是為掙脫日本帝國主義的羈絆，重投祖國懷抱，而使六百萬台胞出水火而登衽席。」經過八年抗戰血與火的洗禮，終於達成了兩岸中國人的共同目標——打倒日本帝國主義，收復祖國領土台灣。

與此同時，海峽兩岸人民在抗日鬥爭中也是相互支持的。我們知道，近代中國積貧積弱，長期遭受列強的侵略。清王朝的腐敗無能使得台灣被迫割讓，辛亥革命後的中國仍然陷於軍閥割據混戰的亂局，日本對華二十一條帶來的民族危機，使得人們意識到日本帝國主義乃中國最大的威脅，接踵而來的九一八事變和七七事變，使得日本帝國主義與中華民族的矛盾成為中國社會的主要矛盾，團結抗日成為歷史賦予包括台胞在內的每個中國人的神聖責任。因此，我們在大陸台胞的抗日鬥爭中，經常可以看到其對兩岸中國人的如下急切呼籲：「中國同胞啊！要振作須從台灣做起。台灣是清朝割讓予日本為殖民地的。台灣人要洗恨説（雪）恥，正在爭取獨立，要先建設自治議會。中國同胞有愛國思想者，當然也要負起援助台灣的義務。」「台灣同胞啊！倭奴的凶焰，有進無退。在對岸廈門的台灣同胞，也要受暴日的壓迫，我們已被迫到無容身之地了，應該快和中國同胞協力，來雪恨報仇。」又如廣東台灣革命青年團號召：「祖國現在已進入革命發展的時期，我台胞應認清時潮，急起直追，來參加祖國的革命」，同時呼籲「希望絕對不要忘記一八九五年甲午戰爭所失去的台灣！」、「中國民眾團結起來援助台灣革命！」由此看來，兩岸同胞的抗日鬥爭既各自蓬勃展開，又相互呼應支援，它們一同壯大了抗日鬥爭的聲勢，達成了兩岸中國人共同抗日的有機結合。

最後，台胞抗日團體針對日本帝國主義分化瓦解台灣民眾與大陸民眾感情的圖謀進行揭露和批判，號召兩岸人民團結對敵。上文提到，日據時期有不少台灣籍民來到大陸，其中不乏違法犯罪、擾亂所在地社會秩序而引起大陸民眾強烈不滿的情形發生。廈門台灣同志會指出，這完全是日本帝國主義離間兩岸人民感情的陰謀：「日本自領有台灣以來，限制台灣人回大陸；連親戚間也不得往來，妨害同胞間的相愛互助。更有侵略福建的惡劣手段；即利用台灣人中的敗類，於廈門開娼寮、設賭場、賣阿片、紊亂社會。無惡不作。」他們強烈呼籲：「在廈台灣人同胞啊！我們台灣人並不是日本人。日本人是我們的仇敵。應該排斥，不該親近。」、「我們要明白自己的地位，我們無時無所，莫不備受日本人的壓迫。所以要臥薪嘗膽，準備報仇雪恥。在廈須求正業，豈可受日本人惡用。」李友邦領導的台灣義勇隊也對於部分台籍浪人惡行帶來的負面影響進行了積極的「消毒」工作，他們揭露日本帝國主義「強迫利誘得一部分無知識的浪人、刑事犯、殺人犯，這些民族敗類到汕頭、廈門、福州來，做他們的工具、傀儡，來實施挑撥離間中台間感情的詭計。」並且一針見血地指出「日本人的目的在消滅祖國對於台灣的心」。在台灣義勇隊的消毒工作及其自身抗日鬥爭影響下，大陸民眾對台灣人的觀感有了一定積極的改善，從大聲呼喚「勿以台胞多為壞人，而忽略台灣革命者在抗戰中所起的作用」，發展到「勿以台胞多好人，而忽略台籍浪民之破壞行動」。顯然，大陸民眾已經逐漸將台籍浪人與台灣抗日人士區隔開來，並對台胞抗日鬥爭給予了積極的正面評價。

三、對於台灣前途命運的思考

台胞在大陸的抗日活動，除了聲援大陸民眾反帝愛國運動，對抗共同的敵人——日本帝國主義之外，更為關注的無疑是台灣本身。在此過程中，不可避免地要面對台灣的前途命運問題。換句話說，在大陸台胞所進行的抗日活動是在為了一個什麼樣的台灣而奮鬥？在他們的理想中台灣的未來究竟應當走一條什麼樣的道路？

大陸台胞抗日團體對於台灣前途命運的思考，有著歷史發展變化的過程，請看台胞抗日團體的相關言論：

1925年5月台灣自治會：

菲律賓，印度，正在運動獨立，企圖脫離宗主國。然而我等台灣同胞，尚未具一點抗暴實力。與我等在同一命運上之朝鮮人，猶得於國境外自由區域內，高唱恢復祖國之歌，揭揚民族獨立之旗。我等台灣人望塵莫及。

倘有參加世界弱小民族解放運動，獲得自由，解放束縛，建設自由平等天國之希望；則我等台灣遺民，必不惜拋多數生命，濺多量鮮血；進隨不願為亡國奴隸之菲律賓，及印度諸同志之後以前進。

1925年6月台灣自治會：

（日本）外戴中日親善假面具，內心包藏侵略野望……諸君快醒！快醒！諸君須從有名無實之經濟絕交夢中清醒！快以實力，開始愛國運動。同時來幫忙我等亡國台灣同胞之自主獨立運動。

由上觀之，台灣自治會的鬥爭目標瞄準了菲律賓、印度及同在日本殖民統治下的朝鮮民族獨立運動，對台灣不能如朝鮮「高唱恢復祖國之歌，揭揚民族獨立之旗」而頓足慨嘆，並將台灣的抗日鬥爭定位為「自主獨立運動」。

1925年4月廈門台灣同志會：

我們信奉民族終須獨立……，中國同胞啊！要振作須從台灣做起。台灣是清朝割讓給日本為殖民地的。台灣人要洗恨説（雪）恥，正在爭取獨立，要先建設台灣議會。中國同胞有愛國思想者，當然也有負起援助台灣的義務。

1930年6月廈門閩南台灣學生聯合會：

台灣解放運動的目的是要求台灣獨立、否認日本帝國主義的存在。換言之，必須要求台灣解放運動顛覆帝國主義的統治。今日吾等在迎接六・一七紀念時應更加汲汲於顛覆帝國主義，同時預防叛逆的反動。海外的吾等青年應盡最大的努力來從事反帝愛國運動。妨害反帝運動的都是叛逆者。總之，我等今日紀念六・

一七必須有顛覆日本帝國主義的覺悟。然後將「始政紀念日」改成「獨立紀念日」。

與北京的台灣自治會不同，廈門的台灣人學生抗日團體毫不掩飾地提出了台灣獨立的主張。台灣自治會傾向於支持島內自治運動——議會設置請願運動，雖意欲效仿亞洲其他國家的獨立運動，但還是較隱晦地表達「自主獨立」的指向。廈門閩南台灣學生聯合會由於成立之初就有左翼人士的深度參與，因而更具激進色彩，「爭取獨立」、設立「獨立紀念日」等口號旗幟鮮明，對此日本人亦稱該團體「策劃台灣的民族獨立運動」。

1926年6月南京中台同志會：

台灣被吞併於日本帝國主義以後，日本帝國主義遂用其一切惡毒手段，向台灣民眾行其貪慾無厭之剝削……，凡一切人類間不平等待遇，均使台灣人嘗之飽矣。於此時期，台灣人唯一願望，在於奔走脫離日本帝國主義羈絆，是極自然之現象。

顯然，脫離日本殖民統治是台灣民眾的迫切要求。但脫離之後的台灣應該往何處去？在中台同志會的人們看來，台灣被割讓雖是緣於清王朝的腐敗無能，但也給了台灣人被拋棄的感覺，這種棄民之痛是一種歷史的傷痕。又由於左翼青年對軍閥混戰、貧弱腐敗的政局下政府的不信任，認為台灣民眾有其猶豫和選擇的空間，也就是所謂的「自決」問題的提出。這在大陸台胞抗日團體中是較為獨特的。

1932年3月台灣民主黨：

本黨根據民族自主精神，推翻異民族日本帝國主義者統治，以建設台灣民族之民主國為目的。

1933年10月台灣民主黨：

……為我大漢民族爭光榮；為我台灣同胞爭自由。基於民族自主精神，創立台灣民主黨。團結台灣四百萬漢民族，打倒日本帝國主義，推翻日政府，建設台灣民主獨立國。

毫無疑問，台灣民主黨的「建設台灣民主獨立國」的主張在當時大陸台灣人抗日團體中是較為特立獨行的，儘管諸如廈門台灣學生聯合會也提出過「台灣獨立成功萬歲」的口號，但以成立獨立國為號召，還是不多見的。

從以上我們列舉的在大陸台灣人抗日團體就台灣前途命運的訴求來看，儘管口號、主張各有不同，但以所有可能的方式謀求擺脫日本帝國主義的殖民統治、使台灣人民獲得獨立自由則是其不變的宗旨所在。以歷史發展的脈絡而言，他們的主張有著從模糊、隱晦朝逐漸明晰方向發展的趨勢。換句話說，到了1930年代初，謀求台灣獨立已經成為在大陸台胞抗日團體近乎一致的政治訴求。

那麼這個時期台胞抗日團體提出的台灣獨立的內涵究竟是什麼呢？其實從上引史料我們已經很容易看到，1920—1930年代在大陸台灣人抗日團體所主張的「台灣獨立」，是針對日本帝國主義的，是要脫離日本在台灣的殖民統治而獨立，是殖民地人民反抗和擺脫殖民宗主國統治的正義鬥爭。無論是「獨立」口號還是「建設台灣民主獨立國」的設想，都是針對日本的，與現在針對台灣人的祖國中國而叫囂的「台獨」論調風馬牛不相及，這是應予特別注意的。依此邏輯，「台灣獨立」本身就不可能是在大陸台灣人抗日團體的最終訴求，歷史事實也正是如此。請看中台同志會的下述言論：

本會工作之第一步，即在喚醒兩地民眾實際要求事項之意識，使對本會抱有將來之希望。首先使中台內地民眾，完全擺脫日本帝國主義之羈絆；然後使中台兩地民眾，再發生密接之政治關係。

也就是説，在台灣人抗日團體看來台灣的前途命運應當遵循如下的路徑前行：首先是脫離日本殖民統治，然後是與中國的再結合。時代的特性和複雜的社會歷史背景決定了在大陸的台胞抗日團體對於台灣前途的如此特殊設計方式，對此台灣義勇隊總隊長李友邦在一篇題為《台灣要獨立也要歸返祖國》的文章中作了十分透徹的闡述，特摘引如下：

首先，我們應知道，台灣曾是中國之一省，台灣五百多萬人，除掉二十萬的生番而外，都是從福建、廣東過去的中國人；但是，我們也應知道，一八九五年滿清曾正式地在大壓力之下，不得已把台灣割讓給日本帝國主義了。

這樣的事實，決定了台灣革命目的的兩面性，就是，一方面，他要求獨立；同時，另一方面，他要求返歸中國。

要求獨立和要求返歸中國不是衝突的嗎？是不衝突的。

什麼是台灣的獨立呢？台灣的獨立，是在國家關係上，脫離外族（日本）的統治，是對現在正統治著台灣的統治者而言。作為被壓迫於日本帝國主義者之下的台灣民族，他是要對其統治者鬥爭，以爭取能夠自己處理自己，自己決定自己的前途的權利，被鎖緊地壓迫在日本帝國主義的鐵蹄下的台灣民眾，迫切地需要的是這個。

但「回唐山去啊？」從前是，現在也還是台灣五百萬民眾的口頭禪。「唐山」指的就是中國，要歸回中國的熱情，除了少數喪心病狂的作日本帝國主義的走狗的敗類而外，這已成為一般台灣民眾的要求，所以台灣要歸返中國。

因此，在對日本的關係上，台灣和朝鮮完全一樣；在對中國的關係上，台灣和朝鮮又稍有不同。同時在對日本的關係上，台灣與大陸內部的任何一省都不同；在對大陸政府的關係上，又都彼此有異；這樣的事實造成了台灣革命的複雜性，他第一，必須以台灣作為日本帝國主義的殖民地而向他爭取獨立；第二，他又須以台灣作為中國之一部分，而且適應著全民的要求要歸返中國。

所以這兩個目的，是同時為台灣革命所具有，他不能缺掉第一個，因為《馬關條約》以後，大陸政府已不得不把台灣認為日本所有，所以台灣革命已不得不成為台灣五百萬民眾自己的事，而中國政府不能是主動的，除非他提出「收復台灣」的口號。既然由台灣五百萬民眾方面出發，所以他首先必須作爭取獨立的鬥爭。同時又不能缺掉第二個。在前清割讓台灣的時候，台灣五百萬民眾不得不由中國的政治機構脫離而又不願屈服於日本帝國主義者，所以，在一八九五年曾一度有民主國之成立。以後，在大陸抗戰勝利而台灣獨立革命成功時，大陸當是一個嶄新的三民主義的國家，台灣民眾歸返大陸的要求，當可以得到。故同時，台灣革命者又以歸返大陸作為其革命目標之一。……所以我們說，台灣（要）獨立又要歸返大陸。

概而言之，台灣問題的歷史原點乃由於1895年不平等《馬關條約》導致台

灣被迫割讓並淪為日本殖民地,儘管《馬關條約》是日本侵略中國強迫簽訂的不平等條約,但在當時的歷史條件下,它是日本占據台灣的法律依據,是「有效」的。正如李友邦所言,除非中國政府提出收復台灣的口號,否則台灣要想脫離自身的殖民地地位就只能靠台灣民眾自己,中國就只能在道義上或秘密渠道上予以支持。這樣一來,台灣革命首先就是脫離日本帝國主義,然後才能依據台灣民眾的愛國熱情和民族感情,踏上回歸祖國的道路。這就是台灣前途命運的二階段論:台灣需要先獨立,然後回歸祖國。由此可見,在大陸台胞抗日團體的「台灣獨立論」,與「台灣回歸祖國論」非但是不矛盾不衝突的,而且是有機結合的一個整體,對於這樣一種既矛盾又統一的關係,台胞抗日人士黃玉齋在當時就有過精闢的分析,他說:

台灣獨立派　這派發達很早,如本書前面所講的,說他是「台灣獨立派」亦可;說他是「台灣光復派」也無不可!我們所謂台灣人,個個都是中國人。總而言之,所謂「台灣獨立派」捨去極端自主外,都是要做中國的一省呀!最近極端獨立派的論調是說:「現在中國內受軍閥橫行,外受列強壓迫,幾乎自身不能顧了,焉能顧及我們台灣呢?」他們的結論還是:現在應該台民治台民,將來還是做中國的一部分!

顯然,台灣獨立是台灣革命者現當時要做的頭一件事,回歸祖國是獲得獨立自由後的台灣民眾將來要做的第二件事,這就是「台灣獨立派」也是「台灣光復派」,台灣要「獨立」也要「回歸」祖國的辯證統一關係。直到1941年12月9日中國正式對日宣戰,公告廢除包括《馬關條約》在內的所有不平等條約,台灣主權歸屬中國的地位確定後,上述台灣回歸二階段論中的第一個階段——台灣獨立才失去了存在的基礎,而與第二階段——回歸祖國合二為一,因為李友邦所提到的跳過台灣獨立階段的前提條件——「除非它(祖國)提出收復台灣」已經變成為現實。正是順應這一歷史變化,台灣義勇隊隨後提出了「保衛祖國、收復台灣」的響亮口號。打倒日本帝國主義、收復祖國領土台灣,便從此真正成了在大陸台胞抗日團體的唯一選擇。

1980年代以來台灣島內及海外的台灣史研究中,一部分「台獨」理論者出

於意識形態的需要，對台灣史進行了偏離歷史事實的解讀。其中一個流行的論調即是：由於日本的殖民統治、外來文化的強力滲透及日本殖民者推行的將台灣與大陸相分離的政策，促使台灣開始走向了「脫中國化」的軌道。他們聲稱日據時期台灣人與大陸的關係是建立在想像的基礎上的，甚至有人進一步說「台灣與中國的關係不是想像的（imagined）共同體而是幻想（imaginry）的共同體」。還有人找到一些資料顯示日據時期部分從事反抗日本殖民統治活動的台灣人曾經提出「台灣獨立」的主張，便如獲至寶地、武斷地認為台灣人追求「獨立」的歷史可以追溯到1920年代。事實上，這種與歷史事實不符的觀點逐漸被能度嚴謹的學者所駁斥，譬如陳翠蓮教授透過對台灣人大陸遊記的分析，指出當時台灣人對大陸的瞭解並不缺乏，而血濃於水的民族感情自發地促使著他們為落後的大陸進行著竭盡所能的辯護。本文揭示的台灣人在大陸的抗日鬥爭歷史更明確地告訴世人，日據時期台灣人開展的所謂「台灣獨立」運動實際上是殖民地人民反抗和謀求擺脫殖民宗主國統治的正義鬥爭，是針對日本殖民者的，並且所謂的「台灣獨立」僅僅是走向與祖國相結合的一個步驟而已。這些都與當今某些針對台灣人祖國中國的「台獨」叫囂風馬牛不相及。此間台灣民眾為人們展示的更多的是強烈的民族意識、祖國情懷而不是相反，這對於一些急於想為「台獨史觀」尋找歷史依據的人來說是恐怕是件具有諷刺意味的事。

第五節　台灣革命同盟會

1937年「七七事變」爆發後，在大陸的台灣人紛紛參與大陸抗戰，其中於1941年在陪都重慶成立的台灣革命同盟會，集合了大陸地區台灣人主要抗日力量，為抗戰勝利尤其是台灣的光復發揮了積極的作用。

一、台灣革命同盟會及大後方的輿論宣傳活動

第五章 台灣人的抗日活動

　　1895年腐敗的清政府在甲午戰爭中失敗後，被迫簽訂了不平等的《馬關條約》，割讓台灣，台灣從此淪為日本殖民地長達半個世紀。不屈的台灣人民除了在島內開展武裝鬥爭及非暴力政治抵抗之外，還有一批人來到了大陸，組織抗日團體，一面積極參加祖國反帝愛國運動，另一面則為台灣人的自由解放而鬥爭。一如前章所述，早期較為著名的組織有北京台灣青年會、中台同志會、閩南台灣學生聯合會、廣東台灣革命青年團等，其成員以學生為主。抗戰爆發後，在大陸各界台灣人抗日組織紛紛成立。1940年，為集中抗日力量並實施統一指導，來自各地的台灣抗日團體聚集陪都重慶，成立台灣革命團體聯合會。1941年2月10日，適應著祖國抗戰及台灣革命運動的需要，台灣革命民族總同盟、台灣獨立革命黨、台灣國民革命黨、台灣青年革命黨和台灣革命黨五團體發起組建台灣革命同盟會，取代台灣革命團體聯合會，達成全大陸台灣人抗日力量的大聯合。

　　那個時期，台灣抗日團體在大陸的活動，雖開展得有聲有色，但實事求是地說，對於整個中國社會的觸動卻是相當有限的。到了台灣革命同盟會成立的1940年代，國人對於台灣人的認識依然是帶有隔膜的，對台灣的印象也是十分模糊。究其原因，大致有以下幾點：首先是日本帝國主義推行對岸擴張政策，策略性地縱容一些台籍浪人在大陸從事違法犯罪活動，分化兩岸人民的感情，造成兩岸民眾的隔閡。對此台籍志士們有著清醒的認識，黃朝琴指出：「（台灣總督府）獎勵台灣之流氓赴華南一帶，從事走私、包賭、魚肉內地同胞，以為侵略之先鋒。廈門之土豪劣紳以台人可以受日本特殊保護，亦以種種方法取得台籍。更可恥者，且將『台灣籍民』招牌懸諸門外，以示其為特殊之民族，日本領事兼任台灣總督府事務官，指導不良台人及冒牌台人為其南進之爪牙。而善良台人欲回福建探親，或祭掃祖塋者反不能領到日本護照，足見敵人多方離間大陸人士與台灣同胞之感情，國內人士鮮能知悉敵人奸計，以為台人已被日本同化，來華侵略一如日人，而將在台備受日人虐待六百餘萬同胞置諸不顧，殊非事理之平。」其次是大陸近現代歷史上一度陷於積貧積弱、軍閥混戰的漩渦中，國內政局多變，民生凋敝，中國社會自身問題重重、反帝愛國鬥爭任重道遠。在此背景下，台灣問題被擺到次要的地位，逐漸淡出了人們的視野。台灣人也因日本籍而被另眼相看，甚至產生身分危機。對此台灣人抗日團體深有體會，台灣黨部的謝東閔寫

道：「台灣自淪陷以迄抗戰前後的幾十年當中，因中國『心有餘而力不足』，好像被遺棄的可憐孤兒過著無依無靠的流浪生活，四十餘年來，中國在日本帝國主義者的威脅下，最初為打倒滿清不便刺激日本，後又因內憂外患無暇顧及以致對台灣人未能予以正當的看待。日寇把握了足夠的這些弱點，便儘量運用領事裁判權與對岸政策來破壞台灣人與祖國的傳統關係，自此以後，大陸一部分人士對台灣人便由『疏而遠之』一變而為『恨而惡之』，於是台灣人便陷於『既不容於敵人又不容於祖國』的苦悶中，這種苦悶，尤以戰前歸回祖國的台胞體驗最為深刻。」更有人尖銳地提出：「因為不幸有那回歷史，台灣被出賣了，降為殖民地」，台灣的子孫亦即炎黃子孫，才烙印了人為的兩重人格：既是中國人，又是日本的臣民。諸君不僅對此悲慘命運不負絲毫責任，台灣人，且為排脫此種命運奮鬥犧牲。事實是：日本不信任台灣人，中國也不信任台灣人。過去台灣的身世飄零，台灣人在戰時更內心痛苦，精神無寄託，身體無自由，其實這種遭遇與懲罰完全無罪，上帝應該受理你們的控訴。」第三則是在全社會普遍忽略台灣的情形下，對於台灣的情況乃至有關台灣的研究更是十分的薄弱，如台灣義勇隊在浙贛活動的時候，就有群眾將他們稱為外國人。劉啟光稱：「很惋惜大多數人對於（台灣）這一問題的漠不關心」謝南光直言：「祖國同胞看待我們是亡國奴，是日本籍，處處歧視我們」他說：「在祖國方面，四萬萬五千萬的同胞，一向對於台灣漠不關心，也是不可否認的事實，就是關心國事的志士仁人，對於台灣並不十分關切，他們因為缺少台灣的資料，不能深刻瞭解台灣，致使對台灣問題不免有隔膜，而不能盡期一切能力來援助台灣革命運動。」對此，林嘯鯤明確點出了大力宣傳台灣是眼下台灣革命者應努力的主要方向，他在談到編輯出版《台灣問題言論集》緣由的時候說：「台灣為中國領土，國防屏障，淪陷將近五十年，關於台灣問題，竟無一專書，雖為國際環境使然而亦不無遺憾！今當倭寇氣焰就衰，盟國勝利在望，收復台灣失土，當為我國目前當務之急，第因台灣淪陷已久，各界人士難免有隔膜不清者，每當討論台灣問題，乃是仁者見仁，智者見智，議論分歧，莫衷一是，長此以往，不但影響台灣革命，甚而動搖中國國策，故此書之編成，不唯專供台灣同志之閱讀，而亦藉為中國同胞之參考資料。」

從台灣革命同盟會成員的上述言論中，我們看到了反覆出現的兩個關鍵詞：

疏遠、隔膜！要爭取祖國各界瞭解台灣、理解台灣人、支持台灣革命運動，就迫切需要台灣革命同盟會開展一場有關台灣的廣泛宣傳。正是在這樣的背景之下，該會在抗戰大後方的陪都重慶展開了轟轟烈烈的台灣宣傳運動，其中的高潮就是聯合重慶各界舉辦的「台灣日」宣傳活動，確定如下四大內容：（1）定四月五日假抗建堂舉行台灣光復運動宣傳大會；（2）各大報編印台灣光復運動專刊；（3）以國語、英語、台灣語及日語向中外廣播；（4）由台灣革命同盟會發布該會第二屆會員代表大會宣言。

　　1942年4月5日，台灣革命同盟會聯合東方文化協會、中蘇文化協會、國民外交協會、國際反侵略中國協會、中英文化協會、中緬文化協會、朝鮮民族戰線聯盟、日本革命協議會及重慶文化界、報界等17團體於重慶抗建堂舉行台灣光復運動宣傳大會，定該日為「台灣日」。大會由時任司法院副院長覃振主持，覃振談到了此刻參會者的心情時說：「各位今天到這裡來也不是為了參加一個尋常的講演會，而是懷著滿腔同情台灣光復運動的熱情來的。」因為「我們已經忍受了快三十個年頭了，現在才能夠公開提出台灣克復的號召，這真是談何容易！」。黃少谷、章淵若、司徒德則分別代表軍委會政治部、中央祕書處及立法院出席，與會者達一千多人，在戰時重慶可謂難得的盛會。當晚中央電台播出特別節目，梁寒操、吳茂孫、林嘯鯤分別以中、英、台三種語言做專題演講。梁寒操在廣播演講詞《清算的時候到了》中呼籲：「親愛的同胞們，和平不可幸致，敵人不可輕縱，我們要爭取一切力量，尤其是台灣同胞的力量，予敵人以致命打擊。」而宣傳活動的更具影響力的是重慶各大報紙同時刊載台灣光復運動特刊，從而達成台灣問題在大陸各界尤其是普通民眾中的有效普及，其中主要的文章譬如李友邦的《收復台灣與遠東和平》（《時事新報》）、宋斐如的《台灣農民的慘痛》（《益世報》）、劉峙的《怎樣解放台灣台胞》（《國民公報》）等等，福建的媒體也同時刊登相關文章，以為呼應。

　　如果說抗建堂裡的千人大會，還只是賢達先進與社會菁英的聚會，慷慨激昂之餘尚缺乏群眾基礎的話，那麼報紙的廣泛報導和宣傳，則是將台灣問題普及、深入民眾的最有效途徑，畢竟在當時的歷史條件下，報紙是受眾最廣的傳播工具。台灣革命同盟會的宣傳得到了大後方輿論界的極大支持，除了刊登大陸各界

及台灣革命者的文章之外，重慶各報刊並配發了社論和時評，進一步號召人們認識台灣、關注台灣。如《新蜀報》1942年4月5日發表題為《還我台灣！》的長篇社論，對「時間沖淡了國內同胞對台灣的記憶」感到深深的憂慮，文章曆數台灣民眾在島內和大陸內地的不屈鬥爭歷史，指出：「台灣失了，台灣精神未死！台灣失了四十七年，台灣的人心始終在活躍著，越發振奮，越發飛揚！台灣兄弟們的奮鬥和表現不弱於國內同胞，而艱苦則過之！」、「台灣要回到中國的懷抱，台灣根本是中國的領土，台灣人本來就是中國人」，並振臂高呼：「抗戰一定要抗到台灣收復才算底！中國人人人應當有此決心，有此抱負。」《新民報》1942年4月五日社論《台灣歸來》稱：「現在，是宣告台灣歸來的時機了」，「我們希望國人從此認清台灣是我們的，同時以滿腔熱情，期待台灣同胞之奮起歸來。」同年4月17日社評《怎樣援助台胞——紀念馬關條約》、1943年6月17日社評《收復台灣》均呼應了台灣革命同盟會的活動：「讀了今天台灣革命同盟會所發的宣言和告台胞書，我們不僅確實為台灣同胞返復祖國的熱忱所感動，並且堅決相信，收復台灣必須正式列入我們抗戰的目標之內，也必須列入戰後世界和平計劃之內。」同日《新蜀報》發表標題為《台灣與中國》的短評，文章寫道：

自從一八九五年馬關條約割讓台灣以來，迄今四十八年了。四十八年中，台灣人民在日本帝國主義蹂躪之下，受盡痛苦，但是台民也從未停止過爭取自由解放的鬥爭。這一部血淚史，本應為國人熟知，但熟知者竟不多，今天台灣志士訴說全台民眾的痛苦與願望，全國及全世界都應注意傾聽，因為台灣是亞洲重要問題，台灣人民的意見應最受重視。

台灣割讓以後，日本對我侵略亦步步緊逼，台灣實具同一命運，台灣原在中國版圖，台民多為華籍，對於解放台灣，中國自有不可推脫的責任。抗戰以來，台民重歸祖國的願望熱烈蓬勃，寄其希望於祖國的勝利。中國一定要接受台民的要求，戰勝日本帝國主義，爭取台灣歸來。這一切都要求早日打倒暴日，台灣志士應與全國同胞加速努力。

作為合作抗日的國內兩大政治勢力——國共兩黨的主要媒體也顯現出對台灣

革命同盟會及台灣人抗日運動的積極支持態度,《新華日報》發表社論稱:「自我國全面抗戰以來,在祖國的台灣人民就積極的參加抗戰。雖然人數不多,力量不大,他們卻始終不懈的奮鬥。而各革命團體,亦皆能團結一致,努力於光復運動。台灣人民知道,……只有加強團結,只有積極參加祖國的抗戰,獲得徹底的勝利,才能將日寇驅逐出台灣,回到祖國的懷抱,過著民主自由幸福的生活。」《中央日報》亦云:「我們回想半個世紀以來六百萬神明華胄的子孫,在那孤懸海外的島上,飽受日寇的煎迫欺凌,不禁悲憤百倍,而對於台胞在四十九年來前仆後繼屢踣屢起的英勇革命事跡,亦願致其衷心的敬意。……等到日寇敗亡的日子,也就是台灣重見天日的時候了。」

總之,反省國人過往對於台灣不應有的的淡忘,積極宣傳台灣、熱烈期盼台灣革命同盟會發揮作用,最終達成光復台灣的目標,已經成為大後方輿論界的一致聲音,正如重慶《商務日報》刊載的專論《台灣革命運動的新階段》一文所云:「台灣革命運動的新階段展開了,同時,亦就是台灣同胞『回歸祖國』的內向運動高熱度和成熟了,我們應該特別表示熱忱的歡迎。在過去,『假如』我們真的忘記了台灣六百萬同胞,就實在是一種嚴重的錯誤,但是,我相信,我們全國同胞,實際上都未犯了這種錯誤,只是,在過去,我們對台灣同胞的眷念,是潛在的,而現在,則已經可能是而且必然和應該是明朗化和具體化的時候了。」

除了響應台灣革命者的宣傳,在大後方掀起台灣知識普及、台灣革命鼓動及推動台灣回歸祖國運動高潮之外,重慶的輿論界還詳細跟蹤報導台灣革命團體的活動,如《新民報》並不像一般報紙僅僅轉引中央社新聞稿,而是在台灣革命同盟會成立當天就予以即時報導,第二天再以本報訊刊登《台灣革命團體昨日宣布同盟》的後續報導,稱之「在弱小民族求解放的史冊上,寫下了重要的一頁」,文中還詳細描述了成立大會經過情形:「由台灣革命同盟會祕書長劉啟光報告統一組織的經過,潘副部長公展、陳主任委員訪先、日本反戰盟友鹿地亘、及朝鮮友人韓一來等都相繼致詞。」《新蜀報》同樣以該社自組新聞稿報導了台灣光復宣傳日「熱烈舉行」的盛況,著重報導「宋斐如報告敵人虐待台人現狀,要求政府從速籌設省政機構」。此外,各報還刊載了中央社的兩則稿件,稱台灣台灣革命同盟會「力言台灣應歸還中國」,並更宣示「台灣全島健兒願效命疆場」。應

當説，這些報導在很大程度上提升了台灣革命同盟會的社會聲望和地位，1943年6月台灣革命同盟會在其工作報告書中是這樣描述台灣光復宣傳活動成效的：「光復宣傳週與宣傳大會」，「陪都各報為響應本會之光復宣傳起見，各報皆特闢專欄，登載祖國各部門負責人士之光復台灣之言論，曾轟動全國，聳動世界，收效甚宏。」當然，這樣的評價是台灣革命同盟會自己做出的，難免帶有誇大的成分。不過，就當時大後方輿論導向發展的脈絡來看，以台灣革命同盟會成立為標誌，國人對於台灣的關注截然不同，僅就我們所引的各家報紙而言，此前極少看到涉台報導，而之後則屢見不鮮，這就是一個顯著的變化。至少從此台灣變得不那麼陌生了。

二、對於台灣前途與命運的抉擇：回歸中國

日據時期在大陸的台灣人抗日團體，一直積極參加祖國的反帝愛國運動，並且團結祖國同胞，呼籲二者一道將鬥爭的矛頭直接對準日本帝國主義。如南京中台同志會宣言書寫道：「中台兩地民眾，實有共生死之關係，而日本帝國主義者，又同時為兩地民眾之公敵；……兩地民眾應相聯合，立於同一戰線上，對共同之敵，作一大進攻。」上海台灣青年會也宣稱：「台灣人今已經覺醒，願與祖國諸君握手、團結，打倒共同之敵——日本帝國主義。」而對於台灣自身的前途命運，他們理所當然地將其置於更加關注的位置。我們發現，歷史上大陸地區的台灣人抗日團體近乎一致地提出了「台灣獨立」的主張，譬如台灣自治會號召：「（祖國）諸君快醒！快醒！……快以實力，開始愛國運動。同時來幫忙我等亡國台灣同胞之自主獨立運動」。中台同志會宣稱：「我等今日紀年六一七必須有顛覆日本帝國主義的覺悟，然後將始政紀念日改成獨立紀念日」。不過，倘若望文生義的去機械理解這一時期台灣人抗日團體的「台灣獨立」主張，恐怕是至少要犯不求甚解的失誤。因為在這裡，「台灣獨立」與回歸中國非但不矛盾，反而是相輔相成的。

如何理解「台灣獨立」與回歸中國的關係？其實台籍志士們早就有了自己明確的路線圖，對此中台同志會是這麼描述的：「首先使中台內地民眾，完全擺脫日本帝國主義之羈絆；然後使中台兩地民眾，再發生密接之政治關係。」如果說，中台同志會的說詞還帶有若干隱晦的寓意，那麼台灣獨立革命黨主席李友邦的解釋則是旗幟鮮明了，他在《台灣要獨立也要歸返中國》一文中寫道：「台灣革命目的的兩面性：就是，一方面，他要求獨立；同時，另一方面，他要求返歸祖國。要求獨立和要求返歸祖國不是衝突的嗎？是不衝突的。什麼是台灣的獨立呢？台灣的獨立，是在國家關係上，脫離外族（日本）的統治，是對現在正統治著台灣的統治者而言。」而「要歸回中國的熱情，除了少數喪心病狂的作日本帝國主義的走狗的敗類而外，這已成為一般台灣民眾的要求，所以台灣要歸返中國。」結論就是：「所以我們說，台灣（要）獨立，又要歸返祖國」。於是事情便明朗了，原來這裡的「台灣獨立」是要向殖民宗主國日本來爭取獨立，乃是殖民地人民反抗殖民主義的正義鬥爭，而獲得獨立之後的台灣是要回歸祖國的。

那麼，台灣革命同盟會對於台灣前途命運的訴求又是怎樣的呢？早期在大陸的台籍志士確曾存在過不同的思想交鋒，對於這一點他們並不隱瞞，謝南光說：「在某一時期，我們的同志曾經主張獨立，建立台灣共和國，也有一些人主張建設社會主義的新台灣，有一個時候，思想相當混亂，這也是不可掩飾的事實。」抗戰勝利初期署名劉秀思所著《台灣的光復和革命運動》文中專闢革命的黨派與團體一節，將台灣革命團體劃分為三個派別：「（一）獨立派——台灣革命運動，此派的歷史最久，其前身是鄭成功首創的『天地會』，獨立運動的基礎普遍建立於全島民眾的要求，所以獨立派的口號是：『以台人自己的力量求台灣人的獨立解放』，使台灣走上『自力更生』的道路。（二）光復派——『保衛祖國，收復台灣』，這是光復派的口號。它是從獨立派脫胎下來的。所不同的是對祖國並不失望，他們認為祖國對台灣的冷淡是因為祖國本身亦在革命過程中，現在抗戰結束，事實證明了此派見解的正確，祖國獲得自由解放，並未將台灣遺忘，台灣光復的機會業已到來。（三）共產派——在台灣革命運動中，此派歷史雖不是很長，但是業已二十餘年的奮鬥。第一次歐洲大戰後，台灣進入了工業時代，工人階級在社會上的地位加重了，台灣共產主義運動即應運而生。至民國十九年台

灣共產黨始正式成立,他的對像是產業工人、農民和青年學生。」看得出,這是對島內外台灣人反日力量的綜合評論,而不僅僅只侷限於大陸的台灣人抗日團體。除了上文所述「台灣要獨立也要歸返祖國」這一主線之外,我們不排斥有部分台灣抗日人士即便是在台灣擺脫殖民地地位之後,依然有自治、自決或乃至於獨立的想法,否則就不會有建立台灣共和國的主張出現。但從這一主張字裡行間透露出的訊息是,台灣的獨立派的形成很大程度上是對於積貧積弱、腐敗無能政府治下的祖國的痛心與失望所致,而光復派則對於祖國有著堅定的信心和耐心,「對祖國並不失望」,因此這種狀態下的所謂獨立派的思想並非一成不變,而是可逆的。在此我們不禁聯想到日本殖民警察當局在《警察沿革志》裡對於台灣民族運動中自治派與祖國派的劃分,同樣認為自治派正是鑒於對羸弱中國的失望而提出「台灣是台灣人的台灣」的政治主張以與殖民當局相對抗的,不過深悉台灣人濃烈民族屬性的日人並沒有忘記在最後加上這麼一句話:「即使是這些人也只是對中國的現狀失望以至於抱如此思想,他日如見中國隆盛,不難想像必恢復如同前者(祖國派)的見解。」正因為如此,在那個時代即便是主張「自治」甚至於「獨立」的台灣人,其對於祖國的期待依然是那樣的迫切,可謂愛之深,故責之亦切,署名孝紹的著名文章《試假設我是台灣人來提出三項管見》便以推心置腹的口吻點明了這部分人的心態:

　　台灣人愛中國,完全出發於民族主義。五十年來台灣人熱望歸宗祖國,只願在青天白日旗下經營其精神及物資的和諧生活,其思想淵源亦同。唯台灣人卻不愛中國的落後,祖國的畸形社會生活。這樣的「不愛」我們聽見了,也許覺得不高興,甚至會對他們更加惡感。可是,當我們平心靜氣,把民族民權民生三大主義拿過來聯想一想,最好,還是設身置地假設自己是台灣人,則對於台灣人之愛中國,自會覺得其心緒之值得讚揚,而於台灣人之不愛落後混亂,亦當感慨係之了。

　　大陸台灣人抗日團體對於台灣前途命運決擇的轉折點是在中國對日宣戰的那個時刻。1941年12月9日中國政府正式對日宣戰,公告「所有一切條約協定合約,有涉及中日間之關係者,一律廢止」。導致台灣被迫割讓的《馬關條約》就此宣告終結,隨後外交部長宋子文發表談話申明中國應收復台灣,台灣的法律地

位被重新確定。作為在大陸奮鬥了幾十年的台灣革命者此時的心態發生了極大的變化，隨著抗戰局勢的進展特別是歐洲戰場勝利後，在中國位列世界四大強國的榮耀激勵下，幾乎所有人的思想一面倒地傾斜到了光復台灣、歸返祖國的方向上了，對於這種轉變過程，謝東閔等有著詳細的敘述，他說：

> 在過去有個時期熱心台灣革命的台胞，對於脫離暴日統治後，應該施行何種政治？有獨立論與復歸論兩種論爭。
>
> 國民革命北伐以前，中國內爭外患相繼而至，政治不能上軌道，致民不聊生，予台胞以極不好的印象。那時有一班囿於表面上各種現象的台胞，深恐台灣歸宗祖國後，染受祖國不良政治風氣故傾向於台灣獨立論的頗不乏人。但是對於祖國文化歷史的認識較深而眼光遠大的台胞，均反對獨立論，而強調復歸論。自七七抗戰後，尤其是太平洋戰爭爆發後，此種論爭已不復存在。台灣必須歸宗祖國已成為六百萬台胞一致的公意了。

《漫然寫到復省運動》一文也說道：

> 當我們開始台灣革命運動以前，我們必須先有正確的革命理論，才不至輕舉妄動，關於台灣的革命，過去曾有獨立論與復歸論的論爭，但在民國三十一年的現在，這樣紛爭已無需要，台灣獨立論之時代論據，業已成過去。所以現在可以說：馬關條約廢除以後，台灣獨立論已失其立論餘地了。

由此看來，整個日據時期，從大陸台灣人各抗日組織到台灣革命同盟會乃至台灣島內民族運動團體，全體的台灣人在有關台灣前途命運的決擇上，有著十分一致的想法。無論是島內的「祖國派」、「自治派」，還是在大陸台灣人的「獨立論」、「復歸論」，二者看似紛紜相異，實則目標並沒有本質的差異，其最高訴求都是回歸祖國，而「自治派」或「獨立派」的訴求則是一面保持台灣人的特性，一面根據祖國的發展狀況再視情形回歸。

如果說，思想的交鋒、路線的分歧，是早期在大陸台籍志士在尋求台灣前途命運道路上的必經坎坷的話，那麼思想路線統一後成立的台灣革命同盟會，要求台灣在抗戰勝利後回歸祖國的信念顯然是堅定的，其集中的體現就是反對所謂台灣「國際託管論」的鬥爭。

1942年11月，中央日報連續數日刊載美國幸福、時代、生活三大雜誌編輯共同組建的戰後和平方案問題委員會編印之《太平洋的關係》小冊子，其中提出了所謂戰後應將台灣交予國際託管的論調，激起中國社會各界尤其是在大陸台灣人士的極大震動。該方案的核心內容，是聲稱為了戰後在太平洋建設防禦地帶，台灣在從日本手中奪取後，不應劃為中國領土之一部分，而應由國際託管，島上的居民既不得要求獨立，也不得要求歸入中國。對此，台灣革命同盟會隨即發表申明，嚴正宣告：「戰後處理台灣問題，除將台灣之領土主權完全歸還中國外，任何維持現狀或變更現狀之辦法，均為台灣人民所反對。」他們在各大媒體發表言論，反對國際託管，力主台灣為中國固有領土，台灣必須回歸祖國。劉啟光說：「台灣為我中華民族開拓領有之地，為我民族文化灌溉浸潤之區，且為我國防上不可或缺的生命線，已無容疑。台澎之必須收復，更屬淺而易見。台灣人民五十年來前仆後繼，不斷從事反日鬥爭，其故在此，而其目的亦即擺脫日寇羈絆，重返祖國懷抱。」宋斐如說：「邇來美國輿論對於戰後中國領土問題多有錯誤的主張，其謂『台灣應劃歸國際共管，台灣不宜劃為中國領土，台灣居民亦不得投票，要求歸回中國』。尤為荒謬絕倫，台灣與中國的歷史上和地理上，皆有極其密切的關係，血濃於水，台灣必須歸還中國，固無疑義，此種措置亦未為法理及人情所支持，實不容國際人士因別種戰略上的打算而有所變更。」台灣革命同盟會於1943年4月17日連續發布兩份文告，其內容均涉及反對台灣國際託管論，如在《告祖國同胞書》中大聲呼籲：「近來有人主張戰後台灣由國際共管，這是多麼駭人聽聞的事呀，如果這個主張實現，不但台灣同胞永無翻身之日，則中國國防亦永無建設之期。祖國同胞們，你們願意這樣做下去嗎？如果不願意的話，請大家趕快起來共同摧毀其妄想。」同日發表的紀念《馬關條約》宣言也稱：「本會今復鄭重聲明台灣土地原為中國領土」，「深望世界有識之士，為使實現世界和平，必須一致主張戰後台灣應即歸還中國，而本會領導台灣革命方針，素以歸宗祖國為中心，今後尤為堅決此方針而努力，無論任何異族統治台灣，均為吾人所反對，勢必反抗到底。」在6月17日紀念台灣淪陷宣言中，台灣革命同盟會更鮮明地表達了自身的態度：

民族的生存和自由是不可分割的，為什麼我們沒有選擇我們賴以生存的政府

的權利,我們台灣人堅決主張台灣應重新歸還其母國——中華民國,台灣同胞希望在中國國民政府的統治下,奉行三民主義,我們身上流著的是中華民族的血,我們要求尊重人民意志的民權,我們信仰民主主義,同時我們欲以誠懇的態度,請求同盟國政府依據大西洋憲章及二十六國宣言,待遇台灣,以解決戰後的台灣問題,即請求援助我們達到復歸中華民國的目的,解除我們四十八年來的奴隸生活,讓我們有機會參加建設自由平等互助的新世界。現今國際中尚有若干人士主張於戰後國際共管台灣,這種思想不問其動機是善意抑惡意,事實上乃帝國主義殘留形式,違背大西憲章,無視公理與正義,我們台灣人必以反對日本帝國主義的態度,來反對這種思想及這種措置,我們不願做一個主人的奴隸,更不願做一種奴隸去服事許多主人。

從此次反對台灣國際託管論的鬥爭中,我們看到了一個與早期台灣抗日團體不一樣的現象,這就是各種雜音的消失,人們在為著一個共同的目標而努力著——排除一切干擾,堅定不移地踏著邁向回歸中國的步伐。

三、台灣革命同盟會的遭遇及其內外矛盾

台灣革命同盟會的抗日運動,得到了大後方輿論和社會各界的大力聲援,國民政府官方相關單位也給予了襄助。但是,亦有論者提出當時政府對於這些台灣人還是抱持著一定的懷疑態度的,台灣革命同盟會的謝南光、中國國民黨直屬台灣黨部的翁俊明、柯台山、丘念台等人,都曾經遭受當局的懷疑與監視,台灣調查委員會內的某些台籍人士也曾被國民黨中央委員會祕書處某人斥為「毫無黨務與行政經驗之浪人」。台籍志士很難獲得充分信任擔任重要職位,除非得有力人士之舉薦。譬如柯台山便是經過多次審查之後,再由中央黨部祕書長吳鐵城的推薦,才得以進入台灣行政幹部訓練班。

我們在蒐集台灣革命同盟會相關資料的過程中,也發現了若干與此相關的檔案史料,特摘引如下,提供給諸位研究參考:

報告

奉

　派出席台灣革命同盟會紀念會，職遵即準時前往上清寺廣播大廈，經遍詢並無有此集會。後該處一公役告知，會期已展至午後七時開始，是時，因到會者寥寥數人，即延至八時舉行。出席人有孫科、馬超俊等中委，其他參加者均以私人名義而赴會。主席致詞略謂：「台灣革命垂五十週年紀念，我們尤其是台灣同胞，應踏著先烈之血，繼續大無畏之精神，來紀念這偉大的革命」等詞。計到有來賓一百式十餘人，凡台灣人占三分之二，其餘人多粵籍人。散會，同時適雷雨交加，來賓紛紛仍集一堂，暢敘鄉誼寒暄，會場秩序甚佳，並無有反動及不良之現象，理合將該會經過情形報請

　鑑核

　謹呈

　主任　陳核轉

　督察長　楊轉呈

　處長　東方

　局長　唐

　上引檔案乃重慶市警察局奉命派遣警探監視台灣革命同盟會召開的紀念會後的上報材料，隨後內政部又指示「將（該會）成立經過情形暨章程名冊等報部備查」。從警探報告的口吻看，派去監視的該警員顯然認同會議的秩序並被會議的熱烈氣氛所感染，其最終報告亦作出了對台灣革命同盟會有利的陳述，即「會場秩序甚佳，並無有反動及不良之現象」。不過，我們從這個事件可以明顯地觀察到，台灣革命同盟會的活動，其實是受到政府監控的。這種監控恐怕並不是對於台灣革命同盟會這個團體有什麼特別的不信任，而只不過是一個專制政體對於民眾團體集會的一種本能反應罷了。因為透過史料我們發現，台灣革命同盟會很大程度上就是由國民政府直接策劃成立的，據謝南光1942年所撰備忘錄的披露：「民國二十九年四、五月間，三民主義青年團康處長（澤）與謝南光及劉啟光會

談多次,經康處長面諭『中央已決定收復台灣為國策,希望台灣各團體統一組織,以實現國策。』並謂台灣工作負責指導者,已決定陳部長立夫,朱部長家驊,賀祕書長衷寒及康處長澤等4人,後來又指定朱部長直接領導。經半年之接洽,於民國三十年二月成立『台灣革命同盟會』,將原有五團體取消,其所屬對外亦歸該會領導」。換句話說,台灣革命同盟會的成立,根本就是政府的主動行為,所以當時國民政府中央各個部門及官員均積極參與該會之成立、運作乃至給予經費援助,官方對於台灣革命同盟會是支持的。因此,上面提到的這種對於台灣革命同盟會的外來干擾、監視只是那個時代作為民間團體普遍的遭遇,不足為怪。

外部的監控或許會給台灣革命同盟會的活動帶來一定困擾,而更嚴峻的考驗恐怕是來自於台灣革命同盟會的內部。事實上,該會內部的分歧及其與政府其他台灣事務系統之間的矛盾已經嚴重地影響到它的運作乃至生存了。

如所周知,台灣革命同盟會由台灣獨立革命黨等五團體發起組織,成員涵蓋了全大陸主要的台灣人抗日團體,這些抗日團體各自所處地域不同,成員人際關係複雜,利害糾葛盤根錯節,即使聚合在台灣革命同盟會的統一旗幟之下,在遇到具體問題或攸關利益的時候,矛盾仍是難以避免的了。

首先是制度設計不合理導致的地盤之爭及少數人的個人恩怨得失。

台灣革命同盟會成立之初,採主席團制,下設南方執行部和北方執行部。南方執行部設於福建漳州,由張邦傑負責;北方執行部設於浙江金華,由李友邦負責。這兩個執行部屬於平行性質,互不隸屬,於是在涉台事務處理和人員收編等等方面,不可避免地出現了交叉和矛盾。首先是張李二人之間的身分地位既屬平行,則相互之間無法制約,各行其是。其次是福建乃台灣人聚集的地方,為了開展對台工作,勢必南北兩個執行部都來插手福建事務,導致政出多門,令在閩台籍人士無所適從。第三是張邦傑謀組第二台灣義勇隊的計劃,直接造成了南方執行部與北方執行部李友邦所轄台灣義勇隊之間矛盾的激化。據謝南光稱:1940年夏張邦傑經軍委會祕書毛慶祥介紹給張治中,「要求准予在福建成立第二台灣義勇隊,俾得容納福建同志參加」。「張部長經考慮後決定緩議,而送張邦傑以

『台灣義勇隊名譽顧問』，張邦杰拒而不受。嗣後張部長乃托毛慶祥轉交張邦杰，經毛祕書勸解始接受其名義。」

事情的發展似乎到此告一段落，但事實並非如此，張邦杰仍以台灣革命同盟會南方執行部的名義，在福建招收人員。此舉引起了執政當局的注意，張治中密電福建省政府：「據報本部派任台灣義勇隊名義顧問張錫齡又名張邦杰迄未到隊工作，近有假藉名義到此招撫另圖組織義勇軍情事，用特電設法制止。至於台灣義勇隊為本部直屬單位並請就近協助指導為感。」第三戰區司令長官顧祝同也電訓第二十五集團軍調查執行軍委會指令。這樣一來，政府在這場台灣革命同盟會南北執行部之間鬥爭中的立場已清晰可見。不過，張邦杰對此十分不以為然，其在答覆福建省龍溪縣府調查函中辯稱：

查台灣革命運動其目的在圖收復台灣失土，故一切組織與行動必應樹立於台灣島內，並潛伏雄厚之革命隱力於全台，以便待機而動，一鼓光復，決非在祖國自由區內組織義勇軍或義勇隊而表演刺激耳目之舉動即可達到革命目的。且台胞居留祖國自由區者又幾何，其能參加義勇軍隊又有幾何，區區數十百人對收復台灣之實際效用者有何力量，此不過表示台胞愛護祖國及擁護抗戰之熱忱，其實於收復大計無重大裨補，兼之過去已有李友邦出面組織，杰何必耗用無濟於事之精神而另圖組織義勇軍乎？況杰受台革同志之重託，以專心策劃台灣革命收復失土已感心力不足，焉有另起爐灶啟人疑慮，而當地黨政軍長官又豈能聽受矇騙，是所謂「另圖組織義勇軍」一節顯係憑空捏造，希圖中傷，已無待辯。再所謂「假藉名義到處招撫」一節，試問台灣義勇隊在祖國曾否建立巨功得國人與台胞之崇仰，又對台胞有何實惠，其名義誰得認識，事實如斯，何有假藉價值。證之三十年春台義隊組訓組長牛光祖奉派來閩招撫台胞參加義勇隊時，經六閱月僅得洪石柱一人加入即可瞭然。查留閩台胞不少，何以僅得一人，究其原因則因台義隊諸同人對台革認識不清，宗旨不明，一經參加必致走入歧途，故均相戒裹足，似此台義隊之名義如何又可知矣。至來文謂：「派任台灣義勇隊名義顧問張錫齡（又名張邦杰）迄未到隊工作」一節，查杰於三十年五月十四日奉到軍事委員會政治部治智三字第2842號聘書開：「茲聘張邦錫齡先生為本部台灣義勇隊名譽顧問。此聘。」並無奉到派任杰為台灣義勇隊名義顧問之事，是否政治部已將「聘

杰為名譽顧問」而改為「派任杰為名義顧問」，是則應令先知，否則名譽顧問自無到隊工作之必要，且杰正為加緊策動台灣革命之大業，負責南方執行部工作，而義勇隊又遠在浙省焉能兼顧。似此所報各節全與事實不符，顯屬搗亂是非，為敵偽或反動分子張目，妄思破壞台革之推進至為明顯，但損害個人名譽事小，影響台灣革命事大，似未便稍事緘默。除分呈軍事委員會暨中央黨部徹究外，准函前由，相應函請貴政府轉陳省政府咨轉政治部予以追究，俾儆將來。

綜合觀察張邦杰的辯詞，可以看到他的三項論調：為了澄清並無在閩擅自招撫台胞行為，解脫圖謀成立第二義勇隊之嫌，不惜貶低台胞在抗戰中的作用，聲稱區區台人，實不堪大任，招之無用，此其一；為了撇清假藉台義隊之名招搖的說法，極力詆毀李友邦領導的台灣義勇隊，稱其不過是只會在自由區「表演刺激耳目之舉動」的譁眾取寵的隊五，而台胞更是相戒遠避之，此其二；對外界認為其接受台灣義勇隊名譽顧問之職卻不赴任的指控，則玩弄文字遊戲，在「聘任」和「派任」上做文章，給人以狡辯之感，此其三。這份內容貧乏、極盡貶損他人之能事的抗辯書給張邦杰帶來的是適得其反的效果，為了消除制度缺陷給台灣革命運動帶來的弊害，1942年3月22日台灣革命同盟會召開第二次會員代表大會，修改會章、調整機構和人事，其中重要的一點便是撤銷平行架構的南北方執行部，改設地方分會，以下是台灣革命同盟會第三次會員代表大會後主任委員謝南光給中央委員會祕書處的備案呈文：

竊查本會成立時為便於推行工作起見，曾於漳州、金華兩地分設南北方執行部，並指派張邦杰、李友邦二同志為主席，就近指導沿海一帶會務。去年三月間，本會第二次代表大會因感無此組織需要，遂決議取消在案。唯南方執行部主席張邦杰依然沿用此項組織對外交涉事件，各機關未明本會組織者，亦仍舊受理，以致外間曾經一度誤會本會內部組織紛歧，本年九月間張邦杰來渝出席本會會務會議，自覺所為非是，當聲明不再沿用南方執行部名義對外行文，並允將該部一切工作移交本會福建分會在案。此次本會第三屆代表大會更徹底改善本會組織，且嚴密規定權限，嗣後對外所有交涉皆由本會主任委員謝南光全權代表，藉免政出多門職權濫用之弊，除函請各有關機關查照外，理合呈請鑑核。並准予備案，謹呈中央黨部祕書處。

1942年4月27日，軍委會政治部部長張治中致電福建省政府：「查張錫齡（一字邦杰）假藉名義到處招搖，業由第三戰區政治部及第九預備師政治部查明呈報，並經部令第三戰區政治部派員前往漳州查究，並撤銷該台灣義勇隊名譽顧問職銜，經於四月十一日以治智一部字第2205號代電請查照各在案。至於台灣義勇隊為本部直屬單位，希隨時賜予協助督導，以便開展工作為荷。」徹底解決了張李之爭。

　　其次，如果說南北方執行部及張李二人的紛爭屬於台灣革命同盟會內部矛盾，那麼其與台灣黨部的矛盾則涉及與黨務部門之間的關係問題了。無論如何，台灣革命同盟會終究屬於台灣人民眾團體，其與官方色彩的台灣黨部的較量從一開始就注定將處於不利的地位。

　　台灣革命同盟會與台灣黨部之間的矛盾由來已久，早在成立之初二者就因各自為壯大力量吸引台胞參加組織而起了競爭。台灣革命同盟會1943年6月29日工作報告書中對台灣黨部的所作所為進行了指控，其文曰：「本會成立於民國三十年二月十日，定名為台灣革命同盟會，設『主席團』，下設總務、組織、宣傳、行動四部，為顧全現實及防止敵人破壞起見，採用『雙料組織』之原則，設立南北方面執行部，分別同時進行淪陷區及台灣島內之組織，推進革命運動。因台灣黨部籌備處採用收買與分化政策對付本會，致使糾紛與摩擦不斷發生，北方執行部未準時成立，南方執行部又走入歧途，乃於民國三十一年三月召開臨代會，議決取消兩執行部及主席團。」在這裡，台灣革命同盟會將南北方執行部及張李之爭歸結為台灣黨部的「收買與分化政策」所致，在另一段文字中更升級為「因台灣黨部籌備處成立時，黨部即利用分化與仇視策略對付本會，致使所期目的不能達到」，換句話說，台灣革命同盟會認為其內部矛盾乃至抗日鬥爭之所以成效不彰，完全出於台灣黨部的敵視政策，用詞不可謂不嚴厲。其致中央執行委員會函中歸結此亂象之根本原因「實為各派系各自有其政治背景助長各自為政之風」，這樣的指責顯然是不明智的，因為它有可能觸及隱匿在背後的某些政治集團的利益。我們認為，台灣革命同盟會與台灣黨部間鬥爭的深層面原因實際上是對台灣革命運動領導權的爭奪，究竟是由何者來執掌台灣革命運動，在政府的天平上早就傾斜給了台灣黨部，國民黨以黨領政的黨國體制決定了台灣革命運動領導權不

可能允許其旁落到由一群台灣人組成的自主自治的民間團體手上，而必須由黨和政府來一手掌控。於是我們看到國民黨中央執行委員會祕書處直截了當地站在台灣黨部一邊對台灣革命同盟會予以訓斥，他們認為：「（台灣革命同盟會對於）台灣戰後地位，有待於吾人今日之努力，軍事方面有無布置，政治方面如何著手，均不甚了了。」而「台灣黨部、台灣革命同盟會及南方執行部、台灣義勇隊派別紛歧，無所統率，結果所屆，蓋可想見。」為此草擬以下三項處理辦法：

一、增加台灣革命同盟會補助費五千元，連前共為一萬元，其他問題，均暫從緩議。

二、勸導台灣革命同盟會及南方執行部暨台灣義勇隊與台灣黨部合作，如能化除成見同圖光復，則予以增加經費，否則聽其自然，不加扶持。

三、加強台灣黨部之機能，責成福建省政府主席或黨部主任委員負指導之責。同時付以規復台灣之全權，以福建之財力人力經營台灣。

顯而易見，國民黨中央有意將組織台灣人參與台灣光復運動的主導權「全權」授予了台灣黨部，要求台灣革命同盟會、台灣義勇隊都必須與台灣黨部密切合作，否則有可能喪失中央的經濟資助和政治支持。不過事情似乎並未到此為止，9月2日，張邦傑以台灣革命同盟會中央主席團兼駐南方執行部主席的名義提出六項意見，請中央執行委員會祕書處轉呈總裁蔣介石，意見對台灣黨部予以猛烈抨擊：「中央所以有台黨部之設者，原期促進台胞一致努力於三民主義，以共同摧毀日寇，大陸政策及對岸政策之迷夢，苟徒設立一掛名食祿之機關於主義毫無進展與抗戰毫無吻合，則中央何用乎，徒靡此有用之公幣，而為少數人作南郭先生酣酒食肉之場所哉，故今後台灣黨部主任及委員必須慎重人選，調整人才集實際工作之志士互相策勵，俾主義日益昌明，抗戰日益加強，庶不負中央設立台黨部之初也。」該項意見是否轉呈，以及後續發展如何，未有更多資料可資評論。既然台灣黨部被認為是「掛名食祿的酒肉之徒」，那麼台灣革命與光復的重擔怎麼能落到這樣一批人的肩上呢！10月，台灣革命同盟會正式提出了對台灣革命運動及光復問題的一攬子建議——《台灣收復運動改進辦法要綱》，強調「黨務政治及軍事各方面」，應「各團體各單位共同擬定計劃，實行分工合作，

統一領導」，並且特別提出「建議中央調整台灣黨部，提高其領導能力，以副中央之托。」《要綱》的起草者是三民主義青年團駐台灣義勇隊分團部、軍委會政治部直屬台灣義勇隊和台灣革命同盟會，至於為何獨缺台灣黨部，他們的說法是「原擬邀請台灣黨部領導，因該黨部在漳，一時無代表莅會，致未參加討論，本辦法，仍以該黨部應居領導地位為原則，將來付諸實施時請其出任領導」。我們的判斷這應該屬於託詞。因為台灣革命同盟會一方面表面承認台灣黨部的領導，另一方面又有意排斥其參與，且在擬定辦法中建議調整台灣黨部的領導團隊。顯然，經過中央執行委員會祕書處嚴詞訓令台灣人各團體必須與台灣黨部合作否則不予支持之後，台灣革命同盟會已經不得不接受了台灣黨部位階更高這一現實。但是其與台灣黨部基於爭奪台灣革命領導權而帶來的矛盾鬥爭卻並未調和，於是轉而採取迂迴的策略，在承認台灣黨部領導地位的同時主張調整該黨部的主要人事，圖謀曲線介入，最終實際掌握台灣革命與光復運動的主導權。令人感興趣的是，即便內部矛盾重重，張邦杰與李友邦二人在對待台灣黨部問題的態度上，卻似乎是方向一致的。

面對台灣革命同盟會咄咄逼人的攻勢，台灣黨部給予了反擊，認為對「埋頭苦幹」的台灣黨部的指責是「不設身處地」，是「厚責於人」。而「擅言調整，縱非越權，亦不應爾」。針對核心的領導權問題，台灣黨部提出了自己的主張：

目前台灣革命之意志未趨統一，力量未得集中，乃同志間感情隔閡，門戶太多所致；「誰不願受誰領導」亦為領導未見生效之最要原因。今後宜從新甄審各台革團體，分別裁併整頓，以納組織於一統。各革命分子，亦必須捐棄成見，服從組織的領導，務使意志冶於一爐，而健全其人事，以求力量之集中，然後就刷新組織中，在「以黨救國以黨建國以黨治國」之原則下，咸劃一於黨的領導，以建立一堅強專一之台灣革命陣容。

「黨必須領導一切！」這就是台灣黨部手握的最大籌碼，由黨——具體化為台灣黨部來領導台灣革命運動也是那個時代最符合國民政府體制和根本利益的最佳選擇，這是決定台灣革命同盟會在這場鬥爭中勢必處於劣勢的根本原因，也是其不可改變的宿命所在。

抗戰時期以台灣革命同盟會為代表的台籍志士積極參加祖國抗戰，為台灣回歸中國不懈奮鬥努力，在大後方傾力進行台灣問題的宣傳和輿論動員，引導全國民眾乃至國際輿論的積極關注，獲得了相當的成效。但在此過程中台灣革命同盟會的發展歷經波折，內部矛盾與鬥爭紛紜複雜，外部監視和牽制無所不在，這從一個側面映射出台籍志士在大陸從事光復運動的艱難處境。

參考文獻

史料：

1.外務部檔案，中國第一歷史檔案館藏。

2.王鐵崖編：《中外舊約章》，三聯書店，1988年版。

3.宓汝成編：《中國近代鐵路史資料》，中華書局，1963年版。

4.福建省檔案館編：《台灣義勇隊檔案》，海峽文藝出版社，2007年版。

5.廈門市檔案局、廈門市檔案館編：《近代廈門涉外檔案史料》，廈門大學出版社，1997年版。

6.林品桐等編譯：《台灣總督府檔案中譯本》，台灣省文獻委員會，南投，1995年版。

7.郭家維編：《台灣北部前期抗日運動檔案》，台灣省文獻委員會，南投，1987年版。

8.魏永竹主編：《抗戰與台灣光復史料輯要》，台灣省文獻委員會，南投，1995年版。

9.張瑞成編：《台籍志士在祖國的復台努力》，（中國現代史史料叢編二），國民黨黨史會，台北，1990年版。

10.張瑞成編：《抗戰時期收復台灣之重要言論》（中國現代史史料叢編三），國民黨黨史會，台北，1990年版。

11.山遍健太郎：現代史資料（21）《台灣》一、二，みすず書房，東京，1971年版。

12.《貴族院議事速記錄》，條約法規局，東京，昭和四十一年版。

13.《十五年戰爭極密資料集》（第十九集）《台灣島內情報、本島人的動向》，不二出版社，東京，1995年版。

14.台灣總督府：《台灣總督府事務成績提要》，台灣總督府，明治、大正、昭和各年版，成文出版社，台北，1985年重印。

15.《台灣民報》東方文化書局，台北，1974年影印本。

16.《台灣新民報》，東方文化書局，台北，1974年影印本。

17.《台灣先鋒》，海峽學術出版社，台北，2004年合訂本。

18.李友邦：《台灣革命運動》，人間出版社重印本，台北，1991年版。

19.李友邦：《日本在台灣殖民地政策》，人間出版社重印本，台北，1991年版。

20.連橫：《雅堂文集》，台灣文獻史料叢刊第157種，台灣銀行經濟研究室，台北，1977年版。

21.台灣慣習研究所：《台灣慣習記事》（1—7卷），台灣日日新報社，台北，1907年版。

22.上沼八郎監修：《台灣協會會報》（1—10輯），ゆまに書房，東京，1987年版。

23.丸井圭治郎：《台灣的宗教》，台灣總督府，大正八年版。

24.台灣省行政長官公署主計處：《台灣省五十一年來統計提要》，台灣省行政長官公署，台北，1946年版。

25.台灣經濟年報刊行會編：《台灣經濟年報》第一、第二、第三、第四輯，國際日本協會，東京，昭和十六、十七、十八、十九年版。

26.東亞同文會編：《對華回顧錄》，東京，原書房，1981年復刻本。

27.中島真雄：《續對華回憶錄》，對支功勞者傳記編委會，昭和十一年

版。

28.澤村繁太郎《對岸事情》，中川藤四郎，東京，1898年版，日本國會圖書館藏。

29.台灣憲兵隊編：《台灣憲兵隊史》，寬三協社，台北，昭和七年版。

30.《台灣社會運動史》（台灣總督府警務局《警察沿革志》中譯本），創造出版社，台北，1989年版。

31.黃玉齋：《台灣抗日史論》，海峽學術出版社，台北，1999年版。

32.大橋舍三郎等編：《真宗本派本願寺台灣開教史》，盛文社，東京，1935年版。

33.鶴見佑輔：《後藤新平傳》，太平洋協會，東京，昭和十八年版。

34.伊能嘉矩：《領台十年史》，新高堂書店，台北，明治三十二年版。

35.井出季和太：《南進台灣史考》，誠美書閣，台北，昭和十八年版。

36.濱田恆之助、大山長資：《台灣》，富山房，東京，昭和三年版。

37.廈門市《法政志》編委會：《廈門法政史實（晚清民國部分）》，鷺江出版社，1989年版。

38.《申報台灣資料輯錄》，台灣史料叢刊第135種，台灣銀行，台北，1963年版。

39.《閩海關十年報（1892—1901年）》，《福建文史資料》第十輯。

40.《重修台灣省通志》，台灣省文獻委員會，南投，1994年版。

41.蔡培火：《台灣近代民族運動史》，學海出版社，台北，1979年版。

42.王曉波編：《台灣的殖民地傷痕》，帕米爾書店，台北，1985年版。

43.王曉波編：《台胞抗日文獻選》，帕米爾書店，台北，1985年版。

44.王曉波編：《台胞抗日文獻選新編》，海峽學術出版社，台北，1998年

版。

45.林忠：《台灣光復前後史料概述》，皇極出版社，台北，1983年版。

46.葉榮鐘：《台灣人物群像》，帕米爾書店，台北，1985年版。

47.張光正：《張我軍選集》，時事出版社，1985年版。

48.楊肇嘉：《楊肇嘉回憶錄》，三民書局，台北，1979年版。

49.張畢來：《台灣義勇隊》，《革命史資料》第8輯。

50.聶秀峰：《抗戰時期的台灣義勇隊》，《中外雜誌》31卷6期。

51.郭嘉雄主編：《台灣北部前期抗日運動檔案》，台灣文獻委員會，南投，1979年版。

專著：

1.陳孔立主編：《台灣歷史綱要》，九洲圖書出版社，北京，1996年版。

2.黃福才：《台灣商業史》，江西人民出版社，1990年版。

3.林仁川、黃福才：《台灣社會經濟史》，廈門大學出版社，2001年版。

4.黃俊凌：《抗戰時期福建崇安縣的台灣籍民》，九州出版社，2010年版。

5.中國社會科學院近代史研究所：《日本侵華七十年史》，中國社會科學出版社，1992年版。

6.廈門大學歷史研究所中國社會經濟史研究室：《福建經濟發展簡史》，廈門大學出版社，1980年版。

7.宓汝成：《帝國主義與中國鐵路》，上海人民出版社，1980年版。

8.戴國煇：《台灣與台灣人》，研文堂，東京，1980年版。

9.卓克華：《清代台灣的商戰集團》，台原出版社，台北，1990年版。

10.林滿紅：《四百年來的兩岸分合》，自立晚報出版部，台北，1994年版。

11. 卞鳳奎：《日據時期台灣籍民在大陸及東南亞之活動研究》，黃山書社，2006年版。

12. 吳文星：《日據時期台灣「華僑」研究》，學生書局，台北，1991年版。

13. 周憲文：《台灣經濟史》，開明書店，台北，1980年版。

14. 許世楷：《日本統治下的台灣》，東京大學出版會，1972年版。

15. 黃昭堂：《台灣總督府》，自由時代出版社，台北，1989年。

16. 盧修一：《日據時代台灣共產黨史》，前衛出版社，台北，1990年版。

17. 荊子馨：《成為日本人——殖民地台灣與認同政治》，麥田出版社，台北，2006年版。

18. 吳密察：《台灣近代史研究》，稻鄉出版社，台北，1990年版。

19. 周婉窈：《日據時代的台灣議會設置請願運動》，自立報系文化出版部，台北，1989年版。

20. 李雲漢：《國民革命與台灣光復的歷史淵源》，幼獅文化事業公司，台北，1980年版。

21. 陳三井：《國民革命與台灣》，近代中國出版社，台北，1980年版。

22. 陳翠蓮：《台灣人的抵抗與認同——1920—1950》，遠流出版公司，台北，2008年版。

23. 黃煌雄：《革命家蔣渭水》，長橋出版社，台北，1978年版。

24. 威羅貝：《外人在華特權和利益》，三聯書店，1957年版。

25. 何保山：《台灣的經濟發展1860—1970年》，上海譯文出版社，1981年版。

26. 矢內原忠雄：《日本帝國主義下之台灣》，台灣銀行，1964年版。

27. 向山寬夫：《日本統治下的提問民族運動史》，中央經濟研究所，東

京,昭和六十二年版。

28.信夫清三郎:《日報政治史》,上海譯文出版社,1988年版。

29.遠山茂樹:《日報近現代史》,商務出版社,1983年版。

30.山本有造:《日本殖民地經濟研究》,名古屋大學出版會,名古屋,1992年版。

31.中村孝志:《日本的南方參與和台灣》,天理教道友社,奈良,1993年版。

32.佐藤三郎:《近代日中交涉史研究》,吉川弘文館,東京,昭和五十九年版。

33.河村一夫:《近代日中關係史諸問題》,南富社,東京,1983年版。

34.小林一美:《義和團運動與明治國家》,汲古書院,東京,1986年版。

35.伊藤金次郎:《奇傑後藤新平》,清水書店,台北,昭和十八年版。

36.宿利重一:《兒玉源太郎》,國際日報協會,東京,昭和十八年版。

37.白柳秀湖:《中上川彥次郎傳》,岩波書店,東京,昭和十五年版。

論文:

1.廈門大學台灣研究所編:《海峽兩岸首次台灣史學術交流會論文集》,廈門大學出版社,1990年版。

2.台灣大學歷史系編:《日據時期台灣史國際學術研討會論文集》,台灣大學歷史系,台北,1993年。

3.《歷史視野中的兩岸關係學術研討會論文集》,夏潮基金會、台灣大學東亞文明研究中心,台北,2004年。

4.許雪姬:《台灣中華總會館成立前後的「台灣華僑」》,《「中央研究院」近代史研究集刊》第二十期。

5.鐘淑敏:《明治末期台灣總督府的對岸經營——以三五公司為中心》,

《台灣史研究》1997年第14號。

  6.梁華璜：《台灣總督府對閩報及全閩新日報的操縱策略》，《台灣風物》31卷3期。

  7.梁華璜：《日據時代台民赴華之旅券制度》，《台灣風物》39卷3期。

  8.呂芳上：《台灣革命同盟會與台灣光復運動（1940—1945）》，《中國現代史專題研究報告》第3輯（1973年）。

  9.林德政：《抗戰時期台籍人士在重慶的活動》，《中國現代史專題研究報告》第27輯（2001年）

  10.中村孝志：《有關台灣籍民諸問題》，《東南亞研究》18卷3號。

  11.中村孝志：《論總督府的南支南洋設施費》，《南方文化》第六輯。

  12.中村孝志：《東亞書院與東文學堂》，《天理大學學報》第124輯（昭和五十五年三月）。

  13.戴國煇：《日本的殖民地支配與台灣籍民》，《台灣近現代史研究》第3輯。

  14.森久男：《台灣總督府糖業保護政策的展開》，《台灣近現代史研究》創刊號。

  15.岩壁義光：《關於日清戰後南清經營的一個考察》，《法政大學大學院紀要》創刊號（1978年）

  16.岩壁義光：《日本帝國主義與南進政策》，《法政史論》昭和五十一年第四號。

  17.中下正治：《台灣總督府與閩報》，《季刊現代中國》第8輯（1973年）。

  18.王曉波：《日據時期的台灣獨立革命黨與李友邦將軍》，《台灣研究集刊》1994年第2—3期合刊。

19.葉恩典：《新發現的日據前期台灣張家渡台證件初考》，《海交史研究》1995年第2期。

20.楊光彥、陳明欽、張國鏞：《台灣革命同盟會述論》，《抗日戰爭研究》1995年3期。

21.曾慶柯：《關於抗戰時期台灣革命同盟會的幾個問題》，《中共黨史研究》2000年2期。

後記

　　記得1978年考入廈門大學歷史系的時候，海峽兩岸尚處於對峙時期，作為身處海防前線的大學生，我們曾一度受命須手持裝填著子彈的鋼槍在海邊站崗執勤，只是快輪到我們宿舍的時候不知為何突然停止了，所以無法體驗半夜盯著海面和黑暗的礁石，提防所謂的「水鬼」（台灣蛙人部隊）襲擾的場景；白天爬山閱讀或夜晚躺在芙蓉（當時稱為紅衛）宿舍樓裡，耳旁飄來的是不遠處金門大擔島上台軍高音喇叭播放的「靡靡之音」和「投奔自由」的喊話……在我的人生經歷中，台灣便是這樣的不請自來。

　　1982年我考入台灣歷史專業研究生，師從陳碧笙教授，步入了台灣史學習領域，1985年進入台灣研究所工作，台灣史研究正式成了我的職業。回顧1980年代大陸台灣史研究剛剛起步，歷史資料十分缺乏，倘若我們的研究論著只能轉引台灣學者的二手資料，那將是一件悲哀的事情，如何開拓、發揮大陸學者的台灣史研究優勢，成為極待解決的大問題。於是那時我選擇了台灣與大陸關係史作為台灣史研究的突破口。理由有三：一、福建與台灣的關係源遠流長，涉台文物遍布各地，我占有台灣史研究的地利；二、廈門大學有著研究台灣歷史的傳統，學生時代就有台灣歷史的選修課，這是人和；三、台灣長期在中央政府的治理之下，留存於大陸的台灣相關史料一定不少，挖掘出來就是獨有的優勢。有了這三點，相信台灣史研究不至落於人後。又當時我留校的一個原因，就是由於時任所長陳在正教授要我主要負責日據時期台灣史的研究，於是1895—1945年日據時期的台灣與大陸關係史自然成為我的關注重點。

　　本書是對我30年來研究日據時期台灣與大陸關係史的一個初步總結。概括而言，以下幾方面的收穫值得一提：

首先是蒐集了一些珍貴的一手原始資料，如對故宮檔案史料的發掘。人們一般印象中故宮所藏均為明清時期的檔案，與日據時期何干？而沒去仔細想想從1895年割台到1911年滿清覆滅，整整16年依然是屬於清代，與台灣相關資料仍有可能存於現今的第一歷史檔案館。依據這一思路，我們果然在清末外務部檔案中找到了豐富的台灣與大陸關係史料，大大促進了相關研究的開展，譬如台灣籍民問題、台灣日僧問題、福建官腦局案等等。

　　其次是提出了對台灣歷史的一些個人思考，譬如台灣歷史特殊性的探究，在大陸台灣人抗日志士中對台灣前途命運的思考，日本殖民者分離政策下海峽兩岸的文化連接，台灣民眾對大陸抗日鬥爭的關心與支持等等，均有涉及。

　　再次是對台灣學術界相關課題研究中帶爭議性問題的商榷，譬如日據時期台灣人抗日鬥爭中的「台灣獨立」問題，有分離主義分子望文生義地將其曲解為對中國的「獨立」要求，而大量事實證明這是針對殖民宗主國日本的要求殖民地獨立解放的正義事業，「獨立」後的台灣將回歸中國的懷抱，即台灣要先從日本殖民統治下「獨立」出來，然後回歸中國。

　　希望本書的出版，能為海峽兩岸的台灣史研究及學術交流作出一點微薄貢獻。

陳小沖

國家圖書館出版品預行編目(CIP)資料

日據時期台灣與大陸關係史研究：1895-1945 / 陳小沖 著. -- 第一版. -- 臺北市：崧燁文化，2019.01

面； 公分

ISBN 978-957-681-761-8(平裝)

1.兩岸關係 2.日據時期

573.09　　　107023430

書　名：日據時期台灣與大陸關係史研究：1895～1945
作　者：陳小沖 著
發行人：黃振庭
出版者：崧燁文化事業有限公司
發行者：崧燁文化事業有限公司
E-mail：sonbookservice@gmail.com
粉絲頁　　　　　　　網　址：
地　址：台北市中正區重慶南路一段六十一號八樓815室
8F.-815, No.61, Sec. 1, Chongqing S. Rd., Zhongzheng Dist., Taipei City 100, Taiwan (R.O.C.)
電　話：(02)2370-3310 傳　真：(02) 2370-3210
總經銷：紅螞蟻圖書有限公司
地　址：台北市內湖區舊宗路二段121巷19號
電　話：02-2795-3656　傳真：02-2795-4100　網址：
印　刷：京峯彩色印刷有限公司（京峰數位）

　　本書版權為九州出版社所有授權崧博出版事業股份有限公司獨家發行電子書繁體字版。若有其他相關權利及授權需求請與本公司聯繫。

定　價：400元
發行日期：2019年 01 月第一版
◎ 本書以POD印製發行